农产品直播电商生态系统的内在机理及培育路径研究

韩 冰 著

郑州大学出版社

图书在版编目(CIP)数据

农产品直播电商生态系统的内在机理及培育路径研究／韩冰著. -- 郑州：郑州大学出版社，2024.10.
ISBN 978-7-5773-0735-0

Ⅰ. F724.72

中国国家版本馆 CIP 数据核字第 2024WS0756 号

农产品直播电商生态系统的内在机理及培育路径研究

NONGCHANPIN ZHIBO DIANSHANG SHENGTAI XITONG DE NEIZAI JILI JI PEIYU LUJING YANJIU

策划编辑	孙理达		封面设计	苏永生
责任编辑	王孟一		版式设计	苏永生
责任校对	郜 毅		责任监制	李瑞卿

出版发行	郑州大学出版社		地　　址	郑州市大学路40号(450052)
出 版 人	卢纪富		网　　址	http://www.zzup.cn
经　　销	全国新华书店		发行电话	0371-66966070
印　　刷	郑州市今日文教印制有限公司			
开　　本	710 mm×1 010 mm　1 / 16			
印　　张	16.75		字　　数	292 千字
版　　次	2024 年 10 月第 1 版		印　　次	2024 年 10 月第 1 次印刷

书　　号	ISBN 978-7-5773-0735-0		定　　价	49.00 元

内容提要

随着互联网的不断发展和智能化技术的日益成熟,电子商务已经成为农产品销售中不可或缺的一部分。而农产品直播电商作为电子商务的一个重要分支,在近年来的迅猛发展中,呈现出了极大的潜力和活力。农产品直播电商通过网络直播平台,将农产品与消费者直接联结,实现了农产品的线上销售,为传统农业提供了全新的销售渠道和发展机遇。

然而,农产品直播电商的成功并非仅靠网络平台和直播主的努力,更离不开供应链协同和生态系统的形成。供应链协同是指在农产品直播电商中,各个环节的参与者通过信息共享、资源整合等方式,实现了生产、流通、销售等环节的协同合作,提高了整个供应链的效率和竞争力。生态系统形成机制则是指在农产品直播电商生态系统中,各个生态环节之间相互依存、相互促进,形成了一个良性循环的生态系统,为农产品直播电商的可持续发展提供了有力支撑。

本书旨在对农产品直播电商中的供应链协同与生态系统形成机制进行深入研究和探讨,剖析其内在机理和关键因素,为农产品直播电商的发展提供理论指导和实践借鉴。本书将从供应链管理、生态系统理论、电子商务等多个角度进行分析,结合实际案例和数据,深入探讨农产品直播电商的供应链协同与生态系统形成机制,为相关研究者和从业者提供参考和借鉴。同时,本书也将对未来农产品直播电商的发展趋势进行展望,为行业发展提供战略性建议和思路。

前　言

在当前数字化时代的农业领域,农产品直播电商正迅速崛起,成为农产品销售中不可或缺的重要方式。这一趋势的兴起不仅对传统农业模式构成了颠覆,同时也为供应链管理和生态系统理论带来了前所未有的挑战与机遇。本书旨在深入探讨这一领域的关键问题,从多个角度解析其内在机理,探讨培育路径,以期为农产品直播电商的持续健康发展提供理论支撑和实践指导。通过对供应链协同和生态系统形成机理的深入研究,本书将为行业的相关研究者和从业者提供宝贵的参考和借鉴,同时也为政策制定者提供一定的指导,促进农产品直播电商行业朝着更加健康、可持续的方向发展。

随着互联网技术的迅速发展和普及,人们的消费习惯也发生了根本性的变化。传统的农产品销售模式面临着诸多挑战,包括信息不对称、销售渠道单一、品牌宣传困难等问题。然而,随着农产品直播电商的出现,互联网技术与传统农业生产得以完美融合。通过直播平台,农产品直播电商将生产者和消费者直接联结起来,实现了农产品的线上销售,为农产品销售带来了全新的机遇。消费者通过在线直播节目可以直接了解产品的生产过程、品质和特点,实现了信息的透明和对比的便捷。对于农民而言,农产品直播电商为其提供了一个全新的销售渠道,不仅拓宽了销售范围,还提高了产品的知名度和品牌影响力。因此,农产品直播电商的出现不仅解决了传统农产品销售模式中存在的种种问题,还为农产品销售注入了新的活力和动力,推动了农产品行业的数字化转型和升级。

在农产品直播电商的运营过程中,供应链协同起着至关重要的作用。传统的农产品供应链通常是一个分散的、信息不对称的体系,各个环节之间缺乏有效的沟通和协作。而供应链协同通过信息共享、资源整合等方式,实现了生产、流通、销售等环节的协同合作,提高了整个供应链的效率和竞争力。供应链协同不仅能够优化资源配置,提高生产效率,还能够减少物流成本,提高服务质量,提升消费者体验,从而推动农产品直播电商的健康发展。

农产品直播电商的成功并非仅靠供应链协同,还离不开生态系统的形成。生态系统形成机理是指在农产品直播电商生态系统中,各个生态环节之间相互依存、相互促进,形成了一个良性循环的生态系统。生态系统形成机理不仅能够促进农产品直播电商的可持续发展,还能够提升整个产业链的竞争力和抗风险能力。因此,对生态系统形成机理进行深入研究,对于理解农产品直播电商的运行规律,制定相应的政策和策略具有重要意义。

在农产品直播电商的发展过程中,如何培育健康的生态系统,促进供应链协同的形成,成为摆在我们面前的一项重要课题。基于对内在机理的深入理解,我们需要探索出一条科学合理的培育路径,通过政策引导、市场化运作、技术创新等手段,不断优化农产品直播电商的供应链协同与生态系统,推动整个行业向着更加健康、可持续的方向发展。

本书从供应链管理、生态系统理论、电子商务等多个角度进行深入研究,结合实际案例和数据,探讨农产品直播电商的供应链协同与生态系统形成机理,为相关研究者和从业者提供参考和借鉴。同时,本书也对未来农产品直播电商的发展趋势进行展望,为行业发展提供战略性建议和思路。以期本书能够为农产品直播电商的发展贡献一份力量,推动行业的健康发展和持续进步。

本书的首要目标是探究农产品直播电商领域的关键问题,从供应链协同和生态系统形成机理两个重要角度入手,深入分析其内在机理及影响因素,进而提出有效的培育路径,以促进农产品直播电商行业的健康发展。

本书具有以下显著特点:

1. 理论与实践结合。本书不仅包含理论分析,更涵盖了大量实践案例,以确保理论研究与实际应用相结合,提高了实用性和可操作性。

2. 跨学科研究。本书涵盖了供应链管理、生态系统理论、电子商务等多个学科领域,通过跨学科的研究视角,全面解析了农产品直播电商的发展机制。

3. 前沿研究成果。本书整合了相关领域的前沿研究成果和最新案例,为读者提供了最新、最全面的信息和资料。

4. 系统性与完整性。本书囊括了供应链协同、生态系统形成机理和培育路径等多个方面的研究内容,构建了一个系统完整的研究框架,以便读者全面了解该领域的发展现状和未来趋势。

本书的撰写过程经历了多个阶段:确定研究主题、搜集相关资料、分析案例数据、撰写内容等。在撰写过程中,我们充分利用各类研究方法和工具,确保了研究的全面性和深入性。

本书的资料来源包括但不限于学术期刊论文、行业报告、相关案例分析、政府文件等。在选择资料时,我们更加注重权威性和可信度,以确保研究结果的科学性和可靠性。

本书的主要读者对象包括但不限于农业从业者、农产品直播电商平台经营者、供应链管理者、电子商务研究者、政府部门相关人员等。同时,也欢迎对农产品直播电商行业感兴趣的学生和普通读者阅读参考。

通过本书的阅读,读者可以全面了解农产品直播电商行业的发展现状、面临的挑战和未来的发展趋势,掌握供应链协同与生态系统内在机理的关键要素,为相关领域的研究和实践提供理论支撑和实践指导。希望本书能够为读者提供有价值的思考和启示,推动农产品直播电商行业的健康发展和持续进步。本书的出版得到了河南省软科学研究计划项目(项目编号:242400410121)、郑州市软科学研究计划项目(项目编号:2023——一般项目-10)、河南省高等学校重点科研项目(项目编号:25A630019)、国家自然科学基金(题目:考虑成本分担和市场培育的授权再制造闭环供应链耦合驱动机制研究;项目号:72303058)、河南牧业经济学院校级重点学科建设项目(项目号:XJXK202205)资助,同时本书系河南省哲学社会科学规划项目最终研究成果(项目编号:2022BJJ051)、河南省哲学社会科学规划项目最终研究成果(项目编号:2024CJJ060)。

由于作者水平有限,本书难免存在不足之处,敬请专家和同行批评指正。

著　者

2024 年 7 月

目　录

第一章 | 绪 论

第一节 研究背景

一、农产品滞销

我国作为世界上最大的农产品生产和消费国之一,农业一直在国家经济中扮演着至关重要的角色。农业提供了粮食、蔬菜、水果、畜禽、水产品等各类食物,这关系数以亿计农民的生计和国内市场供应。然而,近年来,我国出现了农产品滞销问题,这给我国的农民、农村地区和国家经济都带来了巨大挑战。

我国的农产品滞销问题具有广泛的范围,涵盖了各种类型的农产品。粮食、蔬菜、水果、畜禽、水产品等在不同程度上都受到滞销问题的影响。尤其是蔬菜和水果,由于季节性供应过剩以及贮藏和运输问题,常常导致滞销。在粮食方面,尽管政府实施了粮食最低收购价政策,但仍然存在一些农民难以卖出他们的粮食的问题。

不同地区滞销问题的影响因素不同,包括地理环境、市场需求、基础设施和农产品种类等。一些偏远地区由于市场有限和基础设施不足,滞销问题更为突出。

农产品滞销的原因之一是生产过剩。政府鼓励农民增加农产品产量,以确保国家的粮食安全,但这导致了一些农产品供应过剩,使市场供应超出需求。另一个原因是市场需求不足。尽管我国拥有庞大的人口,但市场需求并不足以吸收所有生产的农产品,导致农产品难以销售。此外,质量和食品安全问题也是农产品滞销的一个主要原因,因为食品安全问题使一些农产品在市场上失去信任。

农产品滞销不仅对农民的生计产生负面影响,还影响了农村地区的经济发展。农民的收入减少,农村地区的经济增长受到限制。此外,农产品滞销还导致食品、资源浪费,对环境造成破坏,不符合可持续发展的原则。农产品滞销也影响了农业的可持续性,生产过剩和资源浪费对农业的长期发展构成威胁。

(一)农产品滞销涉及范围

农产品滞销涉及各种类型的农产品,包括粮食、蔬菜、水果、畜禽、水产品等。

1.粮食

粮食作为我国农业的支柱产业,一直以来都扮演着至关重要的角色。我国拥有庞大的人口,因此保障国家的粮食安全一直是政府的首要任务。尽管我国自20世纪70年代以来实施了粮食最低收购价政策,以保护农民的利益并鼓励粮食生产,然而,近年来,粮食滞销问题仍然普遍存在,这对我国的粮食产业和国家经济构成了挑战。

粮食滞销主要受多种因素的影响,其中一些原因如下:

(1)供大于求。我国的粮食生产一直保持在相对较高的水平,因为政府鼓励农民增加粮食产量,以确保国家的粮食供应。然而,由于城市化和生活方式的变化,粮食需求增长速度相对较慢。供大于求导致了粮食市场上供应过剩,从而降低了粮食的价格,使农民难以获得应有的回报。

(2)贮藏和运输设施不足。一些地区存在贮藏和运输设施不足的问题,特别是在农村地区。由于贮藏和运输设施的不足,一部分粮食无法有效地保存和运送到需要的地方,这导致了浪费和滞销。

(3)质量和食品安全问题。粮食质量和食品安全问题也导致了粮食滞销。一些粮食产品可能受到病虫害、霉变、贮藏条件不佳等因素的影响,使其不适合投放市场。此外,食品安全问题可能会引发消费者的担忧,减少了对某些粮食产品的需求。

(4)市场机制不完善。粮食市场在某些地区仍然存在信息不对称、价格不透明等,这使得粮食的交易变得更加困难。由于农民难以获取市场信息,他们往往在卖粮时面临不公平的价格压力,这降低了他们的出售积极性。

(5)季节性供应过剩。在某些季节,特别是丰收季节,粮食供应可能会暂时超出市场需求,而导致粮食滞销。

2.蔬菜和水果

蔬菜和水果作为我国农产品滞销的一个显著方面,一直以来都面临着独特的挑战。这些挑战主要包括季节性供应过剩、贮藏问题、运输困难等,使得蔬菜和水果容易受到价格波动和滞销问题的困扰。

（1）季节性供应过剩。蔬菜和水果的生产通常受季节性因素的影响，导致某些季节的供应过剩。在丰收季节，农民可能会收获大量的蔬菜和水果，由于供应大于市场需求，价格大幅下降。这种过剩供应会引发滞销问题，农民不得不面对价格下跌和销售困难，有时甚至被迫任由蔬菜和水果腐烂而无法销售。

（2）贮藏和保鲜难题。一些蔬菜和水果需要采取适宜的贮藏条件和保鲜措施，以延长其保质期。然而，许多农村地区的贮藏和冷链设施相对薄弱，这导致了产品腐烂和变质的问题。如果蔬菜和水果无法在适宜的条件下储存，它们将更容易滞销。

（3）运输问题。蔬菜和水果通常需要在生产地和市场之间进行远距离运输。然而，运输过程中可能面临多种问题，包括运输损耗、货物损坏和运输成本上升。农民有时会选择将蔬菜和水果堆积在集散地，等待更好的运输条件，这也可能导致滞销问题。

（4）市场价格波动。由于季节性供应过剩和需求波动，蔬菜和水果的市场价格往往出现大幅波动。价格波动会给农民带来不确定性，有时导致亏损。较低的价格可能不足以覆盖生产成本，使农民陷入经济困境。

3. 畜禽养殖

畜禽养殖业是我国农业的重要组成部分，然而，近年来，这一行业也面临着严重的滞销问题。滞销问题是由多种因素引起的，包括环境问题和饲料成本等。这些问题导致了一些农产品的供应过剩，但市场需求减少，进而导致滞销。

（1）环境问题。畜禽养殖业在一些地区面临着严重的环境问题，如水污染和废弃物处理。环境问题可能导致政府对养殖业实施更为严格的监管，从而增加生产成本。此外，环境问题还会对养殖产品的质量和安全产生影响，降低市场信任度。

（2）饲料成本。养殖业的可持续发展需要高质量的饲料，但饲料成本一直上涨。上涨的饲料成本可能导致养殖业面临亏损，使养殖成本上升。这对牧民来说是一个不小的财务压力，也可能导致更多的产品滞销。

（3）市场需求减少。由于多种因素，包括经济下行和消费者偏好变化，一些畜禽产品的市场需求减少。市场需求下降导致了养殖业产品的滞销，牧民难以销售产品，从而陷入经济困境。

4. 水产品

水产品产业在我国的农业经济中扮演着至关重要的角色，我国是世界上最大的水产品生产国之一。然而,近年来,一些水产品也面临着滞销问题,主要原因包括水产养殖产能过剩以及质量和安全问题。这些问题对渔民、养殖业者和国家经济都带来了严重的挑战。

(1)水产养殖产能过剩。我国的水产养殖业在过去几十年里得到了迅猛发展,导致了产能过剩的问题。由于大规模的养殖,一些水产品的产量远远超过了市场的需求。这导致了价格下跌和滞销,渔民难以获得良好的销售价格,养殖业者陷入了经济困境。

(2)质量和安全问题。我国的一些水产品养殖业面临质量和安全问题。一些养殖业者可能使用激素和抗生素等非法添加物,以提高产量,这可能导致产品质量和安全问题。此外,一些水体受到污染,导致水产品质量下降,不适宜食用。这些问题引发了市场和消费者的信任问题,导致产品滞销。

(3)市场需求不均衡。水产品的市场需求在国内市场和国际市场之间存在不均衡。一些水产品在国际市场上有较高的需求量,但国内市场对其需求较低,导致出口受阻。此外,季节性供应过剩也会导致市场需求不均衡,使一些水产品在某些时段面临滞销问题。

5. 地区性差异

我国的农产品滞销问题确实在一些偏远地区更为突出。这些差异主要是由市场有限和基础设施不足等因素引起的,导致了农产品滞销问题的严重性。

市场有限性是滞销问题的主要原因之一。在一些偏远农村地区,市场规模相对较小,购买力不足以满足农产品的销售需求。这导致了农产品积压,难以销售出去。市场有限性还表现为需求季节性的问题。一些农产品只有在特定的季节才有市场,其他季节则面临滞销。这使得农民难以维持稳定的收入。

基础设施不足是滞销问题的另一个关键因素。一些偏远的地区缺乏良好的基础设施,包括道路、冷链物流、仓储设施等。这使得农产品的流通和储存变得困难,导致了部分农产品在生产后无法迅速送达市场。同时,由于冷链物流不发达,一些易腐烂的农产品往往在运输途中变质,无法正常销售。

交通和通信问题也对滞销问题产生影响。一些偏远地区的交通不便利,交通工具有限,使得农产品运输成本高昂。此外,通信设施不发达,农民难以获取市场信息,无法及时了解市场需求和价格趋势,使得销售农产品变得更加困难。

政策支持的不足。一些偏远地区缺乏政府的政策支持。政府在一些富裕地区可能采取了一些政策来帮助解决农产品滞销问题,但这些政策在偏远地区较少实施。这导致了滞销问题在不同地区之间的差异。

为解决这些滞销问题,我国政府采取了一系列措施:

(1)基础设施建设。政府加大了对基础设施建设的支持,包括改善道路、修建冷链物流设施和仓储设施。这有助于改善农产品的流通和储存条件。

(2)发展农村电商。我国政府鼓励农村电商的发展,通过互联网销售农产品,扩大销售渠道。这有助于农产品在偏远地区找到更广阔的市场。

(3)农产品加工与保鲜。政府鼓励农产品的加工和保鲜,以延长农产品的保质期,减少滞销问题。同时,通过建立合作社等方式,协助农民进行农产品加工和销售。

(4)政策扶持。政府为偏远地区的农产品提供一定的政策扶持,包括补贴和贷款支持,以鼓励农产品的生产和销售。

综合来看,我国的农产品滞销问题在不同地区存在差异,主要由市场有限和基础设施不足等因素引起。政府采取了一系列措施来解决这些问题,有望改善偏远地区的农产品滞销问题,提高农民的收入水平。

(二)农产品滞销的原因

农产品滞销的原因具体有如下几种:

1. 季节性供应过剩

由于季节性的农产品产量波动,某些时段内市场供应过剩,例如水果、蔬菜和茶叶。这导致价格下跌,农产品堆积在市场上,农民难以获得合理收益。

2. 缺乏储存和加工设施

农村地区缺乏适当的储存和加工设施,导致部分农产品在丰收季节无法得到保存和加工。这限制了产品在淡季销售,加剧了滞销问题。

3. 质量和安全问题

部分农产品可能存在质量和安全问题,如化肥残留、农药残留、生长激素使用等。消费者对这些问题非常敏感,不信任这些农产品,因此销售受到限制。

4. 供应链中断

交通和物流问题、自然灾害、疫病暴发等原因导致供应链中断,使农产品无法及时送达市场。这会导致农产品滞销,因为它们在贮藏期内受损。

5. 市场需求不足

尽管我国拥有庞大的人口,但由于收入差距和消费习惯的不同,市场需求不足以吸收全部农产品。这在一些特定领域,如高端农产品,特别显著。

6. 缺乏市场信息

农民可能缺乏市场信息,不了解市场需求和价格趋势。这使他们难以做出明智的销售决策,容易导致滞销。

7. 环境和气候因素

自然灾害、气候变化等因素可能影响农产品产量和质量,导致部分农产品难以销售。

8. 国内外市场竞争

国内外市场竞争激烈,一些农产品难以在市场上占有一席之地,导致滞销。

9. 农村基础设施不足

农村地区的基础设施,如道路、冷链物流等,可能不足,使农产品运输受到限制。

10. 政策问题

政府的政策和监管措施可能不适当或过于繁杂,使农产品销售变得困难,农民面临法规和合规问题。

这些原因的综合影响导致了我国农产品滞销问题的严重性。因此,需要综合的政策和市场措施来解决这一问题,确保农产品能够有效地销售,农民能够获得合理的回报。

(三)解决农产品滞销问题的策略

解决农产品滞销问题需要多方面的策略和措施,涵盖了政府、农民、市场参与者和其他利益相关者的合作。以下是一些关键策略和措施:

1. 政府政策支持

(1)制定农产品市场监管政策,确保市场秩序和食品安全。

(2)实施农产品最低收购价政策,鼓励农民生产,保障其合理收益。

(3)提供财政支持,鼓励农产品贮藏和加工设施的建设,以减少季节性供应过剩。

(4)加强农产品质量和安全监管,提高消费者对农产品的信任。

2. 农民培训和支持

(1)提供农民培训,提高其农业生产、贮藏和销售技能。

(2)促进合作社和农业合作社的建立,增加农民在市场上的谈判能力。

(3)提供金融支持,帮助农民应对生产和市场波动。

3.市场营销和多元化

(1)开发新的市场渠道,如电子商务、直播带货等,以扩大销售范围。

(2)鼓励农产品加工和创新,提高附加值。

(3)通过市场营销活动提高农产品的知名度,吸引更多消费者。

4.农产品贮藏和物流

(1)增加农产品贮藏设施,减少季节性供应过剩。

(2)改善农产品的运输和物流系统,确保农产品能够及时送达市场。

5.提高食品安全和质量

(1)采取措施确保农产品符合食品安全标准,提高消费者对农产品的信任。

(2)推动农产品质量认证和品牌建设,提高产品附加值。

6.地方政府支持

(1)地方政府可以根据当地的实际情况制定相关政策,支持农产品销售和市场开发。

(2)支持农村基础设施建设,改善农产品销售的条件。

7.研究和数据收集

(1)进行农产品市场需求和供应的研究,以便更好地匹配生产和市场需求。

(2)建立农产品价格和市场信息系统,提供及时的市场信息。

8.开拓国际市场

(1)推动农产品的国际出口,减少国内市场的压力。

(2)寻求国际市场合作伙伴和贸易伙伴,增加农产品的国际市场份额。

这些策略和措施需要政府、农民、市场参与者和其他利益相关者之间的协作和努力。解决农产品滞销问题需要多方参与,以确保农产品的可持续生产和销售,从而促进农村和国家的经济发展。

二、直播带货兴起

(一)电子商务的崛起

电子商务的崛起是近年来全球商业领域最显著的发展之一,它已经彻底改变了人们购物、支付和商业交易的方式。这一崛起受益于多种因素,包括技术的进步、市场需求的变化和商业模式的创新。本书将深入探讨电子商务的崛起,以及它对商业和消费者产生的深远影响。

1. 技术的进步

电子商务的崛起与技术的迅猛进步密切相关。互联网的普及率迅速提高，覆盖了全球大部分的人口。同时，智能手机的普及使人们能够随时随地访问互联网和电子商务平台。这种无缝的连接性使电子商务成为购物的便利选择。

电子支付技术的改进也是电子商务成功崛起的重要因素。安全、方便的在线支付方式，如信用卡支付、数字钱包和支付应用，使消费者能够轻松、快速地完成交易。这降低了消费者对线下购物的依赖，尤其是在全球范围内的跨境交易中，电子支付提供了高度便捷的支付选择。

2. 市场需求的变化

电子商务的兴起也反映了市场需求的变化。现代生活节奏快，人们越来越注重时间和便捷性。电子商务提供了一个 24 小时开放的购物平台，无论是在家中、办公室还是外出时，人们都可以随时购物。此外，电子商务为消费者提供了广泛的选择，无论是产品种类还是品牌。这满足了个性化和多样化的消费需求。

3. 商业模式的创新

电子商务的崛起推动了商业模式的创新。在线市场和电子商务平台提供了各种销售和广告机会，吸引了大量卖家和广告商。这种模式的创新为企业提供了更广阔的市场，尤其是小型企业和初创企业，它们可以通过在线销售扩大业务规模，而不受地理位置的限制。

另一个商业模式的创新是共享经济，它在电子商务中得到了广泛应用。共享经济允许个人和企业共享资源，如住宿、交通工具和技能，通过在线平台实现交易。这种模式的兴起创造了新的商机，并改变了传统行业的竞争格局。

4. 深远的影响

电子商务的崛起对企业和消费者产生了深远的影响。

对于企业来说，它提供了更多的销售渠道，同时降低了运营成本。在线广告和数字营销也变得更加重要，帮助企业吸引潜在客户。

对于消费者来说，电子商务提供了更多的购物选择，不仅仅是产品种类，还包括价格比较和商品评论。此外，消费者可以享受更多的优惠和折扣，以及更便捷的购物体验。电子商务还推动了快速的送货服务和无接触交付选项的兴起。

总之，电子商务的崛起是技术、市场需求和商业模式创新的完美结合。它已经改变了商业和消费者的行为方式，为企业提供了更多的机会，同时为消费者提供了更多的选择和便利。这一趋势在未来仍将继续发展、继续塑造全球商业的面貌。

（二）直播带货的起源

直播带货,作为一种新型的电子商务模式,起源于我国,并在过去几年中经历了迅速的发展。它结合了电子商务、社交媒体和实时互动,为消费者提供了一种全新的购物方式。下面介绍直播带货的起源、发展历程和对电子商务领域的影响。

1. 起源及发展历程

直播带货的起源可以追溯到 2016 年。随后,直播带货模式迅速在我国传播,越来越多的电商平台、品牌和网红纷纷加入。这一模式不仅限于美妆领域,还涵盖了服装、食品、家居用品等各种产品领域。

2. 直播带货的特点

（1）实时互动。观众可以在直播过程中与主播互动,提问、评论和分享意见。这种互动性既增强了购物体验,也有助于建立信任关系。

（2）限时促销。为了鼓励观众尽快下单,直播通常伴随限时促销和折扣活动。这种紧迫感推动了销售。

（3）观众分享。观众可以通过社交媒体分享他们的购物体验,将产品推荐给亲朋好友,从而扩大销售范围。

（4）品牌合作。越来越多的品牌愿意与网红和主播合作,以增加品牌曝光度和销售额。

直播带货模式在我国取得了巨大的成功,许多主播成了知名的电商代言人,他们的粉丝数量庞大,销售额巨大。除了个人主播,许多电商平台也推出了自己的直播带货功能,增加了购物渠道的多样性。

3. 直播带货的影响。直播带货的兴起对电子商务领域产生了深远的影响。

（1）推动销售增长。直播带货提供了一种全新的销售渠道,帮助品牌增加销售额。实时互动和社交分享使购物变得更加有趣和社交化。

（2）提高品牌曝光度。通过与知名主播和网红的合作,品牌能够扩大曝光度,吸引更多潜在客户。

（3）拓展市场。直播带货模式可以跨越地理界限,吸引来自不同地区的观众和购买者。这有助于品牌进军新市场。

（4）互动性和信任性。观众与主播的互动加强了购物体验,也有助于建立信任关系。观众通常更愿意相信主播的建议和推荐。

然而,值得注意的是,直播带货也面临一些挑战,包括激烈的竞争、产品质量和售后服务的问题。同时,政府也对这一领域加强监管,以确保信息真实性和消费者权益。

总之,直播带货是我国电子商务领域的一项创新,它的起源和发展展示了科技、市场需求和商业模式的结合。它为消费者提供了全新的购物方式,为品牌提供了新的销售机会,也推动了电子商务领域的创新和竞争。这一模式的成功吸引了全球范围的关注,可能在未来继续演变和扩展。

三、政策支持与发展动力

我国电子商务的快速发展得到了政策支持和多种发展动力的推动。

(一)政策支持

1. 电子商务法律法规

我国政府发布了一系列法律法规,以规范电子商务的运营,包括《中华人民共和国电子商务法》《中华人民共和国消费者权益保护法》等,以保障消费者的权益,加强对虚假广告、侵权行为和欺诈活动的监管。

2. 税收政策

为鼓励电子商务的发展,政府采取了一系列税收政策,包括减免增值税、减免进口税等,以鼓励电商平台和线上商家的发展。

3. 金融支持

我国政府支持电商企业获得融资,促进其发展。这包括对电商企业提供贷款、融资担保和其他金融支持。

4. 物流基础设施建设

为了提高电子商务的配送效率,政府投资物流基础设施的建设,包括快递网络和物流园区。

(二)发展动力

1. 庞大的消费市场

我国拥有 14 亿多人口,这为电子商务提供了巨大的市场。我国不仅有数量庞大的中产阶级,还有迅速增长的消费者群体,他们越来越多地通过电子商务平台进行购物。

2. 移动互联网普及

我国的移动互联网渗透率非常高,这意味着人们可以随时随地使用智能手机进行在线购物。这一趋势推动了电子商务的增长,促使企业开发移动应用和移动友好的网站。

3. 互联网科技创新

我国拥有丰富的互联网科技公司,如阿里巴巴、腾讯、京东等,他们通过技术创新推动了电子商务的不断发展,包括人工智能、大数据分析、物联网等技术的应用。

4. 跨境电商

我国政府积极支持跨境电商的发展,跨境电商使我国产品出口到全球市场更容易。跨境电商平台的崛起加速了我国商品的国际销售。

5. 社交媒体与内容创作

社交媒体的普及和内容创作的兴起为电子商务提供了强大的宣传和销售渠道。网红、博主和明星的推广活动对商品的销售产生了积极影响。

6. 消费者信任

由于政府对电商市场的监管,以及在线支付和物流的不断提升,我国消费者对电子商务的信任逐渐增强,使其更愿意在线购物。

综合来看,政策支持和多种发展动力推动了我国电子商务的快速发展。电子商务为我国经济的持续增长和创新做出了巨大的贡献。在未来,电子商务将继续适应技术和市场的变化,以满足不断变化的消费者需求。

第二节 研究目标和问题

一、研究目标

本书的主要研究目标如下:

1. 农产品直播电商中的供应链协同机制

(1)研究不同主体(农产品生产者、直播平台、物流服务提供商等)之间的合作机制,以确保农产品的高效流通。

(2)分析供应链各环节之间的信息共享、资源整合和风险共担等协同方式,以提高供应链的整体效率。

2. 农产品直播电商生态系统的形成机制

(1) 调查直播电商生态系统中各要素的形成和互动,包括主播、观众、商品供应商、电商平台等。

(2) 分析政策、市场竞争和技术进步等因素对农产品直播电商生态系统形成的影响。

3. 农产品直播电商生态系统的内在机理

(1) 研究生态系统中各要素之间的相互关系,如主播的影响力如何影响销售、消费者参与如何影响直播内容等。

(2) 探讨生态系统中反馈机制和自我调整的过程,以深入理解其内在机理。

4. 农产品直播电商生态系统的培育路径

(1) 提出在不同阶段培育农产品直播电商生态系统的策略和措施,包括政策支持、培训、技术创新等方面。

(2) 调查成功案例并总结成功经验,为其他企业或地区提供指导。

二、研究问题

以下是本书的研究问题:

(一)农产品直播电商供应链协同问题

在农产品直播电商中,不同参与者之间的供应链协同至关重要,因为这有助于提高效率、减缓滞销问题并推动整个产业链的可持续发展。农产品直播电商的供应链通常涉及生产者、批发商、电商平台、物流公司和消费者等多个参与者。

农产品直播电商中,不同参与者之间的供应链如何协同工作?

农产品直播电商的供应链协同包括多方合作和协调,以确保从农产品生产到消费的各个环节都能顺畅运作。这包括生产者为了满足市场需求而种植适当的农产品,电商平台提供销售和推广渠道,物流公司提供高效的配送和物流服务等。这些参与者之间的协同工作涉及信息共享、订单管理、库存控制以及市场反馈等方面。供应链协同还可以通过数据分析和技术工具来实现,以更好地预测市场需求,减少库存积压,提高生产计划的精度。

供应链协同对于减少农产品滞销问题有何作用?

供应链协同对于减少农产品滞销问题有显著作用。通过更好的信息共享和合作,供应链中的各个环节可以更及时地响应市场需求和变化,减少了生产过剩和不足的风险。例如,如果某个农产品在某个地区供应充足,但在另一地区需求较大且供应不足,供应链协同可以帮助其在这两个地区之间进行调配,减少了滞销风险。此外,供应链协同还可以提高物流效率,确保农产品能够及时送达消费者手中,减少损耗和浪费。最终,供应链协同有助于提高整个农产品直播电商生态系统的可持续性,从而减少农产品滞销风险。

(二)农产品直播电商生态系统的形成机制问题

农产品直播电商生态系统的形成涉及多个关键要素和机制,其中政策、市场力量和技术创新起重要作用。

(1)农产品直播电商的生态系统是如何形成的? 有哪些关键要素和机制?

农产品直播电商的生态系统是通过多个要素和机制相互作用而形成的。关键要素包括生产者、电商平台、消费者、物流公司和政府部门等。这些要素之间的互动和协同形成了一个复杂的生态系统。生产者通过农产品直播销售其产品,电商平台提供在线销售和推广渠道,物流公司提供配送服务,而消费者则购买产品。政府部门在政策支持和监管方面也发挥着关键作用。

机制包括供应链协同、信息共享、市场反馈、数据分析等。生产者通过供应链协同与电商平台合作,更好地满足了市场需求。信息共享和市场反馈帮助各方更好地了解市场趋势和消费者需求,从而进行产品调整和生产计划。数据分析则有助于提高销售效率和库存管理。

(2)政策、市场力量和技术创新如何影响农产品直播电商生态系统的形成?

1)政策。政府的政策支持在推动农产品直播电商生态系统的形成中起着至关重要的作用。政策可以包括鼓励电商平台和生产者的合作、提供补贴和资金支持、简化农产品销售的法规等。这些政策有助于降低进入门槛,鼓励更多参与者加入生态系统。

2)市场力量。市场力量如供需关系、竞争格局和价格机制也在形成生态系统时发挥关键作用。市场力量的变化可能会影响生产者和电商平台之间的合作模式,以满足市场需求。

3)技术创新。技术创新,特别是移动互联网技术,已经彻底改变了农产品直播电商的格局。在线直播、移动支付、数据分析和智能物流等技术的应用推动了生态系统的发展。这些技术提供了更多的工具和渠道,以改进销售、推广和配送等关键环节。

这些要素和机制的相互作用推动了农产品直播电商生态系统的形成,并使其成为应对农产品滞销问题和促进农产品销售的有效渠道。政策、市场力量和技术创新将继续塑造和推动这一生态系统的未来发展。

（三）农产品直播电商生态系统的内在机理问题

（1）农产品直播电商的内在机理是什么？有哪些关键因素影响其运行？

农产品直播电商的内在机理包括实时互动性、产品展示和信息传递、数据分析和推荐系统，以及供应链合作与管理。这些因素共同作用，推动了农产品直播电商的运作。实时互动性通过视频直播促使观众与卖家互动，增强了购物体验。通过视频向观众展示农产品的来源和特点，提高了产品透明度。数据分析和推荐系统利用消费者数据提供个性化推荐，提高销售效率。供应链合作与管理确保产品及时送达消费者，减少滞销风险。

（2）农产品直播电商的生态系统如何影响农产品供应链的效率和可持续性？

农产品直播电商的生态系统通过将生产者、平台、主播和消费者紧密联系在一起，促进供需的对接，提高了市场透明度，减少了库存浪费。这种生态系统的形成增加了市场范围，有助于减少滞销风险。此外，生态系统的合作与协同作用，提高了供应链的效率，包括更好的库存管理、物流和订单处理。这些改进增强了供应链的可持续性，减少了资源浪费，有助于农产品供应链更加高效和环保地运作。

（四）农产品直播电商的培育路径问题

（1）政府、行业协会和企业在培育农产品直播电商生态系统方面扮演了什么角色？

在培育农产品直播电商生态系统的过程中，政府、行业协会和企业各自发挥着关键作用，共同推动该生态系统的建设与发展。

首先，政府在政策制定和执行方面起到了重要的推动作用。通过出台有利于农产品直播电商发展的政策和法律框架，政府为整个生态系统提供了支持与保障。例如，税收减免、金融扶持以及创新创业补贴等政策，能够有效降低企业和农户进入直播电商市场的门槛。此外，政府还负责规范市场秩序，保障消费者权益，并通过推动数字化基础设施的建设来提升网络覆盖和物流配送能力，从而增强农村地区农产品电商的发展潜力。

其次，行业协会作为连接政府与企业之间的桥梁，主要承担协调和促进发展的职责。行业协会可以通过制定行业标准、推动技术创新、组织行业培训和交流活动,提升整个行业的规范化水平。同时,行业协会还可以代表行业发声,与政府合作推动出台更符合市场需求的政策。通过搭建行业平台,协会能够帮助直播电商企业建立合作关系、共享资源,并提升行业整体的竞争力与创新能力。

最后,企业作为生态系统中的核心执行者,直接推动了农产品直播电商的落地和运营。企业不仅提供技术支持、运营模式创新,还通过直播平台、物流和供应链管理等服务,促使农产品高效流通。特别是一些大型电商平台,借助其资金、技术和品牌优势,能够为中小农户和企业提供更多进入市场的机会。此外,企业在生态系统中还通过创新商业模式、提高产品质量和服务水平,吸引更多消费者和合作伙伴,从而推动农产品直播电商的可持续发展。

政府、行业协会和企业各自承担着不同但互补的角色,共同构建起一个良性互动的农产品直播电商生态系统,助力农业的现代化和数字化转型。

(2)有哪些成功的培育路径和实践可以分享?

在培育农产品直播电商生态系统的过程中,一些成功的路径和实践已经在多个地区和企业中得到验证。这些实践有效推动了农产品电商的发展,并为农户、企业和消费者带来了显著的价值。以下是几条成功的培育路径和典型实践:

1)政策引导与政府支持。政府通过政策引导为农产品直播电商生态系统的发展奠定了基础。例如,浙江省在推进"数字乡村"建设时,积极推动农村电商发展,通过补贴、税收优惠等政策,鼓励农户和企业参与农产品电商直播。地方政府还通过提供培训,帮助农民掌握直播技巧和电商运营知识,并促进基础设施建设,如提升物流配送能力和宽带覆盖率。这种政府的主动参与为电商生态系统提供了强大的支撑。

2)农户赋能与人才培养。农户是农产品直播电商生态系统中的关键角色,成功的生态系统往往会注重赋能农户,帮助他们参与电商活动。例如,拼多多与多个地方政府合作,通过"多多农园"项目,对农户进行直播技能和电商操作培训,直接赋能一线生产者。此外,知名主播与农户合作进行直播,推广优质农产品,既为农户提供了稳定的销路,也提升了消费者对农产品的信任度。人才培养与农户赋能的有机结合,是农产品电商成功的关键路径。

3)行业协会与平台合作。行业协会在促进资源整合和信息共享方面发挥了重要作用。例如,我国电子商务协会组织了多次跨地区的行业研讨会,帮助各地农户、企业、物流公司等电商生态链上的不同角色相互交流学习。此外,大型电商平台如淘宝直播、快手和抖音通过与行业协会合作,推出专项扶持项目,帮助中小农户入驻直播平台。这种行业协会与电商平台的合作,不仅为农户提供了技术支持,也推动了直播电商行业标准的建立和规范化发展。

4)创新供应链管理与全程冷链物流。为了保障农产品的质量,创新的供应链管理和全程冷链物流是不可或缺的。例如,京东物流在农产品直播电商生态系统中,通过智能仓储、自动化分拣和全程冷链配送,确保了生鲜产品从产地到消费者手中的质量不受影响。京东还通过"产地直采"模式,帮助农户将产品直接销售给消费者,减少中间环节,提高了农产品的流通效率。该实践不仅提高了农产品的保鲜率,也增强了消费者对农产品电商的信任。

5)多方合作构建完整生态系统。构建一个成功的农产品直播电商生态系统,离不开多方的合作。例如,阿里巴巴与地方政府、农业合作社和物流企业合作,搭建了完整的农业供应链体系。在直播过程中,阿里巴巴旗下的淘宝直播邀请当地农户、地方官员和农业专家共同参与,增强了直播的专业性和可信度。同时,平台还为消费者提供了个性化的购物体验,如产地直发、质量溯源等功能。多方合作不仅优化了供应链,还推动了农产品的品牌化和提高溢价能力。

6)数字化工具与平台创新。在成功的农产品直播电商生态系统中,数字化工具的应用也是一个重要的驱动力。例如,快手推出的"快手电商农资工具"帮助农户直接展示产品的生产过程和品质,通过平台的数字化技术提升了农产品的透明度和消费者的参与感。此外,快手还推出了定制化的电商解决方案,如为农户提供数据分析支持,帮助他们了解消费者需求,优化产品供应链。这种基于平台创新和数字化工具的推广实践,有效促进了农产品直播电商的增长。

7)区域特色品牌打造。一些成功的农产品直播电商生态系统注重区域特色品牌的打造。例如,湖北恩施通过直播电商推广恩施玉露茶、富硒土豆等特色农产品。当地政府与电商平台、品牌策划机构合作,围绕"区域品牌"进行包装和推广,提高了这些农产品在市场中的知名度和溢价能力。通过品牌化建设,这些区域性农产品实现了从单一产品销售到系统化品牌运营的转型。

通过以上路径和实践的总结可以看到,成功的农产品直播电商生态系统需要政府、行业协会、企业、农户和平台的紧密合作,以及在供应链、技术、品牌等多方面的协同创新。这些实践不仅增强了农产品的市场竞争力,还有效提升了农民的收益和消费者的购物体验。

这些研究有助于更深入地探讨农产品直播电商的供应链协同、生态系统形成机制、内在机理和培育路径等关键问题。

第三节　研究意义

一、理论意义

农产品直播电商作为一种新兴的电子商务模式,已经在我国等许多国家迅速崛起,并在农产品销售领域取得了巨大的成功。农产品直播电商不仅为农民提供了一个全新的销售渠道,还为消费者提供了更加便捷的购物体验。在这个背景下,研究农产品直播电商的供应链协同、生态系统形成机制以及内在机理与培育路径具有重要的理论意义。

首先,农产品直播电商的供应链协同研究有助于深化我们对供应链管理的理解。在传统的农产品销售模式中,供应链的各个环节通常是相互独立的,信息流、物流、资金流等各方面的协同不足。而农产品直播电商通过线上平台将生产者、批发商、零售商和消费者紧密连接在一起,促进了信息的实时共享、物流的优化,实现了供应链的高度协同。研究供应链协同的机制不仅有助于提高农产品直播电商的效率,还可以为传统产业链提供新的思路和方法。

其次,农产品直播电商生态系统的形成机制研究有助于理解其成功背后的关键因素。生态系统是多方参与者之间相互依存、相互促进的关系网络,农产品直播电商通过整合不同的参与者,包括农民、主播、消费者、物流公司、支付平台等,形成了一个复杂的生态系统。研究这一生态系统的形成机制可以揭示出关键的合作和竞争关系,有助于了解为什么某些农产品直播电商平台成功而其他平台失败。这对于政府、企业和投资者来说都有重要的借鉴意义,可以帮助他们更好地支持和参与这一领域的发展。

最后,研究农产品直播电商的内在机理与培育路径可以为政策制定者提供有力的参考。了解农产品直播电商成功的内在机理,包括平台技术、用户体验、供应链协同等方面,可以为政府和企业提供制定政策和战略的依据。同时,研究培育路径也可以为新创农产品直播电商企业提供指导,帮助他们更好地规划发展道路,减少失败的风险。

综上所述,研究农产品直播电商的供应链协同、生态系统形成机制、内在机理与培育路径具有重要的理论意义。这一研究可以为促进农产品直播电商的健康发展,提高农产品供应链的效率,推动农村经济发展,以及为其他电商领域的发展提供有益的启示。

二、实践意义

研究农产品直播电商的供应链协同、生态系统形成机制、内在机理与培育路径不仅具有理论意义,还具有重要的实践意义。

第一,促进农产品直播电商的发展。通过深入研究供应链协同与生态系统形成机制,农产品直播电商平台可以更好地了解如何优化其运营和管理,提高效率和服务质量。这有助于推动农产品直播电商行业的健康发展,为农民和农产品销售方提供更多机会。

第二,推动农村经济的发展。农产品直播电商为农村地区提供了一个新的经济增长点,通过这一模式,农民可以更容易地销售其农产品,增加收入。了解内在机理和培育路径可以帮助政府和企业更好地支持和促进农村经济的发展。

第三,为政策制定者提供指导。研究结果可以为政府制定相关政策提供有力的依据,包括监管政策、税收政策、金融支持政策等。这有助于创造更加有利的环境,鼓励农产品直播电商的发展,同时保护消费者权益。

第四,为企业提供战略指导。了解农产品直播电商成功的内在机理可以为新创和现有企业提供有益的战略指导。企业可以根据研究结果来规划发展道路,提高市场竞争力,降低风险。

第五,为投资者提供决策支持。研究农产品直播电商的内在机理与培育路径可以帮助投资者更好地理解这一领域的潜在机会和风险。这有助于投资者做出明智的投资决策,支持有潜力的农产品直播电商企业。

总的来说,研究农产品直播电商的供应链协同、生态系统形成机制、内在机理与培育路径有助于促进行业的可持续发展,提高农产品供应链的效率,为农村经济增长和电商行业的健康发展提供有益的实践经验和指导。这对各方利益相关者,包括政府、企业、农民和消费者都具有重要的实践意义。

第四节　研究思路

研究农产品直播电商的供应链协同机制、生态系统形成机制、内在机理与培育路径需要考虑以下研究思路:

1. 供应链协同机制研究

(1)研究农产品直播电商平台如何整合生产者、批发商、零售商、物流公司等供应链参与者,促进信息共享、订单处理和物流优化。

(2)调查供应链协同在不同农产品直播电商平台的实际应用,分析协同机制的效果。

(3)探讨供应链协同对供应链效率、生产者和消费者满意度的影响。

2. 生态系统形成机制研究

(1)分析农产品直播电商平台是如何吸引不同参与者,如主播、消费者、农民等,形成一个复杂的生态系统。

(2)探讨生态系统中的合作与竞争关系,以及不同参与者之间的相互作用。

(3)研究生态系统的发展过程,包括平台策略、用户增长、生态合作伙伴关系的建立等。

3. 内在机理研究

(1)分析成功农产品直播电商平台的关键因素,如平台技术、用户体验、市场定位等。

(2)调查用户行为和购物习惯,以理解他们选择农产品直播电商的动机。

(3)研究平台运营和管理模式,包括如何管理商品库存、物流和支付等方面。

4. 培育路径研究

(1)提出培育新农产品直播电商平台的策略建议,包括市场定位、用户增长策略、供应链管理等方面。

(2)分析政府政策和法规对农产品直播电商发展的影响,提出政策建议。

(3)研究投资者对农产品直播电商的兴趣和资金支持,以确定潜在的融资路径。

第五节　主要研究内容

本书的主要研究内容涉及农产品直播电商的供应链协同、生态系统形成机制、内在机理和培育路径。

一、供应链协同研究

1. 供应链参与者的角色分析

对农产品直播电商中的供应链参与者,包括农产品供应商、物流服务提供商、主播等进行详细分析,确定他们在供应链中的角色和职责。

2. 供应链信息流分析

研究信息在供应链中的流动方式,包括订单信息、库存数据、市场需求信息等,以了解如何实现信息的实时共享和协同。

3. 供应链物流流程优化

探究如何通过物流协同合作、智能仓储管理、快速配送等方法,提高供应链的物流效率,降低成本。

4. 供应链协同对绩效的影响

分析供应链协同对农产品直播电商平台和供应商的绩效影响,包括销售增长、市场份额提升和成本节约等。

二、生态系统形成机制研究

1. 生态系统参与者的吸引与整合

调查农产品直播电商平台如何吸引和整合各种生态系统参与者,包括主播、消费者、农民、品牌商等。

2. 合作与竞争关系分析

探讨不同生态系统参与者之间的合作与竞争关系,以及如何平衡这些关系以促进生态系统的健康发展。

3. 生态系统发展阶段研究

研究农产品直播电商生态系统的发展历程,包括平台发展策略、用户增长策略、生态合作伙伴关系的选择与建立。

三、内在机理研究

1. 成功因素分析

探究农产品直播电商平台的内在成功因素,包括技术支持、用户体验、市场定位、商品管理和品牌策略等。

2. 用户行为研究

分析消费者在农产品直播电商平台上的购物行为,包括浏览、购买、留存、评论等,以了解他们的需求和行为动机。

3. 运营与管理模式研究

研究平台的运营和管理模式,包括如何处理商品库存、物流、支付和售后服务等方面,以提高平台的效率和盈利能力。

四、培育路径研究

1. 培育策略和建议

提出新农产品直播电商平台的培育策略,包括市场进入策略、用户增长策略、供应链管理策略、品牌推广策略等。

2. 政府政策影响分析

分析政府政策对农产品直播电商的影响,包括监管政策、税收政策和金融支持政策等,提出政策建议。

3. 投资者支持与融资路径

研究投资者对农产品直播电商的兴趣和资金支持情况,以确定潜在的融资途径和发展机会。

第六节　国内外研究现状分析

一、农产品电商研究文献综述

国内外众多学者从多个方面分析了农产品电商发展现状,一些发达国家和地区的农产品电商已经相对成熟和完善。Haozhe Lv(2018)指出互联网为农产品电商提供了丰富的宣传方法及渠道,为农产品实现区域品牌化助力。在我国,由于人口基数大,消费能力强,互联网覆盖面广,电商普及,农产品电商已经成为电商蓝海。李京福(2015)指出农产品电商推动了农村经济发展,随着农产品电商体系进一步巩固与完善,目前的农产品电商已初具规模,相应的网站建设也有成效。钟燕琼(2016)认为以天猫、淘宝、京东为代表的电商平台及国内零售巨头不断开拓农产品销售业务使得农产品电商市场前景广阔,网购消费农产品将更加便捷。纪良纲等(2020)通过对已有的农产品电商模式进行模拟分析,得出农产品电商选择O2O模式会比B2C模式实现更高的利润,同时尽可能地降低成本。

互联网带动的电商与农产品相结合已成为农业发展的新态势,但当前依然存在着制约农产品电商发展的因素,Rahayu R 和 Day J(2015)通过研究发展中国家的农产品电商发展情况得出,农产品电商发展环境、信息技术水平以及政策支持将会对发展中国家的农产品电商发展产生影响。谭本艳等(2016)指出制约农产品电商发展的主要因素有物流流通成本、冷链体系建设、消费者群体以及消费习惯等。王一方(2017)认为当前新型农业经营主体的信息化建设程度低、相关负责人观念落后、缺乏电商操作运用技能以及对产品的有效认识,对电商模式还存在顾虑。

在促进农产品电商发展方面,学者们也提出了许多对策。Ruiz-Garcia(2008)提出发展利用存储数据对农产品进行查询与追踪的功能,可以对促进农产品电商物流的发展起到推动作用。Teng-yang TAO 等(2012)从电商平台构建的角度出发,提出构建具有信息追踪检索功能的第三方交易平台,进而完善蔬菜电商的交易过程。Libin Xie(2018)认为对农产品进行品牌塑造以及提升专业化水平,才能促进农产品电商的发展,实现农产品的市场份额以及销售额的增长。喻正义(2018)鼓励模式创新,且需要不断完善冷链物流,以改善基础设施条件等问题以及促进多种模式共同发展。施礼等(2019)提出扶持政策可以向农产品物流方向倾斜,促进农产品电商物流的整合,同时可以采取措施提升农产品电商物流合作伙伴的战略协同、提升信息共享程度。冯雅洁(2023)同样认为电商模式可以高效促进农产品经济发展,但也需要解决物流冷链设施、农产品标准化建设以及消费服务等迫切问题,若能改善这几个方面,则能进一步促进农产品电商的发展。

二、农产品电商供应链研究文献综述

农产品电商供应链的协调主要集中在物流体系的建设以及合作伙伴的关系协调方面。Ruiz-Garcia(2010)通过研究农产品供应过程中的跟踪与查询环节指出,进一步加强对供应链上农产品流通的监控与查询,收集相关数据并利用供应链网络进行数据处理、存储和传输,并以此管理农产品流通体系则能够有效支撑农产品生产。Xueli Ma 等(2019)研究了由供应商、第三方物流商以及零售商组成的三级农产品供应链协调问题,通过研究发现要加强促进合作才能更好解决多级供应链之间的协调关系。Zhenguo Liu 等(2018)构建了三阶段的动态博弈模型以研究双渠道农产品供应链协调问题,同样印证了各环节之间协调合作的重要性。Chong Wang 等(2017)也基于报童理论研究由供应商和零售商组成的农产品供应链协调问题。Wang YD 等（2015）从电商环境下农产品经营方式角度出发，构建了全面的农产品电商供应链模型，并指出农产品供应链是一个复杂的系统，需要考虑供应链整体协调控制方面的情况。Yang HX（2015）同样借助系统动力学相关理论基础，对农产品质量安全体系进行建模，通过仿真模拟分析后指出监管模式是农产品供应链综合管理发展的方向，因此必须紧密结合供应链管理和内部政府监管。马雪丽（2018）针对具有季节性的特殊农产品，同样构建三级供应链模型研究其协调关系。安红萍（2016）认为可以采用以生产基地为导向的订单式电商模式，同时建立农产品电商系统，这样可以减少农产品在生产环节的损耗。但斌（2018）研究了生鲜农产品供应链在"互联网+"背景下的 C2B 模式的实现路径。崔后卿（2014）结合了质量安全以及激励机制相关观点，对农产品供应链特点、存在的风险以及风险产生的原因进行研究，指出影响农产品供应链的最主要的问题就是信息不对称，同样利润分配不均也会导致供应链协调不当，使得各环节配合不佳。于斌（2019）提出了基于"互联网+"背景下的农产品供应链模式的创新对策。

三、电商直播文献综述

电商直播是电商销售的一种模式，同时也是网络直播的一种方式。在传统直播的基础上增加了销售环节，将娱乐与商业相结合，消费者的购买者决策过程是一个漫长的过程，同时也在不断调整，针对这个原因，直播机构利用主播对商品进行宣传，扩大商品的销售量，同时也增加主播的网络人气度。目前，各大电商平台（淘宝、天猫、京东、拼多多等）都引入直播销售渠道，利用网红优势提高效率和人气。

针对电商直播销售，不少学者对其模式动态等相关方面做出研究。赵红霞等（2014）对消费者购物时的冲动行为进行研究，指出商品的展示设计和在线互动对消费者购物行为产生影响。在消费者观看直播的同时，对于主播的直播方式及效果，消费者会通过打赏的方式反馈给主播，也就是说，直播方在宣传商品的同时，利用消费者的认可打赏也可以从中获取一定的收入。郑森圭等（2020）考虑直播平台的盈利能力问题，从收入分成角度出发，构建签约与不签约模型，并建立激励机制，找出问题原因。对于直播效果方面，主播在直播过程中起决定性作用，消费者选择商品很大原因是出于对主播的信任，从对主播的信任延伸至对商品的信任。谢莹等（2019）分析了直播营销的现场场景，强调主播在直播过程中应起到调节作用，应避免消费者盲目从众的心理，让消费者做出理性决策。蔡婕(2020)指出网红在电商直播销售模式中至关重要,认为在营销模式中网红应适应消费者,将商品亮点描述出来,利用网红的讲解和示范打动消费者。陈迎欣等(2020)认为消费者选择网上购物时,信任度是消费者选择商品的重要因素之一,消费者往往因为对主播的依赖和信任而选择商品。田丽丽(2023)针对消费者购买意愿进行调查,发现社会临场对消费者信任起到促进作用,建议将现实中的环境引入直播中,达到吸引消费者的目的。直播在给消费者提供功利和享受价值方面起到积极作用(Apiradee & Nuttapol,2020)。相比于传统电商,电商直播存在互动性的优势,在体验效果方面更能打动消费者。刑鹏等(2021)考虑了主播是否与平台签约的模式下对电商直播供应链质量的影响问题,研究发现直播平台的服务质量由主播所收取的佣金比例决定,呈正相关,因此在佣金提成方面,直播电商与传统电商大有不同。Kang 等(2020)认为未来消费者与主播的互动性将是电商直播的发展关键,首次将在线数据应用到媒体商业的研究中。引导性的购物会增加消费者的购买意愿,用户体验是直播的核心,电商直播发展迅速得益于主播互动和用户体验,在创新方面获得消费者的认可与信赖(Sunetal. ,2020;Kimetal. ,2019)。电商直播的主要对象是消费者,因此刘佳等(2021)考虑到消费者偏好意愿对电商直播的影响,研究发现电商直播的服务质量能够推动消费者的购买意愿。

直播是伴随着电商经济兴起的,电商直播也越来越受到消费者的接受与选择,进而得到不断发展,学术研究也开始逐渐关注电商直播。Thaichon,P. 等(2020)表示,随着信息科技的进步与发展,在线交互逐渐成为品牌与其客户沟通的主要方式。曾一昕(2017)指出电商直播是指商家通过直播流媒体输出相应的内容,进行产品推广和销售的一种营销模式,具有情景化、真实性和高互动性等特征。陈春琴(2016)表示电商直播能帮助商家打造"爆款"产品,塑造品牌效应。同时,直播平台更加注重从企业 B 端实现盈利,强调通过优质化的内容来吸引用户和商家的长期入驻,并通过构建合理的、可持续的和规模化的商业模式,实现流量变现。钟丹(2017)从三个方面考虑了电商直播的价值,首先是符号价值——通过主播的试用或试穿能全方面地展示产品;其次是社交价值——电商直播过程中的互动体验能满足社交需要,构建了兴趣范围明确的社交关系;最后是营销价值——实现观看数量向下单、销售率的方向转变。杜岩武(2018)基于媒体价值等理论,指出直播平台能实现实时互动以及具有线索多重性等特征。

当前直播事故、事件频发,交易风险增加,目前造成电商直播问题的主要有互联网技术应用、内容规范与丰富优化、销售转化率、主播资质以及规范管理等方面。张楠楠(2018)认为,目前电商直播平台开发面临互联网技术水平仍较低、消费转化率不理想以及内容同质化严重等问题。孙笑然、陈明明等(2019)认为,电商直播带货水平两极分化严重,流量"头部效应"明显,而一般主播的消费者留存率较低、难以实现销量的显著增长且竞争逐日增加。王运昌、杨柳(2019)指出,电商直播模式可能存在主播个人原因,或是实时互动导致的负面信息传播不可控等问题。如何提升电商平台技术、实现营销差异化、增加消费者黏性提高消费者忠诚度使复购率增加是该模式需不断探索的关键。

对电商直播的另一个研究集中点是消费者参与电商直播的意图与购买意愿方面。从顾客体验角度而言,Jinhua Tong(2017)认为直播视频的生动性、互动性和真实性通过影响顾客的临场感和信任感,正向地影响顾客的购买意愿。Ismail Erkan 等(2016)的研究指出消费者通过体验式和场景式的营销方式,能极大程度地增加其卷入度,进而刺激其购买欲望。Yang, Y.(2021)认为利用直播进行营销活动可以减少顾客的心理距离感,降低消费的不确定性,使顾客的购买意愿增强。Wongkitrungrueng, A. 等(2021)探究了 Facebook 平台上个体商家通过直播销售产品的现象,构建模型来探讨在直播环境下消费者的感知价值、消费者信任和参与度之间的关系,研究指出,符号价值通过影响消费者的信任进而可以直接影响到消费者的参与,而功利价值和享乐价值也可以间接影响消费者的信任以及参与,因此可以发挥这几点的优势。周浪(2015)研究消费者购买意愿时借助了情景实验修正法,研究发现价格信息呈现的形式不同对购买意愿的影响程度也不同,因此这也是改善转化率可以考虑的一个角度。

从主播角度而言,孟陆(2020)认为电商主播也是网红的一种,是具有影响力的人物,因此从心理学理论基础的角度解释其如何影响消费者的购买意愿。梦非(2012)认为网络意见领袖需要具有丰富且扎实的专业知识、有号召力与影响力,同时也要具有创新思维、较强的沟通能力、社交能力强等特征,实现与消费者之间的有效沟通,进而促进消费者的消费。杜岩武的研究同样指出,电商主播的话术语言丰富度以及个性化的形象表达特征等,可以提升消费者在直播中的参与度以及丰富娱乐效果。刘凤军等(2020)则认为在直播营销活动中,主播的专业性、信赖度以及互动性,借助中介环节——顾客的价值感知,进而影响顾客的购买意愿,因此电商平台可以通过直播的互动性提升实用性和享乐性这两种价值感知,进而提升顾客的购买意愿。由此可见,电商主播可以促进消费者对产品的理解,同时构建有效的沟通关系丰富情感需求。

随着经济与科技的发展,"互联网+"的扶贫方式逐渐成为新历史时期精准扶贫的首要方式,电商扶贫已成为精准扶贫十大工程之一。同时各界也开始对电商扶贫不断进行探索与应用,汪向东等(2015)指出电商扶贫就是在扶贫开发工作体系中加入电子商务,发挥电商创新、带动作用,拉动经济增长。林广毅(2016)同时也指出电商扶贫是扶贫方式的创新,是将电子商务经济作用于帮扶对象的理念与实践,并说明电商扶贫可以带来显著的减贫效果。杨金峰(2016)指出目前有两大因素遏制了电商扶贫的实践发展,一是农业生产技术的制约,二是农村地区物流设施建设跟不上电商发展速度。颜强等(2018)认为电商扶贫是一种精准扶贫方式,是农村贫困地区借助电子商务优势发展、带动相关产业,进而可以直接或间接提高贫困户收入同时也能促进贫困农村地区经济、产业发展。王鹤霏(2018)分析了当前我国在开展电商扶贫中遇到的问题,并对这些问题进行归纳整理,从产业基础、统筹规划、基础设施、人才技术等角度提出了相应的改善对策。吴晓风(2018)对电商在连片、集中的特困地区扶贫运行现状进行研究,指出电商扶贫工作若要取得显著成效:首先需要加强顶层设计,巩固扶持政策;其次需要构建健全的电商扶贫平台,核心是要打造地方特色产业,形成产业区域优势;最后更需要优秀的物流、电商人才队伍作为发展的支撑。

廖秉宜、索娜央金(2019)提出网络直播是借助直播虚拟现实平台和主播,运用互联网视频直播技术打破人与人、人与物的物理距离,与平台用户之间进行互动的一种线上交流方式。网络直播具有的实时性有助于主播与用户沟通持续畅通,社交性有助于主播与用户相互了解,直观性有助于用户对产品的深入了解,互动性有助于主播与用户之间的互通交流。张佳妮,李可心(2022)提出,网络直播是主播将现场的信息数据,以视频、图像、声音、文字相结合的方式传递给大众,并与大众进行线上交流、购销一体基于流媒体技术的互动行为。

所以网络直播不仅是一个互联网技术,还是一个互动过程,基于互联网流媒体,利用虚拟现实技术,打破人与人、人与物之间的物理距离,通过音像、文字结合形式向大众传递重要的信息内容,以达到购销、互动交流和打赏的目的。网络直播是时代和消费者的宠儿,它矗立在互联网和商业的前沿,领导经济发展数字化、电子化。

裴学亮、邓辉梅(2020)提出,电子商务平台直播真实性、实时互动性、群体性、沉浸性等多功能的优势特征创新了零售模式,改变了消费行为。网络直播平台承载直播电商的价值创造,整合直播与电子商务的特殊优势,提高电子商务平台管理机制,实现数字贸易无限价值。黄斌欢、罗滟晴(2021)提出,直播带货将无法触及的明星代言转成沉浸式、体验式、交互式的娱乐消遣购物,对销售、直播劳动的双重转型,让用户在放松、愉悦的环境下实施购物行为。直播带货尽管有其独特的优势,但是其存在的问题也是显而易见的:①售后服务保障不足;②弄虚作假、高价低质;③主播专业素质不达标;④直播带货中官员、明星的加入。赵美琛、苏雷(2020)提出,电商直播需要完善直播内容、流程,培育专业化主播;打造品牌特色,传播品牌效应;提升配套的后续服务和机制保障;才能助推商业、产业的发展。隋金茹(2020)提出,线上直播对于进行线下商品、产品展出较为困难的企业来说是难得的商业机会,这类企业通过线上直播能够更加清晰明了地向消费者展示、介绍、宣传企业产品,为企业解决销售难题。

电商直播在其发展的过程当中优劣势共存。让消费者或者观看直播的人打破物理距离的隔阂,实时与主播进行互动,在消费的同时也具有很强的视觉冲击力。但是由于电商直播其目的是销售产品,消费者在观看直播过程中无法真实感受产品的质量,仅仅依据主播的文字阐述和视觉效果来判断产品质量问题,从而让电商直播钻空子,进行虚假宣传。但总的来说,只要产品质量、服务得以保证,电商直播不仅会提升企业的品牌和形象,还会调整和完善企业产业结构,让电商直播在产品销售的过程中大放异彩。

综上所述,关于直播概念、理论的界定,学者比较集中于研究直播在商业领域的作用和直播应用的优劣势分析。直播作为一个网络新兴事物,在研究其作用、优劣势的同时,更需要了解企业是如何借用网络直播拓展运营企业业务、拓宽企业发展等关于商业领域发展、内部结构和机制调整的细枝末节。网络直播为商业领域带来的变革,是否有利于企业、行业通过创新内部结构、模式,实现长期稳定的发展是值得深思和探讨的。

四、电子商务生态系统文献综述

生态圈一开始作为自然科学用语,用来描述自然界的生态情况,但是自从1993年被穆尔引用于商业领域,并提出了"商业生态系统"这一个新的概念之后,众多学术界的学者开始以商业生态圈为核心来研究商业活动中所出现的问题。王玉硕、吴慧香(2022)提出,构建生态圈能够为企业提高经济效益、创新价值效能、提升企业绩效。潘松挺,杨大鹏(2017)提出,企业为持续性地保持其自身竞争力,会择优选择构建企业生态圈,或进入适合自身发展的生态圈以实现资源共享、价值共创的目的,最终创新产业机制。史小俊(2022)提出,跨境生态圈的不断完善,既有利于跨境电商行业稳步前进,又有利于生态圈内企业的不断创新,更有利于我国"双循环"经济的茁壮发展。

产业生态圈与传统商业领域的商业生态系统在供应链、数据链和价值链上存在差异,Krones,J. S. 和 Jacobides,M. G. 以自然生态系统为基础,发现产业创新生态系统通过掌控系统中的信息、物质和能量的流动,来协调产业与环境的健康发展。产业生态圈的相互依赖性、开放性、非契约性在保证系统内企业相互影响、共创价值的同时,不受产业边界的限制,破除系统内部复杂性、不确定性,不断拓展延伸产业链条,创新价值机制,促进系统内企业发挥自主能动性,推动商业生态系统动态多样化发展。生态圈中嵌入性的网络关系和网络结构洞,是由复杂且相互作用的企业、组织单位整合形成。不同生态位的企业通过传递、共享、整合信息流、资源流,达到资源有效配置,进行不间断的价值创造和价值增值,为商业生态圈的持续发展提供支撑保障。

商业生态圈作为一个宽泛的商业概念理论,其涉及的层面、层次较多,包括产品、企业组织、行业、地域和环境等。企业组织层面的商业生态圈是一个立体的多方位联合体,涉及不同领域的不同组织、企业和个人,它们彼此依赖、互惠,为了达成共同目的,以某一企业或某几个企业为核心,采取集体性商业行动。商业生态圈强调的是互动互利相结合的表现,以及不同企业、不同组织、不同个人之间共生、互生的状态,不是简单的多元化整合,不是将新旧业务进行整合展开协同合作。生态圈内部的企业是需要互动创造价值并不断促进生态圈向健康、稳定的方向发展的,其内部价值的流入流出是相互的,并且是复杂的。同一个企业可以与很多个企业产生价值的互动交换,并且都是自愿并不受到约束的。而相对于一个产业来说,在整个生态圈内部,企业的数据流、价值流、信息流、资源流都是开放共享的状态,并最终完成生态圈内部的资源有效配置,实现价值增值。

商业生态系统以核心企业、产品供应商、产品市场中介、消费者集群、竞争者、风险承担者和其他各类企业或者组织为主要成员形成动态网络系统结构,系统内的成员之间相互联系、同呼吸、共命运,以核心产品为导向不断实现竞争合作。Tsvetkova,A. (2012)提出,组织边界理论框架下的商业生态系统,通过探索系统内部组织、企业的效率、权利、权限、身份和价值,来确定企业在生态系统中的生态位;在平台管理理论范畴下的商业生态系统,探索了系统内部平台管理的意义和动态机制。丁玲、吴金希(2017)提出,商业生态系统是由互利共生、相辅相成的不同经济群落、组织、个体组成,并依据价值导向,发展出以一个或多个核心企业为主的网络系统。由于企业生态位的异同,其在商业生态系统中的作用也会因为其创造的价值不同而不同,能够构建价值共享机制、为系统内大部分企业、组织提供共享资源的企业是生态系统的核心,一般被称为基石型企业;追求最大价值、攫取最大利益,忽视商业生态系统集体发展目标,阻碍商业生态系统健康发展的企业、组织反而占据着生态系统的关键位置,被称为坐收其利型企业;处于重要位置并创造价值的企业被称为支配主宰型企业;以专业化求生存,分散于系统之中,链接系统内各企业共创价值的企业被称为缝隙型企业(培育者、门徒、影响者)。

商业生态系统是以一个或多个核心企业为基础,通过与不同企业成员进行互动和资源共享达到价值创造目标的一个动态网络系统。其成员之间相互依赖,相互作用,共享与有效分配资源,促进整个商业生态系统稳健的发展。商业生态系统内的各成员相互作用,创造经济价值流动,共同发展自身能力和作用,创造新的价值流,不断吸引新兴企业加入。商业生态系统里的组织创造出来的价值并不是物理累加,而是经过高效的资源分配以化学反应的方式进行的新价值的创造。

郭旭文(2014)提出,电子商务生态系统突破物理距离,利用互联网技术搭建交流、沟通平台,企业和组织机构之间围绕核心电子商务企业密切联系、优势互补、资源共享、价值共创,创建出一个有机的、动态的互联网性质的生态系统。傅俊(2014)提出,在电子商务生态系统中,核心企业作为整个生态系统的领导种群创建共享机制,与线上商户群体(关键种群)、辅助依附的组织群体(支持种群)共享资源、数据。向坚持、钟灵、丁吴勇(2014)提出,网络团购商业生态系统作为电子商务生态系统的特殊存在,以团购网站平台为核心,团结相关利益经济体、企业、组织,以提升自身和系统价值为目的,相互协同、互利共生、各司其职,不断推动生态系统良性发展。

五、供应链协同研究文献综述

国外学者关于供应链协同的研究,主要集中在供应链协同影响因素、供应链协同管理、供应链协同绩效评价。

(一)供应链协同影响因素研究

协同学理论由联邦德国理论物理学家哈肯创立,协同是指为了实现系统的总目标,复合系统内部各个子系统之间的相互协作、相互作用的现象。供应链协同最早由世界著名供应链管理专家 David Anderson 提出,他在 1998 年指出,最新的供应链战略应该是协同供应链的实施。Hudnurkar（2013）从协同主体、协同层次等视角详细分析了影响供应链协同的 28 个因素。Usha R（2013）通过运用层次分析法构建了影响供应链协同信息的要素模型。Shiming，L.（2014）从不同的协同层次分析了影响供应链协同的 16 个因素。Jianxi（2015）基于不同视角，分析了供应链协同管理成本的影响因素。Chen J（2011）总结了供应链信息协同的影响因素，构建了供应链信息管理模式。Zhang Q（2018）研究发现文化协同通过促进组织系统发展，直接和间接地促进了供应链协同运作效率。Pradabwong，J.（2017）研究了业务流程管理、供应链协同，协同优势和组织绩效之间的关系。Ing-Long（2018）认为供应链协同对实现合作伙伴以及绩效影响的整合至关重要。

（二）供应链协同管理研究

供应链协同管理研究主要集中在供应链协同管理框架研究及协同管理策略研究。在供应链协同管理框架研究方面，朱庆华（2017）提出了可持续供应链协同管理与创新研究框架。刘妍宏（2016）从战略层、战术层、操作层构建了生鲜农产品电商供应链协同管理模型。吴绒（2018）分析了农产品绿色供应链协同模式的构成，设计了"战略—管理—操作"三维协同模型。张翠华（2006）构建了集群式供应链协同管理结构模型，并基于云计算进行了求解。在供应链协同管理策略研究方面，刘昊（2011）通过建立 DEA 评价模型，评估了我国汽车企业供应链协同度，并提出了协同发展策略。冯檬莹（2023）从提升供应链节点企业信任度、完善冲突处理机制等多个角度，提出了林下经济产品供应链协同管理的策略。

第二章 农产品直播电商概述

第一节 农产品直播电商发展概况

一、农产品直播电商与乡村振兴

（一）直播电商对农村产业的推动作用

直播电商作为一种创新的商业模式,对农村产业的推动作用不可忽视。

1. 市场拓展与信息传递

直播电商通过在线平台的形式,将农村产业的产品直接呈现给消费者,有效地拓展了市场范围。农村特产、农产品等在传统市场难以触达的地方,通过直播电商可以迅速传播到城市和其他地区,实现更广泛的销售。同时,直播过程中的互动,使得生产者能够直接与消费者沟通,传递产品信息、品牌理念,提高了产品的知名度和竞争力。

2. 农产品销售的去中间化

传统的农产品销售通常需要通过多个中间环节,包括批发商、零售商等,这些环节会导致产品价值的削减,而且信息传递不畅。直播电商的出现使农产品销售实现了去中间化,生产者能够直接与消费者对接,减少了中间环节,提高了农产品的价格竞争力,同时农民也能够更直接地获得销售收入。

3. 农村创业就业机会的提升

直播电商不仅仅是销售渠道的变革,更为重要的是为农村提供了新的创业和就业机会。通过学习使用直播平台,农民能够成为自己产品的销售代言人,通过直播推广和销售产品,实现增收。这对于农村地区的农民而言,是一种全新的创业和就业方式,有助于提升农村居民的收入水平。

4. 农产品品牌塑造与营销

直播电商不仅提供了销售平台,同时也成为农产品品牌塑造和营销的有效工具。通过直播,农产品生产者能够展示产品的生产过程、环保理念、农田管理等方面的信息,形成独特的品牌故事。这种品牌塑造有助于提高农产品的附加值,使其不再仅仅是一种普通的商品,而是具有一定品牌溢价的产品。

5. 农村数字经济的发展

直播电商的兴起推动了农村数字经济的发展。农村通过直播电商平台进行销售,不仅仅是简单的线下交易,更是数字经济的一部分。这促使农村地区加强信息技术的培训,提高数字素养水平,有助于农民更好地利用互联网资源,拓展商业渠道,参与数字经济的发展。

6. 助农的有效手段

在国家政策的支持下,直播电商成为一种有效的助农手段。通过搭建直播平台,政府和社会组织可以直接与农民合作,将农产品推向市场,提高农民的收入水平。直播电商不仅为农民提供了销售通道,同时也为他们提供了一种致富的新途径。

综上所述,直播电商对农村产业的推动作用是多方面且影响深远的。从市场拓展到农产品销售的去中间化,再到农村创业就业机会的提升,直播电商为农村地区注入了新的活力,推动了农业产业的现代化和数字化发展。

(二)农产品出村进城的新机遇

当今社会,直播电商为农产品提供了独特的机遇,推动了农产品从乡村走向城市。以下是直播电商在这一过程中所创造的新机遇。

1. 市场扩大与品牌建设

直播电商平台为农产品提供了更广泛的市场覆盖,使农产品能够快速传播到城市和全国范围。通过直播,农产品生产者可以展示产品的生产过程、品质优势和农田环境,建立起可信度高的品牌形象。

2. 消费者互动与信任建立

直播提供了实时互动的机会,消费者可以直接与农产品生产者、主播进行交流,解答疑问,建立起消费者与产品之间的信任关系。直播中的即时互动也有助于更好地了解市场需求,根据消费者反馈进行产品调整和改进。

3. 产品定制与差异化

直播电商平台为农产品提供了推广定制化产品的机会。生产者可以根据消费者的需求进行调整,推出符合市场需求的差异化产品。主播和农产品生产者可以通过直播演示产品的独特之处,强调与其他产品的差异,实现更有竞争力的市场定位。

4.线上销售与物流支持

直播电商平台提供了方便的线上销售渠道,农产品无须通过传统的中间商流通渠道,直接连接生产者和消费者,提高销售效率。与此同时,直播电商平台的物流支持也有助于解决农产品运输和配送的问题,确保产品的新鲜度和品质。

5.农产品文化推广

通过直播,可以展示农产品的文化背景、生产过程、当地故事等,提高产品的文化价值,吸引更多消费者的关注和激发消费者的购买欲望。这有助于消费者更好地了解农产品的来源、生产者的辛勤付出,增加对农产品的认同感和喜好度。

6.政策扶持与合作机会

各级政府可能会通过政策扶持,支持农产品直播电商的发展,为农民提供更多的发展机会和政策支持。农产品直播电商平台还可以促成各方的合作,包括与当地政府、农业合作社、电商平台等的合作,形成更加完善的生态系统。

这些机遇共同推动了农产品在直播电商平台上获得更多曝光和市场份额,为农民提供了更多致富的机会。

二、农产品直播电商的特点

1.实时互动性

直播电商为农产品提供了实时互动的机会。生产者和消费者可以直接在直播过程中互动,观众可以提问、评论,而生产者则能够即时回应。这种实时互动性增强了产品的可信度,同时也提升了用户参与感。

2.生产过程透明化

通过直播,农产品生产者能够展示产品的生产过程,包括农田、养殖场等。这种透明化的展示方式有助于消费者更好地了解产品的来源,增加对产品的信任感。

3.产品展示和演示

直播为农产品提供了一个展示和演示的平台。生产者可以通过直播展示产品的外观、品质,并演示食用方法。这样的展示方式更直观,吸引了更多消费者的关注。

4. 消费者教育与互动购物体验

直播不仅是产品展示的平台,还为生产者提供了进行消费者教育的机会。在直播中,生产者可以解释产品的特性、养殖或种植方法,提高消费者对产品的了解。这种互动购物体验有助于提高消费者对产品的信心。

5. 新型营销手段

直播电商为农产品带来了新型的营销手段。通过有趣的演绎、直播互动等方式,生产者和主播能够创造引人入胜的购物体验,提高用户黏性,使产品在市场中更为突出。

6. 社交共享效应

农产品直播电商通过社交媒体平台实现社交共享效应。用户在直播过程中分享购物体验,推动产品的口碑传播,扩大产品在社交网络上的曝光度,从而提高市场认知度。

7. 产业链整合

农产品直播电商通常涉及整个产业链的各个环节,包括生产、加工、物流等。这种整合有助于提高农产品的附加值,加强产业链上下游之间的合作,促进全产业链的协同发展。

8. 实时促销和限时优惠

直播电商平台常常推出实时促销和限时优惠活动,通过倒计时、促销标语等手段刺激用户购买欲望。这种实时促销策略能够在直播过程中引导用户做出购买决策,提高销售效果。

第二节   农村电商直播行业发展优势

一、政策密集出台扶持农村建设

根据《2020 年全国县域数字农业农村电子商务发展报告》,截至 2019 年,全国 2083 个县域农产品网络零售总额达 2693.1 亿元,同比增长 28.5%。从以上数据可以看出,农村建设及农产品销售都无法离开农村电商这一营销手段。国家也出台了一系列相应的文件作为农村电商发展的政策保障。2017 年,政府工作报告强调必须促进电商进农村,推动实体店销售和网购融合发展。2018 年中央一号文件《关于实施乡村振兴战略的意见》中提到了关于"鼓励支持各类市场主体创新发展基于互联网的新型农业产业模式,深入实施电子商务进农村的综合示范"的内容。2020 年,中共中央、国务院发布了《关于抓好"三农"领域重点工作确保如期实现全面小康的意见》的一号文件,指出要有效开发农村市场,扩大电子商务进农村覆盖面,支持乡村物流服务网络,加强村级电商服务站点建设,推动农产品进城。2021 年 2 月,中央发布了新世纪以来第 18 个指导"三农"工作的一号文件,明确了关于全面推进乡村振兴,加快农业农村现代化的意见。

近年来国家颁布的发展农村电商相关政策主要如表 2-1 所示。

表 2-1　2017—2021 年我国农村电商政策盘点

年份	发文机关	文件名称
2017 年	中共中央、国务院	《关于深入推进农业供给侧结构性改革,加快培育农业农村发展新动能的若干意见》
	商务部、农业部	《关于深化农商协作大力发展农产品电子商务的通知》
	农业部	《关于深入实施贫困村"一村一品"产业推进行动的意见》
2018 年	中共中央、国务院	《中共中央 国务院关于实施乡村振兴战略的意见》
	财政部办公厅、商务部办公厅、国务院扶贫办综合司	《关于开展 2018 年电子商务进农村综合示范工作的通知》
	工业和信息化部	《关于推进网络扶贫的实施方案(2018—2020 年)》
2019 年	国务院办公厅	《关于深入开展消费扶贫助力打赢脱贫攻坚战的指导意见》
	中共中央办公厅、国务院办公厅	《关于促进小农户和现代农业发展有机衔接的意见》
	财政部办公厅、商务部办公厅、国务院扶贫办综合司	《关于开展 2019 年电子商务进农村综合示范工作的通知》
	中共中央、国务院	《关于建立健全城乡融合发展体制和政策体系的意见》
	财政部办公厅、商务部办公厅	《关于推动农商互联完善农产品供应链的通知》

续表 2-1

年份	发文机关	文件名称
2020 年	中共中央、国务院	《关于抓好"三农"领域重点工作确保如期实现全面小康的意见》
	财政部办公厅、商务部办公厅	《关于疫情防控期间做好农商互联完善农产品供应链的通知》
2021 年	中共中央、国务院	《中共中央 国务院关于全面推进乡村振兴加快农业农村现代化的意见》

资料来源:根据官方新闻资料整理所得。

在国家以及各地政府的政策支持以及财政支持下,愿意利用电商形式经营农村电商的"新农户"越来越多。通过系统的培训,许多农户从原来的"网络经营门外汉"变身为如今的"新晋农商网红",这背后体现的正是政府宏观支持的成果以及农村现代化发展的迫切需求。

二、电商平台助推农村电商直播发展

近年来,各大电商及内容类平台纷纷着手于下沉市场的拓展,在人才、技术、金融等多个方面给予支持,助力农产品电商市场的发展,较大地缓解了农货供需矛盾,加快了农货流通效率,助力农民增收。未来,农货电商将会成为助力乡村农业振兴,推动农业高质量发展的重要抓手,农货也将成为驱动电商平台持续增长的动力源。电商平台除了在政策、资源方面助力农产品销售,还不断变革创新模式,帮助农产品实现供需平衡。拼多多率先上线"政企合作,直播助农"计划,先后与广东、河南、浙江、山东等多个地区的地方政府和企业展开合作,联合近百名市、县长,开启了"市县长当主播、农户多卖货"的直播助农新模式。京东平台则携手百位县长,组成"百大县长直播团",在"6·18"活动期间,打造了多种主题直播,聚焦不同产业带的发展,开启了"供应链+直播"的新模式。抖音则推出了"新农人计划"并先后投入约 12 亿的流量资源,力求给予新晋农村创业主播更多流量和曝光机会,同时还开设了多门运营推广、直播技巧相关的培训课程。具体见表 2-2。

表2-2 电商平台涉农服务情况

平台类型	平台名称	平台情况	扶农助农
电商类平台	淘宝	全国共4310个淘宝村,1118个淘宝镇,带动了680多万人就业;阿里云农业大脑帮助2.6万农户和企业实现科学种养;菜鸟联合主要快递公司,已服务全国3万个村点	淘宝"村播计划",截至2022年12月31日,农产品相关的直播达140万场,覆盖全国31个省(区、市),吸引了300多名县长走进淘宝直播间
	拼多多	平台拥有5.85亿活跃用户,商户510多万;多多农园培养了大量本土农村电商人才,孵化和打造多个特色农产品品牌,构建一体化扶贫兴农产业链	多多大学与当地政府建立贫困基地,组织线下交流班;上线"抗疫农货"专区,设置了5亿元的专项农产品补贴,以及每单2元的快递补贴;上线首届"春耕节",3亿元补贴农资下行,联合400万农户保供促产;助农"双百万计划"
	快手	1600多万人通过快手平台获得收入;截至2018年12月底,快手用户覆盖570个国家级贫困县;全国各地孵化100位快手幸福乡村带头人,通过个体赋能,实现乡村振兴	截至2019年4月贫困县区中,超过115万快手用户销售额超过193亿元;"福苗计划"2019春季专场:2.34亿次山货曝光、1.54亿用户逛集、16万名建档立卡贫困人口增收
	抖音	抖音推出"宅家云逛街"计划,通过10亿直播流量扶持计划、小店入驻绿色通道、官方培训等专项政策让线下商家走进直播间	截至2020年3月疫情期间发起"齐心战疫八方助农"活动,并在App内设立"战疫助农"话题专区,汇集全国各地农产品销售信息,帮助贫困地区的优质农产品销往全国

资料来源:根据相关文献整理所得。

第三节 农村电商直播行业发展困境

一、直播人才缺乏,马太效应明显

直播带货与娱乐直播不同,除主播的个人魅力之外,还需要对整个农产品进行辨识、讲解、互动等。因为观众会产生注意力疲劳,直播者还需要有持续吸引注意力的能力,特别是保证持续性,不断输出有吸引力的、有趣的并且不重复的内容,而这一点对多数直播者来说有难度。个体农户作为现阶段农产品直播销售的主要使用主体,难以摆脱文化水平低、先进的营销理念缺乏等劣势的限制,导致直播过程中无法更好地突出商品价值,建立良好的品牌形象,从而无法完成更大规模的销售量。主播群体内还存在明显的马太效应,头部主播拥有雄厚的流量基础,极强的曝光能力,但是佣金抽成较高,与肩部主播的差异很大,与尾部主播的差异更甚。人才瓶颈还比较突出,目前主要依靠县长、明星等官员和网络红人主播帮助农民代言,农民自己上阵取得的成效规模不大。

二、配套设施亟待完善,地区发展失衡

一方面,物流成本是农村电商基础设施方面的最大痛点。农村地区大多具有地广人稀的特点,分散的居住点导致配送成本高,快递密度也相对较低。网络直播在增加农产品销量的同时,也在考验供货方的运营能力、物流方的运输能力和电商平台的售后服务与危机处理能力。一个完整的农产品供应链会涉及生产、包装、保鲜、运输、售后等一系列流程,所有的环节不能只靠一个参与者来完成,而是需要农产品经营者、物流配送企业、电商平台及其他服务机构的广泛参与。相较于其他电商产品,农产品具有季节性、易腐烂等特殊性问题,而目前我国多数农村地区的道路交通状况仍不够好,运输困难不仅会造成农产品腐烂变质,也会因为农产品物流不畅而增加物流成本。此外,农村物流技术水平较低,农产品对运输储存的温度和环境等都有严格的要求,保存不当就容易造成大量的腐烂变质,产生较大的亏损。目前就农户的仓库和运输工具而言,往往不能满足这些条件。

另一方面,我国农村电商区域发展不平衡问题较为突出,农村电商覆盖率有待进一步提高。尽管我国近几年在农村物流网络布局上已经加快了发展步

伐,但是整体布局还有待完善。即使电商平台的物流运营能力不断提升,但仍然无法快速覆盖边远山区的特色农产品。许多偏远地区都因为道路基础条件差,不能保证农产品的运输速度,从而影响了服务质量。

第四节　农村电商直播的创业模式划分及评价

一、农村电商直播创业模式划分维度

农村电商直播创业模式经历多样化发展,划分维度比较多,划分种类也林林总总。零售行业"人、货、场"能够很好地梳理电商商业模式的体系,农村电商直播同样适用。农村电商直播中的"人"指的是主播,以主体划分,可分为商家自播和达人直播,前者以购物平台为主,主播多为店铺或品牌商自有员工。达人自播以达人在直播间售卖各种产品为主。"货"指的是电商直播中售卖的产品,农村电商的货物主要是指农产品,根据货物来源主要分为自产、采购、合作售卖等。"场"指的是进行直播的平台,直播平台是主播与消费者实现跨时空、跨地域互动的基础,目前主要有主流电商平台及内嵌购物功能的内容类平台。

本书将主要以在农村电商直播创业活动过程中起到引导和激发的主导作用的事物来划分其创业模式。基于农村电商直播创业以个体(主播)为主导的特性,本书以主播作为切入点,结合"货"和"场"两个维度,对当前创业模式进行了分类和总结。

二、农村电商直播创业模式划分及评价

基于上文收集总结的一手访谈资料及文档资料,本书将当前农村电商直播创业主要的模式分为以下几类。

(一)"产品+普通主播"模式

1."产品+普通主播"模式典型案例

淘宝店铺"星哥小倩土特产"成立于2020年年初,店铺的运营者是浙江省桐庐县的一对年轻夫妻。店在进入直播行业之前,星哥和小倩夫妻在外从事房地产行业。工作之余夫妻俩喜欢在各个平台观看各种直播,看到直播带货行业

出现了各类主播,整个行业也发展得如火如荼,逐渐萌生了利用直播进行创业的想法。2020年,为了方便照顾家人同时也想把家乡的优质农产品分享给所有人,夫妻两人决定辞去工作回乡创业,利用自己在外的见识经历结合家乡实际,投身电商直播行业,售卖自家农产品。因为电商直播进入门槛不高,所以整个店铺的直播创业团队仅仅只有两人。在这个由家人组成的团队中,夫妻二人负责直播和店铺运营,父母则帮助种植和制作直播售卖的产品。店里售卖的产品种类不多,只有家里农田种植的青菜以及手工制作的当地小吃。夫妻二人每天上午准时进入淘宝平台打开直播间,直播工作或是在田间或是在家中完成。虽然创业后总体收入比以前有了提升,但是由于专业水平和团队规模有限,整个创业过程都处于单打独斗的状态,无法形成更大的体系。

2. "产品+普通主播"模式评价

"产品+普通主播"模式中的主播主要由粉丝数10万以下的尾部主播组成。此模式采用的直播形式主要是商家自播,主播多由店主、家人或者合作伙伴担任。整个创业团队大都由亲朋好友组成,团队人数一般少于5人,主播参与到生产和直播售卖的全过程中。这种模式中直播货物的来源主要为自家及亲戚朋友家生产。强烈依赖自家农产品,以销售自家产品为主。"产品+普通主播"模式中创业者来源主要是两类:一是由传统的电商平台店主转化而来,在既有的销售模式上利用直播来开拓销售渠道;另一类是新进入电商行业的农民创业者,因为看到直播带货的优势而进入这个行业。据2020直播电商数据报告,2020年抖音、快手直播新增农村主播粉丝量级分布中,粉丝数10万以下的尾部主播占比超96%。目前,各大直播平台中尾部主播的数量也都占据了当前主播级别的构成的主要部分。因此,"产品+普通主播"模式也是当前农村电商直播创业中最普遍的模式。

(二)"微生态+普通主播"模式

1. "微生态+普通主播"模式典型案例

抖音用户"农大大"是抖音平台上一名拥有十多万粉丝的农产品主播。"农大大"本名张某,是杭州临安的一名村民,在成为一名电商主播之前,是当地一家实体店的店主。张某所在的河桥村是临安当地有名的竹笋之乡。从2018年开始,张某在抖音平台上传自己挖笋的视频,向其他用户展示挖笋的过程及技巧,逐渐吸引了大批粉丝关注。在积累了一定的人气后,张某也开始尝试在自己的抖音平台上直播售卖竹笋,稳定的价格及品质优势使得销量快速上升。但是农产品具有季节性,为了保持稳定的货品供应,张某开始尝试收购和售卖其他当地农产品。随着粉丝的增多,直播间的产品开始供不应求,产品的需求种类也越来越多。张某不满足于只售卖当地的产品,而是根据粉丝需求和季节,到各地寻求当季优质农产品。除了直播,张某每天都在抖音平台上以短视频的形式更新选品及产品生产过程等来维护用户黏性。目前,张某的团队共同负责选品和账号的直播、拍摄。用户在直播间下单后,张某团队第一时间安排自家仓库或者产地直接发货。物流运输是团队最担心的问题,因为农产品的特殊性,经常寄到消费者手中会出现坏了的商品。张某的创业过程中不再完全依赖自家农产品,有一定的整合资源的思维,但是售卖的产品虽然种类多,却没有形成品牌优势的产品。

2. "微生态+普通主播"模式评价

和"产品+普通主播"模式相比,"微生态+普通主播"模式需要创业者具有一定的资源整合能力和一定的互联网思维。此模式中的产品不完全依赖自家,通常由直播团队整合当地优质资源或者根据消费者的需求从各地采购。此模式中创业者可以打破资源的限制,以更灵活的方式直播,满足多种需求的消费者。虽然通过资源整合在产品方面形成了微生态,但是总体仍然是由直播创业者独自完成,缺乏其他方面的合作。

(三)"微生态+红人主播"模式

1. "微生态+红人主播"模式典型案例

"巧妇9妹"本名甘某,原本是广西灵山村的一名普通农妇,通过拍摄"三农"短视频,同时在各大自媒体平台上分享视频,如今已经成为一名拥有数百万粉丝的农村直播红人。自2017年开始,甘某以"巧妇9妹"的网名在短视频平台分享自家原生态的农村生活、趣事、美食,还有自家种的水果。在一次直播拍摄摘百香果时,粉丝留言想购买甘某家的水果,这让她萌生了利用网络平台销售自家水果的想法。随着"巧妇9妹"的粉丝越来越多,直播产品的销量也与日俱增,在完成了自家产品销售的基础上,甘某开始帮助村民销售滞销的水果,带领全村人一起致富。甘某整合了全村的产品资源,制定了统一的销售模式,同时在政府扶持下打通优质物流渠道,利用体量优势为全村农产品销售降低成本,从而提高了竞争力。以往,果农们的销售渠道只局限在县城市场,甘某的直播间为果农们带去了更广阔的销售渠道。甚至一些特产滞销了,政府也会找到甘某帮忙售卖。

2."微生态+红人主播"模式评价

农村电商直播领域的红人主播一小部分由其他领域的流量红人转化而来。另一部分农村电商创业者通过努力吸引了大批粉丝关注,也在垂直领域拥有了较强的专业性与影响力。当前农产品红人主播不仅仅局限于网络红人,越来越多企业高层、政府官员也加入直播大军,利用自身强大的背景优势为直播产品质量背书。此模式中创业者具备很强的资源整合和产业思维,擅长抱团作战,善于学习和利用新技术和新平台。红人主播自带流量优势,在市场推广方面能够快速引流,同时在产品、供应链等资源方面也具有很强的议价及整合能力。红人主播还能通过扶持其他中小主播,打造主播矩阵,从而提升整个创业组织的竞争力。

对上文所总结的几种农村电商直播创业的模式进行优缺点比较,可以得到如表 2-3 所示的主要特点:

表2-3　农村电商直播创业模式优缺点汇总

创业模式	模式优点	模式缺点
"产品+普通主播"模式	创业成本少、门槛低;产品价格优势明显	产品依赖严重;推广引流能力弱;物流配送落后
"微生态+普通主播"模式	产品依赖低,灵活性强;产品资源整合能力强	合作性不强;物流、平台、服务等资源整合能力弱
"微生态+红人主播"模式	产品、物流、平台资源整合能力强;市场推广能力强,引流快;抱团合作能力强	红人主播体量小;红人直播成本贵、合作门槛高,模式普及难度大

第五节　农村电商直播存在的问题

根据农村电商直播创业者代表的访谈资料,具体访谈提纲详见附录1。本书提取出访谈原话中的关键语句,并将问题类型进行了归类,统计出如表 2-4 所示的几类普遍存在的问题。结合上文所提及的农村电商直播发展现状所存在的行业困境,笔者可以较全面地对当前创业模式中亟待优化的问题进行分析和总结。

表2-4 农村电商直播创业受访者问题统计

问题层次	受访者原话	问题提取	人数
主播	我们之前都不是做这一行的,现在直播行业这么火,我们也想抓住这个机会,但是也都是自己摸索着干,没有人来带我们,我们团队里也没有很懂直播的人	专业人才缺乏	11
	我们是农民,对于互联网不是很懂,直播还要用手机、电脑操作,在各种平台上直播,对我们来说一下子学会有点难	互联网使用能力弱	6
	我们就是和家里人一起做的,加起来就三四个人,一般不会和别人合作的	直播团队规模小	13
	我们卖农产品的做直播大部分就是拍拍植物的生产和制作过程或者在家里讲解一下产品,时间久了观众也会看腻了,但是我们也想不到更多新鲜的东西了	直播内容创意缺乏	15
产品	我们卖的都是自己家和亲戚家种的东西,有时候顾客需要别的东西我们是提供不了的	产品来源单一	8
	我们这边做直播的人卖的东西都是差不多的,都是我们本地特色的产品,但是外地人对我们这里的产品还不太了解	产品同质化严重、缺乏品牌竞争力	12
服务	现在收到的差评大都是因为顾客收到产品以后发现东西破了或者变质了,我们用的都是普通快递,也没办法完全保证物流时效,送得太晚了可能东西都坏了	物流供应链落后	14
	每天直播完以后还要处理很多事情,比如售后和发货的问题,这些事情每天都要消耗很多的时间,我基本上每天凌晨3点左右睡觉	售后问题多	15

续表 2-4

问题层次	受访者原话	问题提取	人数
平台	我们每天大概直播十几个小时,但是总体看的人不多,主播太多了,不一定能刷到我们,平台推广费用还是很高的	推广成本大	18

注:"人数"表示表达相同含义的受访者人数;问题提取原话来自访谈内容

基于上文对当前农村电商直播创业模式的分类,本节将从创业主播、货物、直播平台三个维度着手,在每个维度中对当前创业模式的问题进行大致分析。

一、农村电商创业直播人才存在的问题

作为直播中直接面对消费者的主体,主播在网络直播中起着至关重要的作用,主播的水平直接决定着流量及询单转化率的高低。电商主播借助网络直播的可视化、同步性等特点可以与消费者进行实时、深入的沟通,进而获得消费者的信任与认同,最终可以影响消费者的在线购买意愿。当前直播领域根据主播的粉丝量级、影响力、带货能力等主要将主播分为尾部、肩腰部和头部几个级别。

(一)直播水平欠缺,专业人才匮乏

对于普通主播主导的创业模式,直播人才的能力高低是影响其发展的主要因素。当前大部分电商主播都是由尾部主播组成的普通主播,农村电商直播的主播大多数也主要由半路出家的农民和返乡务工人员组成。此类主播主导的创业模式的创业门槛较低,灵活性强,创业者可以根据自身特点,以较低的成本进行多场次、长时间直播。也是因为如此,大量的农民创业者在缺乏前期直播技能积累的情况下就快速步入直播行业,最终又因为直播水平不够导致网络直播语言技能缺乏,客户沟通技巧和销售话术不熟悉等问题的出现,造成直播效果及转化率都不理想的结果。红人主播模式中的主播基于自身所带的流量优势及行业经验积累,往往具有相对较高的直播水平,可以很好地把控直播节奏,运用直播技巧实现最大转化率。

根据艾媒咨询发布的数据,我国直播电商行业带货主播的马太效应明显,腰尾部主播占比超过90%,头部主播占比虽然相对较少,却占据了大部分的平台资源及曝光度。在如此悬殊的体量差距下,红人主播更侧重优质产品资源的

获取,不可能覆盖每一家的农产品。对于大多数小卖家来讲,用有限的经费与直播界头部网红合作并不现实。官员直播也是红人直播的一种,但从目前的情况来看,并不是每一位官员的代言都达到了赢得信任、打响品牌、大卖助农的目的。官员们也不可能把直播当成主业,一两次的"县长"直播会有短时间的热度,但只能解决一时销路。此外,直播行业具有全产业链人才需求,包括策划、文案、主播运营等各方面人才。总结行业现状,整个农产品直播行业的专业人才覆盖率较低,行业人才短板亟须补充,创业者增强专业知识的需求迫切,整个主播人才梯队需要补充新鲜的血液从而提高整体人才专业度。

（二）直播创意缺乏,内容单一重复

农产品主播的农户因为文化水平相对较低,往往缺乏创新能力,难以保证持续的优质内容产出。除了常规的农产品种养殖展示介绍外,很少能设计出更多的店铺活动类型,缺少与用户的互动。长此以往,因为与用户的黏性缺失将很难真正做到吸引并留住用户。在自身创意缺乏的情况下,主播们往往会争相模仿某一反响火热的直播形式,大量内容雷同的直播内容涌现,极易引发消费者的厌恶心理,给直播销售带来严重的负面影响。

二、农村电商创业直播产品存在的问题

农村电商直播中的"货"是使它区别于其他一般电商直播最大的不同点。农村直播中的货物一般为农产品,无论是基于地域的土特产,还是基于品种的珍稀种类,或者是基于生长环境的独特口感,都是很鲜明的卖点。所以农民一般要选择地标性或具有特殊卖点的农产品才能更具竞争力。同样也因为产品的特殊性让农产品销售拥有了更多的限制。因为农产品的季节性,卖家无法长期售卖同一种产品。产品品质更是重中之重。消费者选择农村电商,往往都是冲着农产品的原生态、高品质而来,如果品控不到位,将会很大程度上削弱消费者的忠诚度,导致口碑的丧失。

（一）产品种类单一,缺乏品牌价值

根据上文提到的"产品+普通主播"模式的主要产品来源,可以发现创业者过分依赖自产自销模式,产品极易受季节及气候限制,灵活性小,容易出现无法及时供应或者无货可卖的问题。另外,由于货物种类单一,无法满足消费者的多样需求,导致目标市场范围较小。采购自播的方式能解决部分产品单一及供应保障的问题,但是同时也失去了一手货源的价格优势。挖掘物美价廉的优质

货源可以说是普通主播们亟待解决的一大难题。红人主播因为自身强大的带货能力，能够获取多种类的优质产品资源，同时具有较强的议价能力。因为主播体量及直播成本的问题，红人主播的带货优势无法覆盖整个农产品直播行业。对于整个行业而言，产品来源单一、同质化严重仍然是比较突出的问题。

明确的地标性及特色品牌是直播农产品在其他基础农作物里杀出重围的有效保证，但是当前直播创业者对农产品加工大多局限于给农产品进行简单的包装或加工制作，缺乏赋予农产品文化故事和品牌内涵的能力，使得农产品的附加价值较低，无法在市场中拥有更大的竞争力。品牌意识的缺乏，使得农产品缺乏知名度，特色和优势都不突出，仅仅依靠产地及价格优势无法获得用户的分辨度和认可度，导致产品在购买者群体中无法产生较大的影响力。

(二)产品标准化程度低，难以形成规模化发展

农产品非工业化生产的产品，自然环境、农货种植方式等方面的差异都会造成其品质方面的参差不齐。大部分农产品都是原生状态，也很难有统一的质量标准来衡量其品质，导致农产品无法成为标准化的网货产品。缺乏质量标准使得相关监察部门也无法对此类农产品进行严格的食品安全监督，导致农产品存在质量隐患。监管漏洞的存在还会导致部分电商商家在利益的驱动下以次充好造成整个农产品口碑的下降。

基于互联网的开放性，农产品借助直播手段可以快速打开销路，销量得到快速增长。但是特色农产品的供应量往往较少，在供应无法满足需求的情况下，产量短板问题越发明显。农产品难以形成规模化发展。电商直播的大部分销售对象是终端消费者，对发货的时效性要求高，导致农产品销售生产周期短，如果没有形成相应的产业链，保证后备生产力，将会面临供应困难的问题。以上种种原因导致了目前农产品难以形成规模化发展。

(三)物流网络不健全，产业服务机制落后

农产品与其他产品不同，因为生化性能不够稳定，对于存储及配送要求极高，处理不当就会造成新鲜度下降甚至腐烂的问题。相应地，农产品直播销售需要配套较高水平的物流供应链技术。生鲜冷链物流行业在我国发展还比较缓慢，物流地域覆盖失衡，以上种种原因都限制了农产品的销售发展。目前普通卖家在直播卖货平台能选择的物流并不是针对专业化的农产品电商的，同时因为销售体量较小导致物流成本也较高。

当前大部分农村地区无法建立起完善的仓储、物流设施，这些重要基础设

施的缺乏使得农产品在售后服务方面得不到有力保障。部分地区农村落后的产业基础更加无法满足农村电商直播对于售后保障的需要。在直播如火如荼开展的同时,售后服务是电商直播中必不可少的一环,糟糕的售后保障会让消费者丧失对店铺和产品的信任,导致大量顾客的流失,破坏整体销售环节。农村产业普遍规模较小,如果不能建立起行之有效的产业服务机制,市场的进一步扩大也将面临阻碍。

三、农村电商创业直播平台存在的问题

平台是农村电商直播创业交易的场景和重要枢纽,为直播创业者提供了新的变现模式,加速商业化变现进程,激发非计划性需求,丰富内容频道从而获得更多新用户及提高直播转化效率。我国优质农产品供给不足与产品缺乏销路的供需矛盾长期存在,农货电商平台为解决农货供需矛盾提供了新思路。

当前主流直播平台有以淘宝、拼多多为首的电商平台,以快手、抖音为首的内容平台,以微信、小红书为首的社交平台等各类型平台。根据艾媒咨询《2022Q1中国农货电商市场研究报告》的数据显示,在各大电商平台进行消费时,33.9%的受访者表示其购买农货占比最高的是阿里系电商平台,33.3%的受访者表示其购买农货占比最高的平台是拼多多。但是成熟平台中同类产品竞争激烈,产品品牌熟识度较低及引流成本大都导致产品在线上的推广率较低。农产品直播除了依赖此类知名企业平台之外,部分农村地区也建立了本地农产品电子商务营销平台,但是目前农村自建电商直播平台的发展还不够成熟,普遍知名度不高。同时,52.5%的受访者认为农货电商平台需要增强对农货品质的把关,37.2%的受访者表示农货电商平台需要优化物流服务质量。此外,农产品直播的发展还需要电商平台在金融服务、技术人才培训等方面给予支持,目前平台还缺少此类业务的配套的支持体系。

在当前我国农村电商直播创业模式中,创业者无法突破"小农思想"限制,经营模式依靠以满足自身消费为主的小规模农业经济为特点的"小农模式"为主。行业内各方缺乏合作思维,导致农产品供给端呈现"小""散"状态,无法形成集群效应,整体发展较弱。同时,上行基础设施仍比较薄弱,无法形成长期稳定的产销机制。农村电商直播的进一步提升亟须在以往的发展基础上创新发展模式,构建一个合作共赢的健康生态体系。

第三章 | 供应链协同与农产品直播电商

第一节　供应链协同理论

一、供应链及供应链管理

有关供应链的概念,从其被提出至今,学术界尚没有给出一个统一的定义,本章中,将引用马士华教授对供应链的定义:供应链是围绕核心企业,通过对信息流、物流、资金流的控制,从采购原材料开始,制成中间产品以及最终产品,最后由销售网络把产品送到消费者手中的将供应商、制造商、分销商、零售商直到最终用户连成一个整体的功能网链结构模式。虽然现存各定义并不完全一致,但是其所涵盖的供应链的实质不外乎这几点:第一,一个完整的供应链开始于原材料供应商,终止于最终消费者;第二,供应链上物流、信息流双向流动;第三,供应链并非链状结构,而是一个复杂的网络结构。由此,我们可以简单归纳出供应链的结构模型,如图3-1所示。

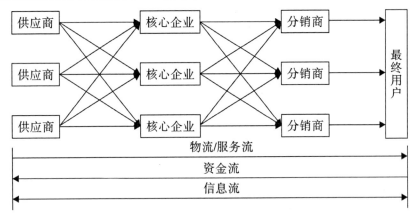

图 3-1　供应链的网链结构模型

而所谓供应链管理,其本质是一种集成的管理思想和方法,是对供应链中的物流、信息流、资金流、业务流以及合作伙伴关系等,进行计划、组织、协调和控制等一体化的管理理念。其所涵盖的基本思想,可以概括为几点:系统思想、供应思想和集优思想。以上述基本思想为主线,随着竞争环境的改变以及人们观念的变化,供应链管理的模式也经过了一个循序渐进的演变过程,具体如下:

(1)分布式管理。分布式供应链管理中,各成员企业均具备独立决策能力,出于个体理性,他们在做出决策时,往往都是以自身利益最大化为目标,然而,这种优化仅仅是局部最优,并不符合供应链整体最优的目标。而且,在分布式管理模式下,供应链上各成员企业之间缺乏足够的信息沟通与交流,以至于很容易导致牛鞭效应、委托代理问题以及欺骗问题等。

(2)集成化管理。针对分布式供应链管理存在的缺陷,人们开始关注并研究供应链的集成化管理。这种管理模式以供应链整体最优为目标,强调信息的对称性与激励的一致性,并采取统一决策的方式。通常,假设存在一个可以控制各成员企业的超级自然人,它拥有完全信息,并以供应链整体利益最大化为目标做出相应的决策。因此,供应链的集成化管理模式,在理论上颇具优越性。然而,在实际操作过程中却存在一些不可避免的困难,比如我们假设的自然人并不存在,供应链上的各成员企业终归是各自独立的个体,难以保证信息的完全对称性与激励的一致性等,以至于最终很可能会导致供应链集成化管理的失败。

(3)协同化管理。针对供应链分布式管理和集成化管理所存在的缺陷,近年来,学术界和企业界对供应链的协同管理越来越关注。关于该管理模式的提出、特征、优势和协同所带来的收益及其表现形式等,将在下一小节中具体阐述。

二、供应链协同管理

(一)协同管理思想的提出

联邦德国斯图加特大学教授、著名物理学家哈肯(Hermann Haken)于20世纪70年代创立了协同学。其中,对协同做了以下描述:系统的各组成部分通过彼此间协作,使整个系统从无序到有序,形成一种新的结构,并具备新的特征,而这种新的结构与特征是个体所无法拥有的。

这种协同的观点慢慢地被管理界所认可和接受,其实是一个对系统科学研究逐步深入的过程,更是在激烈竞争环境下为赢得竞争优势的客观需要。协同管理的理论基础源于协同效应原理,该原理认为:对于一个复杂的系统,它可以通过其各个组成部分彼此间的协同作用形成一种有序结构,而这种协同作用是系统作为其自组织能力本身所固有的。

将协同的思想引入供应链管理当中,形成了供应链管理的高级形式——供应链协同管理。这种管理模式弥补了传统供应链管理的弊端,使供应链的优势能够得以更加充分的发挥。

(二)供应链协同管理的提出

20世纪90年代中期,供应链协同被正式提出,对其描述如下:供应链上的各成员企业通过一定的方式形成一种复杂的网络结构,在该网络中,以信息共享为前提,处于供应链上不同环节的成员企业共同努力、紧密协作,以实现供应链的高效运作并提高其整体竞争力。供应链协同以实现"共赢"为目标,其形成使原有的资源配置方式、生产组织方式等都发生了根本性的变化,企业之间的竞争也由此转变为供应链之间的竞争。在新的竞争环境下,供应链协同推进了链上各成员企业在组织及经营管理上的转型和创新。

所谓供应链协同管理,就是对供应链中各成员企业之间的协同运作进行管理,以多种现代科学技术为支撑,通过有效协同,实现物流、信息流、资金流的高效流通,进而保证供应链的有序性、高效性以及稳定性,并使供应链的优势能够更加充分地发挥,同时带来供应链整体竞争力的提升。供应链协同管理在内容上主要涉及七个方面:战略协同、信息协同、信任协同、业务协同、分配协同、标准协同以及文化协同,其中标准协同又包括技术标准协同与绩效标准协同。

(三)供应链协同管理的优势

供应链协同管理的优势主要表现在以下几个方面:

1.强调了整体性

在供应链协同管理的过程中,以全局的视角,综合考虑一切相关联的内外联系,强调供应链的整体性,而不再孤立地看待各部门和各成员企业。

2.增强了沟通

各成员企业决策的形成不再是一个独立进行的过程,而是更加注重信息的共享和彼此间的有效沟通,以保证所做出的决策可以带来供应链整体绩效的提升和优化。这一过程可以有效提升各成员企业间的信任程度,进而使市场响应速度得到相应的提升。

3. 形成了新型的合作关系

协同供应链中,各成员企业以满足顾客需求为导向,以实现供应链整体绩效提升为目标,建立起一种基于"共赢"原则的紧密型合作关系。

4. 实现供应链功能增强

供应链系统的整体协同,可以有效减少机会主义行为带来的负面影响,降低由不确定因素所引发的损耗,突出关键业务,进而充分发挥各成员企业之间资源互补、优势互补的效用,快速响应市场需求,在提升顾客满意度、形成甚至强化核心竞争力的同时,使整个供应链创造出更大的价值,实现"1+1>2"的协同效应。

此外,我们也可以从交易成本理论的角度,通过对供应链管理发展过程中不同模式的比较,探讨供应链协同管理模式的优势所在,具体如表3-1所示。

表3-1　不同供应链管理模式基于交易成本理论的比较

管理模式	交易成本	组织成本	机会成本	企业间关系
分布式管理	高	—	—	完全市场行为(竞争)
集成化管理	—	高	高	节点企业高度集成(协作)
协同化管理	低	低	低	节点企业部分集成(竞合)

三、供应链协同的收益

(一)供应链协同收益的内涵

马克思曾经说过,人们奋斗争取的一切都与他们的收益有关。那么,何谓收益,针对协同供应链,本书认为供应链企业协同收益指的是在供应链上参与协同的各节点企业的协作关系存续期间内,由于供应链整体的协同运作而创造的长期收益。它强调的是链上各节点企业之间的协同运作,立足于彼此间的长期合作,作为一个整体而创造出来的收益。从是否具有可获得性的角度,这种收益可以划分为直接收益和间接收益。其中,直接收益是指各企业参与供应链协同的内在动力和追求的目标,主要包括产品和服务的收益、技术转让的收益以及销售收入减去各种成本后的利润。而间接收益是指通过供应链协同所创造的无形资产,主要包括商誉、技术成果、社会形象、品牌和商标、学习和经验以及顾客忠诚度等多个方面。我们在对供应链企业协同收益进行具体分析时,一般只针对直接收益进行计算,至于间接收益,一般都是通过应用最终收益修正系数对直接收益的分析结果加以修正。

（二）供应链协同收益的表现形式

供应链协同其本质上就是一种对资源的整合与优化,借助协同供应链内各节点企业的合力来提高整体的经营绩效,并达到资源配置的帕累托最优状态。一个运行良好的协同供应链系统,不但能够带来供应链整体总收益的增加,同时也可以为链上的各节点企业带来大于其各自独立运营时的收益,具体表现在以下几个方面:

1. 实现供给与需求的有效衔接

在决策的制定过程中,如果某节点企业仅仅以其相邻上、下游企业的需求信息为参考,加之流通节点多、流通渠道长,在源头供应商处会产生严重的信息失真情况。这种严重的信息失真情况,使得供应链严重失衡,协调性极差。而协同供应链恰恰是针对此问题,通过把各节点企业紧密联系到一起,进行协调、优化管理,使节点企业彼此之间形成良好的协同互动关系,进而使产品、信息流通顺畅,保证消费者需求信息沿着供应链逆向准确、及时地反馈给上游各节点企业,如生产商、供应商等。上游厂商据此对产品的产量、质量以及是否改进提高等做出正确的决策,实现供给与需求的有效衔接。

2. 降低库存,减少费用,缩短提前期

协同供应链的形成,要求对链上的各节点企业进行优化,彼此间建立良好的互动关系,以促进产品信息、需求信息的高效流通,进而保证了库存量的减少,并随之降低了库存管理费用以及大量库存对资金的占用,降低了库存成本。此外,由于供应链协同运作的高效性,物流、信息流高效运营,供给与需求有效衔接,这也使得订货提前期大大缩短。

3. 有效地降低了流通成本

在流通领域,协同供应链上的各节点企业经过优化组合以后,由于对中间不必要流通环节的剔除,大大地缩短了流通路径,以最快捷的方式实现产品的流通,形成优化的流通网络,从而有效地降低了流通成本。

4. 实现信息共享

在这个市场竞争日益激烈,消费者需求多元化的时代,信息作为一种无形资源,扮演着越来越重要的角色,及时获取精准的信息,甚至成为各经济主体在竞争中胜出的关键因素之一。在供应链协同运作过程中,恰恰是意识到了这一点,通过先进的技术手段,促使信息在各节点企业之间高效、准确的流通,实现信息共享。

5.提高服务质量,刺激消费需求

供应链上的各节点企业通过协同运作,极大地缩短了从产品需求、研发、设计、生产、配送直至最终进入消费市场的时间,以最短的产品生产周期,以最快的产品流通速度,以最优质的售前售后服务,满足消费者日益多元化的需求。尤其是在供应链协同运作过程中,在各节点企业之间、在企业与消费者之间起着重要衔接作用的物流服务,以供应链协同运作为背景,其功能更加完善,更加系统化,增加了一系列优质的物流增值服务。这一系列优质的服务,会促使消费者满意度的大幅提高,进而刺激消费需求,增加消费者数量,提高产品的市场占有率。

6.产生规模效应,提高各节点企业的竞争力

随着时代的发展和经营环境的变化,当前的市场竞争已经由以往单个企业彼此之间的较量演变为供应链之间的整体比拼。供应链上的各节点企业必须树立协同共赢的新理念,彼此之间联合起来为整体的收益最大化充分发挥各自的优势,通过优势互补提升供应链的整体竞争优势,通过协同运作提高供应链整体的运行效率,通过优化供应链的网络结构促使各环节的有效衔接,进而加快商品从生产到消费的流通过程,缩短供产销周期,并有效降低库存,提升整个协同供应链对市场做出响应的速度,从而大大提高各节点企业在市场中的竞争力。

7.提高协同程度,降低交易成本

供应链的协同管理,实则是一个立足于整体,本着"共赢"的原则,在科学技术支持下,通过信息充分共享,实现各环节的有效衔接的过程。其中,信息的充分共享是前提,它可以使链上的各节点企业更加团结、相互信任,进而使得彼此间合作的协同程度更高,成功实现供应链的柔性和高效性。此外,供应链协同带来的收益还表现在交易成本的降低上,协同带来了链上各企业之间更深层次的合作,加之受"共赢"目标的驱使,较好地避免了运营过程中对上、下游合作伙伴的寻找成本,以及彼此合作时在费用上的磋商成本,从而带来交易成本的大幅下降。

8.获得协同创造的剩余价值

通过前面几条的分析,我们知道供应链协同在带来库存费用、流通成本以及交易成本等降低的同时,也带来了供应链整体运营效率、资源利用率、服务质

量、协同程度以及竞争力等多方面的提升。在该过程中,各个节点企业为了整体收益的最大化而共享信息、共同协作,创造了远远高于它们各自独立运营时的收益总和,在获得应有的生产利润的同时也创造了剩余价值。

第二节 电商直播供应链

一、 电商供应链定义

彼得·德鲁克最早根据经济结构模式提出经济链,随后以迈克尔·波特提出的理论为基础,不断扩展后变为供应链。供应链主要定义是以企业为核心,对物流、信息流、资金流进行管控,从源头开始,经过预购、生产、分销、批发、零售等一系列环节,最终目的是将商品通过不同渠道交易给消费者,它有效地结合供应商、制造商、分销商、批发商、零售商、消费者,将各个环节串成一条功能网链,因此将其称为供应链。

电商供应链的重点还是供应链,只不过是将线下实体环节变成线上电商环节,是为电商平台服务的一种线上供应链模式。电商供应链包括供应商、电商平台、网络零售商、消费者,其供应链环节与线下供应链相似,供应商利用电商平台销售,同时网络零售商同样利用平台销售,平台充当销售工具,同时电商平台可以利用与消费者的接触优势实行自行销售,又称为平台自营模式,因此在电商供应链中,制造商或供应商以及平台均可销售产品。在网购模式日益多样化的今天,电商供应链的形式也有所变化,从最早的平台代理到平台自营多样化再到平台直播,电商供应链形式多种多样,也丰富了电商供应链单一的网购销售环节,因此在复杂变化的电商平台模式下,针对电商供应链不同形式展开研究也是当前诸多学者所面临的问题与挑战,根据电商供应链的特点,结合传统供应链研究电商供应链,分析不同模式的特点与电商供应链的平衡是值得研究的。

二、 电商直播概念及模式

随着网购模式的不断扩大,加之网红经济的兴起,供应商在网购模式上不断创新,从最初的图片到后来的视频,无一不在增加网购的需求量。在2020年8月,国家统计局发言人表示:"利用直播带货、网络零售等模式带动消费水平,创造多种就业岗位,促进社会就业,在就业市场大受欢迎,同时稳定就业。"随之而来便出现各种平台的电商直播。

电商直播顾名思义就是线下实体店、线下零售商、供应商等利用直播的方式在线上直播平台进行直播销售商品,又称"直播带货",消费者通过看视频和主播讲解的方式了解商品的特性、功效、价格等,进而增加对商品的认知度和满意度,通过直播平台的购物链接订购。与传统电商不同的是,直播电商在商品元素中增加了主播环节,直播平台借助网红扩大对商品的宣传力度,因此直播电商又称为网红电商。

直播电商最有价值的是货本身,产品和价格是第一要义,在质量过硬价格合理的情况下才能更好地被推广。直播电商最重要的是供应链能力,电商背后有一套专门负责打造网红的团队,从选品议价开始,通过直播进行销售,然后发货、负责处理退货、售后流程等,同时主播根据自身的网红优势,获取大量的粉丝流量,可以吸引到大量供货商供货并且给出有竞争力的价格。后台严格选品,通过销量积累流量,而供应商通过大量流量提高低价商品,形成供应链的正向循环。当前直播模式下的电商可以根据商品所在地进行直播,商家可以根据消费者的偏好选择直播地点,其销售模式如图 3-2 所示。

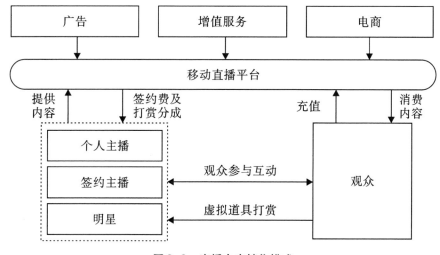

图 3-2　直播电商销售模式

三、 电商直播供应链的含义

电商直播供应链是在传统电商供应链的基础上增加直播销售模式,利用主播等元素将直播平台与传统电商平台相结合,形成新的电商销售模式。直播的出现将传统电商的"人找货"变成"货找人"模式,打造了人货场三者并存的模式,提高商品交易的效率。

货品—主播—消费者是直播电商最典型模式,用主播和直播间代替传统电商的店铺和平台,主播的服务对象就是粉丝。电商直播相比传统电商的供应链省去中间商,将目标转移到原产地,相比于传统电商,电商直播省去从采购到入库等环节,直接将原产地产品对接消费者,拉近消费者与货源的距离。直播电商不受时间和空间的限制,在电商直播供应链中,制造地直播,演播厅直播、仓播、零售店直播都是常见的直播模式。主播可以在任何地点直播,以便消费者更清楚地了解商品。

四、 电商供应链混合渠道的定义

随着信息技术的发展,分散在供应链各节点上的企业通过网络信息技术得到沟通,相比于传统供应链来说更加便捷、效率更高。利用电商模式进行商品交易,实现商流、物流、信息流的统一协调,这便是电商供应链。而在电商供应链的模式上,在零售方面出现不同的变革,主要利用电子商务并行或串行的方式与电商供应链相结合,便形成了多种模式并存的混合渠道供应链网络。

电商供应链混合渠道以上游阶段即供应商或制造商为主导,或以电商平台做主导,利用多种模式进行线上销售,达成多模式、多渠道并存的线上销售渠道,其主要目的是依据消费者的不同偏好扩大销售市场占有率。常见的线上销售渠道有供应商直销、供应商分销、电商平台品牌自营、电商平台分销代理等模式。供应商和平台商均希望在供应链中获得更多利润,以不同的销售渠道销售,因而构成了电商供应链混合渠道销售模式。供应商与平台商构成的混合渠道模式,如图 3-3 所示。

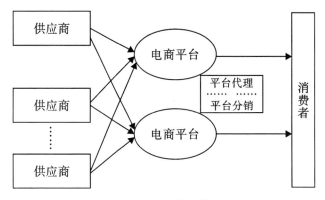

图3-3　混合渠道模式

五、直播电商农产品供应链

（一）直播电商农产品供应链概念

传统的农产品多以分散的小农户以及小型的农村合作社等经营方式为主，其供应链体系仍存在信息不对称严重、农产品质量安全危害以及供应链运作协调效率低下等问题，使得农产品流通受到阻碍，常有滞销问题出现。现代农业企业的发展以及电商的发展给传统农业企业发展带来新机遇，使得农产品市场实现颠覆性的转变。为了满足广大人民群众日益增长、丰富的需求，同时增强我国农业企业的市场竞争力，农业企业在电商环境下使上下游保持紧密合作的关系，农产品电商供应链因此在经济社会环境的变化下不断成熟，并实现进一步发展。

直播电商农产品供应链指的是以直播电商作为平台，将农产品生产加工商，批发商以及自建物流或第三方物流和终端消费者相结合而形成的一个流通信息，资本、整个物流，使农产品从产到销电商化，通过新业态和新营销模式对农产品供应链进行变革。从直播电商的视角来看，供应链的基本模式应是在原有的"供应+销售+电商+消费者"的基础上嵌入直播运作，直播主体与商家也组成新的销售端。从形态上来看，直播电商主要是人、货和场景相结合的一种新型的商业形态，目前被广泛应用于面向消费端的供应链模式中。新型的供应链运作模式下，生产端、直播端、平台端和消费端实现整合，特别是直播有机连接了生产环节和电商交易环节，并依托庞大的客户群体释放出明显的引流效应，促进商流、资金流和物流等"流"的畅通。

与传统的农产品电商供应链模式相比,直播电商农产品供应链模式有其全新特点。在整个物流中,直播电商缩短了供应链环节,跳过批发商环节,利用"产地仓+快递物流配送网络+前置仓"模式,提升供应链流通速度。直播形式销售农产品,需要整合对接多个分散农户农产品资源,满足直播期间对直播销售的农产品的急剧上升的需求量。在整个信息流中,以消费者需求为核心,让需求信息贯穿供应链的各个环节。消费者通过在直播间里评论的方式加强交互,提高农产品的口碑,提升农产品的附加值,得到个性化的消费,提升用户体验。在整个资金流中,农产品价格透明性更高,合理的价格有利于促进流量变现,提高整个供应链的利润。供应链节点繁多,农户、分销商与直播商户之间存在博弈关系,供应链的利润分配较为复杂。

(二)直播电商农产品供应链结构

直播电商农产品供应链结构是指品牌商家在进行自主直播销售时,由农户、品牌商、直播平台三级供应链模式,打造一个集"直播中心+电商交易平台+电商供应链"于一体的综合农产品直播电商供应链模式,通过直播+互动+供应链的全新直播电商模式,不断推动现代信息技术与农业农村的深度融合。

图3-4为直播电商农产品供应链结构,农户将农产品采摘后,经过基础加工运输至生鲜品牌商。品牌商具有分拣分级、冷藏、加工等多种功能,实现农产品的品牌化升级,以商家自播的形式,借助直播平台载体,以趣味性、新奇性的创作元素,通过植入相应的特色农产品短视频,实现农产品线上销售,付出一定的直播销售努力水平。直播平台为商家与消费者搭建起了信息交互、直播互动、交易协同的系统,在平台运营中多维度审核直播内容,保障农产品品质,付出一定的平台服务水平。

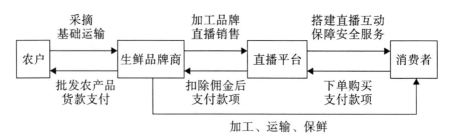

图3-4 直播电商农产品供应链结构

直播电商农产品供应链结构分析：

直播电商农产品供应链运作模式下，农户、品牌商、直播平台三者互相连接，有机连接了生产环节和电商交易环节，促进商流，资金流和物流等"流"的畅通。

1. 农户

特色农产品优势区等省份，长期从事农产品种植的农民，有规模化种植（养殖）的基础，对农产品进行一定分等分级，初加工和包装、物流运输及其他基础设施，由于受传统生产模式的影响，农产品流通对传统的以批发市场为主的流通路径具有很强的依赖性，农民生产出来的农产品，标准化、统一化程度低。随着互联网技术进步，智能手机、5G技术的普及和资费降低，直播带货成为农产品销售的新潮流、新亮点，农民开始转变经营模式，拥抱变化，选择与一些品牌商合作，对特色农产品借势直播、短视频等新媒介进行营销推广。

农户是指种植特色农产品，初始加工运输，借力直播平台，与品牌商合作，推进特色农产品品牌化发展，实现增收致富的农民。

2. 品牌商

品牌商家，指所有将商品销售给个人和家庭进行消费，并且提供售后服务的机构。品牌商家为当地企业提供强大的选品品控、客服、智慧仓储物流等支持，深耕各大产业带，建立"头部主播+地标产品+IP升级"全产业链数字化应用，将"直播助农"常态化运营。如云南石榴、常州葡萄、烟台苹果、东方甄选长粒香米等。这些品牌商家一方面拥有粉丝流量，在直播间与客户实时互动，相互建立信任，将直播间分享至微信等社交平台，吸引更多采购商关注；另一方面实现农产品品牌化升级，深度加工标准化农产品，推动农业生产端的提质升级，促使农户更加关注品质、品牌的建立，建设特色农产品品牌。

品牌商家指的是具备区域性农产品特色的品牌商家，商家采用自主直播的方式，拓展农产品文化价值空间，增强了助农带货的竞争力和用户黏性。

3. 直播平台

直播平台包括传统电商平台开辟的直播功能，如京东直播、淘宝直播、拼多多直播等；也包括娱乐社交平台、功能软件平台开辟的直播购物功能，如抖音、快手、斗鱼、得到等。其关键要素包括行动主体、发展基础、基本手段。

行动主体方面：直播助农将政府、农户、直播平台、电商、企业、物流及部分村级合作社都纳入新模式的参与行动之中，各行动主体的多元性参与丰富了原先农村电商平台的架构模式，基于直播而建立新的合作流程。发展基础方面：

以农村为发展基础的多种产业及产业衍生产品形成规模,可满足市场发展中一定的需求量,且产品标准可为市场接受。基本手段方面:将各媒体及电商平台的直播功能作为营销窗口,通过主播带货的形式销售农村相关产业链条的各种商品。

直播平台是指短视频分享类直播电商平台,该平台注重平台研发功能,从兴趣电商出发,承接了直播、短视频平台的巨大流量,激发了用户兴趣,吸引其停留、互动、下单购买,满足购物需求。图3-5为直播电商农产品供应链主体构成关系图,包含农户、直播商户、品牌商三方主体,直播平台和农户、品牌商间的合作,通过数字化手段,实现农产品品牌建设和发展升级。直播模式下可以通过互联网技术,使农产品从田间地头走向城市市场。品牌商将分散的农户组织起来,统一进行农产品生产、销售和其他领域的管理,使农产品深度品牌化;在政府主导下通过政策扶持、资金支持等手段,提高农户参与农业产业化经营的积极性。发掘农产品品牌价值,结合本地区文化特点,把民间文化,美食风味的引入等融于直播之中,做到品牌直播化。直播平台搭建智慧平台,从产业形态、乡村环境建设的角度进行优化,利用数字技术为农产品进行数字化赋能。

直播电商农产品供应链是一个系统工程,从设置源头标准体系,过程标准化生产和管理,再到品牌设计、包装、定位、营销等,每一个环节息息相关,供应链各主体协同合作,发挥多方主体优势,为实现直播电商供应链综合发展水平提升起到促进作用。

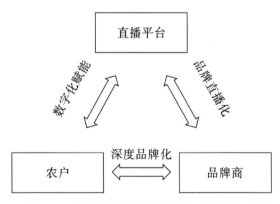

图3-5　直播电商农产品供应链主体构成关系图

(三)直播电商农产品供应链特点

在数字技术持续驱动下,农产品销售通过电商直播这一全新形式,融入了消费者生活,在"直播助农"通道的推动下,农产品滞销的局面迎刃而解,有助于农村经济的复苏和发展。网络直播将和各种业态并存、产业链的各个环节与终端消费者之间实现了广泛的、实时的联系,建设了以数字为基础,以平台为模型的现代供应链服务体系。

表3-2　直播电商农产品供应链特点

	传统电商农产品供应链	直播电商农产品供应链
供应链目标	专注商品营销,满足消费者需求	精准对接,提升消费体验
核心企业	核心企业动态变化,不断竞争	核心企业趋于合作,精准对接上下游
供应链信息交互	信息流双向传输,利于商家收集信息	实时反馈信息,立体化传输信息
供应链运作方式	由生产端向消费端供给,上游供应商主导消费	直播引流,指导和调整上游供应商
农产品特征	农产品品类单一	农产品多元化赋能

传统电商通过"人寻找货"搜索式购物,用户通过对关键词的在线搜索,完成商品的挑选和订单的订购,主要是靠图片配文的方式来获得商品信息。而直播电商则用包装好的娱乐元素,精心策划的内容营销等方式来展现农产品。与传统的基于电商的农产品供应链模式相比,直播电商的农产品供应链是品牌商主播的导购端,将平台用户及粉丝的需求作为消费端,通过导购端、消费端,直接连接到商品生产端,以消费端为导向的生产端转型,为农产品的多元化赋能。直播电商的农产品供应链有如下几个特征:

1. 保鲜水平要求提高

农产品与其他商品相比,对新鲜度和时效性等方面的要求更高。消费者在直播间下单之后,农产品就可以直接发货,从下单到消费者收到产品的时间间隔短。因此,这就要求供应链提高运输效率、配送效率,对冷链配送体系进行完善,从而提升农产品的保鲜水平。农户的种植量相比于销售量较小,且具有种植分散的特点,因此,需要品牌商对多个分散农户或是合作社进行对接。由品牌商再进一步加工处理,在育种、生产环境、生产作业、产品质检、包装运输、产品消费及回收处理等方面,制定全流程,严把产品关,发掘产品深加工的潜力。

2. 供应链速度要求提高

随着经济条件不断改善、生活水平提升,以及科学技术的发展,直播购物,1小时送达,直播间内边看、边买、边用,所见即所得,互动性和体验感都大大增强。消费者对农产品需求也在不断变化。消费者在直播间内反馈使用体验,能够有效带动二次销售,进一步拉动购物热情、释放消费潜力。直播倒逼供应链提高响应速度,提高上新频次与数量。在直播电商供应链的管理能力方面,由于传统电商模式下的产品更新速度较慢,所以在产品供应链的管理能力上,从来都是注重供应链的深度,而不是速度。在直播电商产业蓬勃发展的背景下,其供应链管理既要有深度,又要有速度。

3. 信息处理能力要求提高

"实时互动+视频"的呈现方式,有利于打造直播品牌,扩大粉丝效应。一场优秀直播,主播团队必须对市场进行调查,并按照他们的要求挑选产品,并且要对他们所需要的产品进行调查,如果有品牌公司的话,还必须对他们的产品进行调查,包括他们的生产、储存能力,以及相关产品的资质等。电商端选品团队对产品的主要卖点、新媒体内容制作能力、宣传能力等进行了研究,确保不爆仓不缺货的前提下,也要确保所销售农产品的质量。所以,这就需要更高的网络技术的应用,同时需要更高的数据采集和分析处理。

4. 以合作共赢为主方向

农产品直播供应链环节涉及各个主体,包括农户、企业、直播平台等,连接到多个环节,包括种植、采摘、加工、直播销售等,因此,必须建立良好的利益联结机制。如果源头农户收取利益太低,就难以生产出优质农产品;如果品牌商获取的收益难以满足销售成本,会影响到直播服务水平、配送包装等方面。因此,针对直播电商农产品供应链,设置合理利益分配机制,开诚布公,有助于整个供应链合作共赢。

5. 环节复杂,供方参与主体多

通过直播形式销售农产品的最大特点是短期(直播期间)内对直播销售的农产品的需求量急剧上升。一场农产品直播的顺利实施需要包括活动策划、项目谈判、基地考察以及电商、主播的对接,还包括售前、售中以及售后服务等过程。此外,分散农户的农产品的种植量相比于销售量较小,且具有种植分散的特点,这就需要对多个分散农户或是合作社进行对接。

6. 市场需求风险性较高

随着人们的经济条件不断改善、生活水平提升,随着科学技术的发展,农产品的时令性不再突出,电商销售农产品的形式越来越受到大众欢迎,于是消费者对农产品需求也在不断变化。市场需求对农产品价格影响依旧很大。农产品直播为了能保证农产品的时效性以及新鲜度,收货时间间隔缩短,这就需要商家能够准确通过大数据预测消费者需求,以便对实际销售情况做出快速反应、及时发货等。

7. 信息处理能力要求高

一场农产品直播的成功开展,不仅需要直播项目组调研市场需求,根据需求选择产品供给,同时根据所需的产品去提前考察供给方——当地村、县、市的供应保障能力,若是存在加工生产方,也需要调研企业的生产加工以及存储能力、产品相关资质信息。在电商端,需要选品小组研究挖掘产品的主要卖点、新媒体内容制作能力、宣传能力等,既要保证不爆仓不缺货,同时也要保证销售农产品的品质,因此对互联网技术应用要求高,对信息数据收集分析处理要求高。

8. 基础设施要求高

基础设施一是指在农产品产地一些农村地区,需要较完备的配套基础设施、服务网点体系等支持,二是对直播而言,直播作为新电商销售模式,不仅直播环境、设备影响观看体验,快节奏的特点也对网络基础条件提出了高要求,以避免由于过多的观看人数以及热烈的互动产生而掉线、链接无法加载的情况,影响消费者体验。

(四)直播电商农产品供应链的主要问题

就销售方式而言,具有高互动性、内容丰富有趣的直播销售相比于静态的图文电商,农产品直播供应链的优势明显,同样也体现在政府背书、官方站台、源产地供应链、产品优势、营销场景、媒体支持等方面。由于农产品自身特征——季节性强、销售周期短、品质标准控制难、供应链环节信息不对称等,农产品直播运营仍需要克服众多困难。一项来自南京财经大学社会实践小组的研究数据表明:消费者对农产品直播销售方式还存在较大的疑虑,其中有66.53%的消费者对农产品的质量保障产生怀疑,64.44%的人对农产品的运输及售后保障存在担忧。在调查对象中有接近55%的消费者参与过直播购买农产品,其中仅有约四分之一的消费者没有在购买过程中出现过问题,但有超过21%的消费者在消费过程中,遇到农产品的数量不符、质量损坏问题,有超过20%的消费者收到的农产品与直播所展示存在较大偏差,与事实不符。通过现状分析与文献阅读,农产品直播供应链主要问题可归纳如下:

1. 各环节信息共享度低, 供求对接较为困难

消费者的需求日益在变化, 但种植的分散性以及标准不一致等, 使得农产品种植难以达到高标准规范操作的要求, 保证农产品长期处于高水准是巨大的挑战; 同时由于供应链信息不对称, 优质的农产品难以让消费者知晓, 难以实现优价。同时若对需求预测不明确, 对供应链环节不了解, 可能会导致爆仓或不能及时补货造成的缺货的情况, 使得消费者消费体验下降。同时物流过程中的各个环节以及售后服务更需要完备的信息共享。

2. 组织复杂, 沟通对接成本高

由于直播平台需要同时与多个供方主体进行对接。且消费者下直播订单后所需要进行的采摘、加工、冷链仓库和运输等组织工作也十分复杂, 需要进行专业化的组织操作。根据国内农产品产业链发展的现状, 服务操作人员多为临时工, 操作不规范, 各环节衔接有欠顺畅, 使得消费者满意度下降。

3. 产品存在质量问题, 品质标准控制难

由于零散农户农产品生产分散性, 以及受到外界环境(气候灾害、病虫害以及人工操作等因素)使得农产品生产标准化问题较难把控, 加上采摘下来之后等级分拣不到位, 大量农产品在没有检验检疫的情况下通过网络直播流入市场, 再加上物流运输损耗, 存在较大的食品安全隐患, 降低了消费满意度, 影响了消费者复购率。

4. 直播售后问题, 消费者权益难以保证

农产品售后问题屡见不鲜, 技术问题或是意外事故都会导致农产品在包装和运输过程中出现损坏以及腐烂, 甚至出现以次充好、李代桃僵、数据造假等现象导致的信誉问题, 甚至引发消费纠纷。当前部分直播由于存在不规范的交易流程, 出现了销售问题、损害食品质量安全之后消费者难以维权, 追责困难, 最终不仅损害了消费者人身安全与权益, 也会对电商直播行业的整体发展产生不良影响。

5. 物流网络设施建设较差, 技术条件落后

在一些偏远农村地区, 道路设施建设状况较差, 能支持大型运输车辆通行的道路极少, 农产品流通交换困难, 这样严重影响了农产品的输出, 以及运输效率, 同样造成农产品销售服务质量保证难以实现。偏远农村地区物流科学技术应用水平低, 缺乏相应的配套设施支持, 因为农产品需要严格的运输储存的环境以及温度控制来保证新鲜度与时效性, 否则将严重影响农产品品质, 但是偏远农村地区的仓库和运输车通常难以满足这样的条件。

第三节　直播电商农产品供应链协同研究

一、收益分配理论

(一)收益分配原则

直播电商农产品供应链上存在多个主体企业,在收益分配方面涉及多方面因素。合理的收益分配原则有助于推动直播电商有效运转,促进供应链各主体的积极合作。将供应链合作共赢的理念与各个节点的利益目标结合起来,从收益共享、风险共担的角度出发,进行收益分配时要遵守以下基本原则:

1. 科学合理分配原则

科学的收益分配理论是直播电商农产品收益分配方案制定的理论基础。科学合理的收益分配方案更能促进整个供应链的有效运转。在进行科学合理的直播电商农产品收益分配时应充分考虑可能影响收益分配的各个因素,如供应链各成员企业所承担的风险、保鲜努力程度、合作努力程度等因素,根据其投入及承担的比例,采用定性定量化进行合理的收益分配。

2. 收益与成本贡献一致性原则

直播电商农产品供应链合作联盟中,各节点都可以为生鲜农产品付出一定的成本,做出相应的贡献,并追求地位对等、收益与贡献对称的权利。因此,当考虑收益分配是否合理时,应以供应链中各个节点企业所做的贡献及支付的费用为基础进行全面评价。此外,还可以将供应链中不同环节的成员企业作为一个整体来考察其对整个供应链绩效的影响。供应链节点企业对实现供应链目标贡献越大时,成本贡献越大,收益越多。

3. 公平兼顾效益合理性的原则

直播供应链合作联盟作为一个整体,生鲜电商物流系统成员之间存在复杂的关系,各成员相互协作是实现互联互通的关键。公平合理的收益分配机制有助于直播电商供应链的团结协作,避免企业间过度竞争导致农产品的滞销,伤害供应链各节点的权益。因此,在直播电商供应链收益分配方案中,应当秉持在公平与效益之间找一个平衡,既公平又兼顾效益,让供应链各企业所付出的收益得到公平合理的分配。

4. 协商让利原则

通过直播电商农产品销售,供应链各节点均能从合作的直播电商合作中获得应得的利益,否则利益受损成员将会失去合作的积极性。只有保证成员企业加入直播供应链联盟后所获取的利益大于不加入联盟的利益,才能保证联盟的稳定性。因此,结合协商让利原则能保障直播电商供应链联盟长久、稳定发展。当节点企业无原则的侵占其他成员企业的应得利益,必然会造成合作关系破裂,Shapley 值法是合作博弈理论中一种分配规则,由博弈论学家罗伊德·夏普利(Lloyd Shapley)在 20 世纪 50 年代提出。该方法用于分配合作博弈中的总收益(或成本),以便公平地对参与者进行报酬。Shapley 值法的核心思想是基于每个参与者对整个博弈的贡献来确定其收益份额。该理论考虑了各参与主体参加联盟博弈的期望贡献,可以实现整个联盟及联盟成员之间的利益更加公平、有效的分配。直播电商农产品供应链各参与主体合作的情况下,假设供应链中有 n 个企业,包括农村合作社、主播、平台和物流承运商。

(二)收益分配方法

1. Shapley 值法

Shapley 值最早是由美国学者罗伊德·夏普利提出,是指个体的所得和在合作联盟中投入的贡献对等,基本原理是供应链中合作联盟的参与者所应获得的收益为按边际贡献比例的分配值。具体描述为:某一个经济活动由 n 个经济主体共同合作完成,不同经济主体形成的合作组合产生不同的收益,随着经济主体的增加不会引起收益的减少,当 n 个经济主体一起合作时,该经济活动的收益最大。针对最大收益,用 Shapley 值法按照各主体对收益的贡献程度来进行分配。

Shapley 值收益分配模式需要满足基本公理。对称公理:积极主体因合作而分配得到的利益与其所赋予的记号或次序无关。有效公理:经济主体的利润分配与其所作出的贡献有关,如果企业没有做出贡献就不能获得报酬。加法公理:如果一个经济活动是由两个子经济活动组成,那么总的经济活动收益等于两个子经济活动相加。

2. 供应链契约协调

供应链契约协调收益分配方法是指在供应链博弈双方设立合理的契约机制,激励员工的合作参与,激励交易的积极性。成本共担契约,是指供应链中的节点企业对其上游或下游的企业的成本进行分担的一种契约形式。收益共享契约,是指若供应链节点企业占主导的一方,给予上下游企业按照契约的比例将销售利润共享。使用供应链契约协调,设定适当的契约参数,有助于实现帕累托改进。

3. 公平熵法

肖玉明首次提出公平熵的概念,主要用来度量收益分配公平的程度。公平熵建立在最大熵原理的基础上,充分考虑了供应链上每个主体的投入和每个主体在供应链中的重要性。在收益分配过程中既要考虑到各节点企业愿意加入供应链,同时也要兼顾利润分配的公平性。

利用公平熵进行收益分配,既要考虑企业投入供应链的资源,利用企业节点的成本来表示,还要考虑企业对供应链盈利能力的重要性。现假设供应链节点企业 i 分得的超额收益为 π_i,超额收益是指供应链节点企业加入供应链前、后的利润的变化值,企业 i 投入供应链的资源为 q_i,企业 i 对供应链盈利能力的重要性为 a_i,则该企业资源投入的超额利润: $e_i = \dfrac{\pi_i}{a_i q_i}$。若超额利润的分配是绝对公平的,那么 e_i 的值完全相等。超额利润率 e_i 之间的差异作为衡量分配是否公平的指标,该指标的值用如下的公平熵:

归一化可得: $\gamma_i = \dfrac{e_i}{e_1 + e_2}$,

供应链利润分配的公平熵定义为: $H = -\dfrac{1}{\ln 2} \sum\limits_{i=2}^{2} \gamma_i \ln \gamma_i$

公平熵 H 的表达式如上述所示,当供应链成员单位资源投入所得到的超额收益越接近,即公平熵 H 的值越大,收益分配越公平。当公平熵 $H = 1$ 时,表示当收益分配完全公平;公平熵 $H = 0$ 时,表示当收益分配完全不公平。

4. 收益分配方法选取

直播电商农产品供应链收益分配主体涉及农户、品牌商、直播平台,由于受不同商家商品佣金率设置、保鲜努力水平、直播营销服务水平等因素影响,实际分成结构较为复杂且动态变化。Shapely 值法虽然能够保障收益分配的公平性,按劳分配,但是在现实生活中,直播电商供应链结构复杂,各个结点所起到的作用不同,难以满足对称公理。供应链契约协调收益分配方法起到了激励作用,促进供应链协调,然而只能给予范围内求解取值,难以得到最优解,缺少最优化的分配方案。因此,利用公平熵法,对于供应链的结构不做过多要求,符合直播电商供应链实际情况:一方面考虑供应链上每个主体的投入和每个主体在供应链中的重要性,另一方面以企业所获得的超额收益为依据,得到公平熵值,将公平合理性定量展现,有利于企业共同参与直播合作。

二、Shapley 值法分配规则

Shapley 值法的基本定义如下:

设集合 $I:\{1,2,\cdots,N\}$,如果对于 I 的任何一个子集 s(表示 N 个参与主体集合中的任一组合联盟)都对应着一个实值函数 $V(s)$,满足:

$$V(\varphi) = 0 \tag{3-1}$$

$$V(s_1 \cup s_2) \geq V(s_1) + V(s_2), s_1 \cap s_2 = \varphi \tag{3-2}$$

则称 $[I,V]$ 为 N 个参与主体的合作对策,其中:$V(s)$ 为合作对策的特征函数。

用 x_i,表示 I 中 i 参与主体的最大收益 $V(I)$ 中应该得到的收益,在合作 I 的基础上,合作决策的收益分配用 $x = (x_1, x_2, \cdots, x_n)$ 表示,该合作成立必须满足如下条件:

$$\sum_{i=1}^{n} x_i = V(i), i = 1, 2, \cdots, n \tag{3-3}$$

$$x_i \geq V(i), i = 1, 2, \cdots, n \tag{3-4}$$

在 Shapley 值法中,合作联盟 I 中各参与主体的利益分配值称为 Shapley 值,记作 $\varphi(v) = [\varphi_1(v), \varphi_2(v), \cdots, \varphi_n(v)]$,其中:$\varphi_i(v)$ 表示在合作联盟 I 中第 i 个参与主体所得的收益分配值,可求出:

$$\varphi_i(v) = \sum_{s \in si} W(|s|) \left[V(s) - V\left(\frac{s}{i}\right) \right] \tag{3-5}$$

其中,$i = 1, 2, \cdots, N$

$$W(|s|) = \frac{(N - |s|)!\ (|s| - 1)!}{N!} \tag{3-6}$$

$$\begin{cases} \mu(\varphi) = 0 \\ \mu(s_1 \cup s_2) \geq \mu(s_1) + \mu(s_2), s_1 \cap s_2 = \varphi \end{cases} \tag{3-7}$$

其中,s_i 是集合 I 中包含参与主体 i 的所有子集,$|s|$ 是子集 s 中的元素个数,N 为集合 I 中的元素个数,$W(|s|)$ 可以看成是加权因子,$V(s) - V\left(\frac{s}{i}\right)$ 为参与主体 i 对子集 s 收益的贡献值。

根据上述解释,供应链参与主体 i 所作的贡献期望值就是 Shapley 值,直播电商农产品供应链合作主体间的收益分配就可以看作是多人合作对策的收益分配问题,可以利用 Shapley 值法进行求解。

三、合作前提条件

根据式 3-7 可知,$\mu(s_1 \cup s_2) \geqslant \mu(s_1) + \mu(s_2)$ 是四级供应链合作的前提,只有农村合作社 F,主播 S,直播平台 E 和物流承运商 L 组成的四级直播电商农产品供应链收益率模型满足条件,才能使用 Shapley 值合理分配收益。

命题 1 对于不同决策情况,区块链背景下四级直播电商农产品供应链上各参与主体的收益有如下关系,其中农村合作社用 F 表示,主播用 S 表示,直播平台用 E 表示,物流承运商用 L 表示:

$V(F,S,E,L) > V(F) + V(S) + V(E) + V(L)$;$V(F,S,E,L) > V(F) + V(S,E,L)$;
$V(F,S,E,L) > V(S) + V(F,E,L)$;$V(F,S,E,L) > V(E) + V(F,S,L)$;
$V(F,S,E,L) > V(L) + V(F,S,E)$;$V(F,S,E,L) > V(F,S) + V(E,L)$;
$V(F,S,E,L) > V(F,E) + V(S,L)$;$V(F,S,E,L) > V(F,L) + V(S,E)$;
$V(F,S,E) > V(F) + V(S,E)$;$V(F,S,E) > V(S) + V(F,E)$;
$V(F,S,E) > V(E) + V(F,S)$;$V(F,S,L) > V(F) + V(S,L)$;
$V(F,S,L) > V(S) + V(F,L)$;$V(F,S,L) > V(L) + V(F,S)$;
$V(S,E,L) > V(S) + V(E,L)$;$V(S,E,L) > V(E) + V(S,L)$;
$V(S,E,L) > V(L) + V(S,E)$;$V(F,S) > V(F) + V(S)$;$V(F,E) = V(F) + V(E)$;
$V(F,L) = V(F) + V(L)$;$V(S,E) = V(S) + V(E)$;$V(S,L) = V(S) + V(L)$;
$V(E,L) > V(E) + V(L)$。

证明:因为

$$\pi^{FSEL} - (\pi^F + \pi^S + \pi^E + \pi^L) = \frac{49\nu}{256b}\left[\frac{a + \omega M - b\left(C + C^S + C^L + \frac{1}{2}\rho\tau^2\right)}{2b}\right]^2 > 0$$

因此

$\pi^{FSEL} > \pi^F + \pi^S + \pi^E + \pi^L$,即 $V(F,S,E,L) > V(F) + V(S) + V(E) + V(L)$。
同理,其他可证。

四、基于改进的 Shapley 值法合作协同研究

针对 Shapley 值法理论存在的缺点,即 Shapley 值法是平均分配收益值,不仅未考虑供应链中不同参与主体的差异性贡献,也忽略了参与主体差异度贡献,避免了"平均主义"。Shapley 值法将所有参与者视为同等地位,分配权重时

参与者的其他贡献是均等的,均为$\frac{1}{n}$,但是在现实生活中,各参与者的贡献度是不用完全均等的,Shapley 值可能造成收益分配不平均的现象,无法体现各个参与者合作的贡献差异。因此,在利用 Shapley 值法进行收益分配时会存在一些缺点,需要对模型进行改进设计,使收益分配更加公平合理。

（一）Shapley 值收益分配模型的改进设计

传统收益模型没有考虑合作主体间需要承受不同程度的风险,默认每个合作参与方平均承受风险的假设。对直播电商供应链的影响因素进行分析,采用 AHP 算法将各个影响因素进行分层,使各个指标更加直观有条理。然后,为了淡化主观性,将结合模糊综合评价法得到量化值对影响因素权重进行计算,并把这些值纳入模型,得到改进模型,使模型更加合理、公平。本书综合考虑了各主体在供应链行为中的风险因素不同,同时投资、贡献与产品质量因素也不同,所以综合考虑影响供应链收益分配的因素可以归结为投资因子、风险因子、质量因子和贡献因子四个主要因素,直播电商农产品供应链收益分配影响因素分析,如图 3-6 所示。

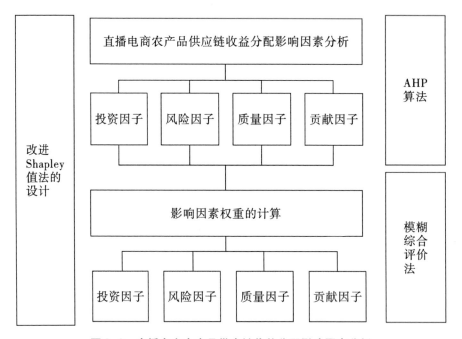

图 3-6 直播电商农产品供应链收益分配影响因素分析

(二)基于 AHP 收益分配影响因素的确定

层次分析法(AHP)是指将与决策相关联的影响因素分解成目标、准则、方案等层次,并在此基础上进行定性和定量分析的决策方法。该方法是美国运筹学家匹茨堡大学教授萨蒂于 20 世纪 70 年代初,提出的一种层次权重决策分析方法,主要用于决策各个影响因素之间关系比较复杂的多目标决策问题。然而 AHP 算法仍存在不足,该分析方法极易受到主观因素的影响,因每个人的想法观念不同造成不同程度的偏差,难以及时做出决策,为了改善 AHP 算法主观性的缺点,本书将结合模糊综合评价法,计算出各个影响因素的权重,计算收益分配的修正因子,以此提高影响因素权重的科学性,也使得改进 Shapley 值法模型更加实用合理。因此,本书选择投资因子、风险因子、质量因子、贡献因子作为直播电商农产品供应链收益分配的主要因素,使用 AHP 算法将直播电商农产品供应链收益分配影响因素作为目标层,将投资因子、风险因子、质量因子、贡献因子作为子目标层,再对各个影响因素进行细致的分类,按照部分与整体的联系组成层次结构,如下图 3-7 所示。

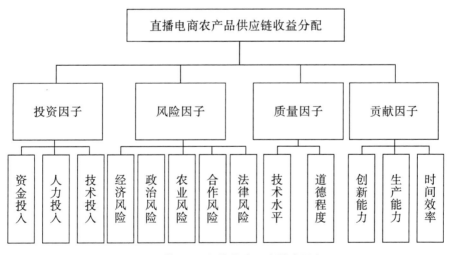

图 3-7 基于 AHP 收益分配法影响因素图

(三)算法计算指标

在 AHP 的计算中,需要对同一等级的影响因素通过两两比较,得出判断矩阵 M,M 中的符号 m_{ij} 代表影响因子 x_i 对影响因子 x_j 的重要程度。采取九级标度法对重要性程度进行赋值,如下表 3-3 所示。对于判断矩阵中元素 $m_{ij} > 0$,

$m_{ij} = 1/d_{ij}(i,j = 1,2,\cdots,n)$，需对判断矩阵的 $n(n-1)/2$ 各上下三角元素进行判断。

表3-3　九级标度法

标度	定义	具体含义
1	重要性等同	两者重要性相同
3	比较重要	前者比后者稍显重要
5	重要	前者比后者重要
7	特别重要	前者比后者特别重要
9	极其重要	前者比后者极其重要
2/4/6/8	分别为 1/3/5/7/9 中间值	

AHP 算法主要步骤如下：

(1)根据标度理论,构造两两比较判断矩阵

$$A = (m_{ij})_{n \times n}(i,j = 1,2,\cdots n), \tag{3-8}$$

式中, $m_{ij} = \dfrac{1}{m_{ji}}$。

(2)将判断矩阵 A 的各列作归一化处理

$$\overline{m_{ij}} = m_{ji}/\sum_{k=1}^{n} m_{kj}(i,j = 1,2,\cdots n), \tag{3-9}$$

(3)求判断矩阵 A 各行元素之和

$$\overline{w_i} = \sum_{j=1}^{n} m_{ij}(i,j = 1,2,\cdots n), \tag{3-10}$$

(4)对 $\overline{w_i}$ 进行归一化处理得到 w_i

$$w_i = \overline{w_i}/\sum_{j=1}^{n} \overline{w_i}(i,j = 1,2,\cdots n), \tag{3-11}$$

(5)根据 $Aw = \lambda_{\max}w$ 求出最大特征值和最大特征向量;

(6)一致性检验

a.计算一致性指标 $CI \approx (\lambda_{\max} - n)/(n-1)$;

b.找出相应的平均随机一致性指标 RI;

c.计算一致性比例 $CR = CI/RI$。

当 $CR < 0.1$ 时,可接受一致性检验,否则对 A 修正。

为了提升计算效率,借助 Matlab 软件,编码及结果如下表3-4所示:

表3-4　AHP 算法编码

1	clc
2	clear all
3	A=[1 6 7 2;1/6 1 3 1/3;1/7 1/3 1 1/5;1/2 3 5 1]
4	[n,n]=size(A)
5	[v,d]=eig(A)
6	r=d(1,1)
7	CI=(r−n)/(n−1)
8	RI=[0 0 0.52 0.89 1.12 1.26 1.36 1.41 1.46 1.49 1.52 1.541.56 1.58 1.59]
9	CR=CI/RI(n)
10	if(CR<0.10)
11	CR_RESULT='通过'
12	else
13	CR_RESULT='不通过'
14	end
15	% % 权向量计算
16	w=v(:,1)/sum(v(:,1))
17	w=w´
18	% % 结果给出
19	disp('该判断矩阵权向量计算报告:")
20	disp(['一致性指标:'num2str(CI)])
21	disp(['一致性比例:'num2str(CR)])
22	disp(['一致性检验结果:'CR_RESULT])
23	disp(['特征值:'num2str(r)])
24	disp(['特征向量:'num2str(w)])

表 3-5　AHP 算法计算结果

命令行窗口
该判断矩阵权向量计算报告: 一致性指标:0.028832 一致性比例:0.032396 一致性检验结果:通过 特征值:4.0865 特征向量:0.53883　0.115　0.056152　0.29002

（四）基于模糊综合评价法的收益分配影响因子构造

在直播电商农产品供应链中,各参与主体的贡献度和参与度不可能是一样的,存在一些不确定性因素,各参与主体也会随之进行相应的调整。下面将会针对现实情况进行分析,比如资源投入,农村合作社需要投入农产品,直播平台需要投入交易平台,物流承运商需要投入运输设备,主播只需要投入人力资源即可,各参与主体投入的资源并不平均。由上述可知,将三者的投入贡献进行平均分配是不符合现实实际情况的,在实施收益分配时,如果没有体现出各种因素的不同影响,将会导致参与主体成本与收入不成正比的现象,产生了不公平的收益分配现象,使得参与主体对合作决策产生排斥。因此,应将产生不公平的因素纳入考量之中,本部分将通过专家问询和查阅资料得出直播电商农产品供应链中四个重要的影响因子:风险因子、投资因子、质量因子、贡献因子。

1. 风险因子分析

风险因子是指在一些不可控、不可预测的变化下对供应链造成负面影响的因素,供应链的外部环境和内部环境的变化都可能对供应链造成威胁性的风险。查询资料发现直播电商农产品供应链主要集中在经济、政治、农业、合作及法律五个方面。

（1）经济风险。经济风险是指在经济发展过程中经常出现时好时坏的情况,经济市场具有不可预测和无规律的特性,经济发展存在着不确定因素,很容易被经济因素造成利益受损,使得各经济企业不了解经济发展趋势,存在不能随时调整自身决策而遭受经济损失的可能性。主要包括①通货膨胀风险,由于货币贬值和产品价格上升而造成购买力下降的可能性。②利率风险,由于利率浮动存在不确定性从而造成经济损失的可能性。③外汇风险,由于汇率浮动存在不确定性改变货币价值的差额造成经济损失的可能性。

（2）政治风险。政治风险是指在宗教信仰、民族习惯以及国家政治之间存在的文化冲突对项目造成经济损失的可能性，主要包括三个方面：①政治不可抗力风险，由于政治不稳定、新政策的出台带来的变化使项目造成经济损失的可能性。②公众反对风险，当公众对项目存在异议时，政府会根据公众的意见提出调整项目的计划，与项目主体商议调整项目计划，这种项目调整存在经济损失的可能性。③征收风险，由于政府或者企业人员调动或新政策的实施带给直播电商农产品供应链影响的可能性。

（3）农业风险。在农村合作社从事农产品种植生产过程中所遭遇的不可抗力的不确定事件。①自然风险，农业生产极易受到自然环境的干扰，自然因素的影响也会产生交易成本。②市场风险，直播电商农产品供应链上各主体的一系列活动都是为了将农产品售卖到消费者手中，因此消费者的购买意愿、市场的交易环境都会影响到供应链各主体的收益。③技术风险，技术风险是指各参与主体的工作人员或技术水平达不到项目所需要求对项目造成经济损失的可能性，各参与主体对区块链技术、新兴技术的不习惯，习惯传统交易与审查模式，但科技是第一生产力，各主体需要随之不断地更新技术以跟上市场需求。④社会风险，由于国有资产流失，经济实力悬殊问题，就业问题，金融风险的加剧，安全生产等问题都存在着巨大的社会风险。

（4）合作风险。合作风险是指供应链各主体之间缺乏沟通和相互不信任而导致合作决策的不确定性，主要包括四种：①阶段性合作风险，农村合作社、主播、直播平台和物流承运商之间为短期合作，会产生风险，例如以次充好，信任度低等。②角逐风险，表示各参与主体可能存在恶意竞争，实施为了自身利益而损害其他合作者利益的行为，对各方的合作目标产生危害。③信任风险，在各方交易过程中，对合作伙伴产生不信任心理从而造成危害的风险。

（5）法律风险。法律风险是指由于签订合同时，忽视了法律的相关约束，触犯法律从而存在经济损失的可能性。①法律变更风险，由于法律变化使签订合同中的部分条款不再具有法律效力，存在造成经济损失的可能性。②法律体系不完整风险，由于我国相关法律尚未成熟，可能在现行法律上存在轻执行、轻程序的现象，从而造成经济损失的可能性。③操作性法律风险，由于企业自身或供应链各主体的行为造成的法律风险。

2. 投资因子分析

直播电商农产品供应链的资源投入是使供应链正常运行的基本前提，所以在收益分配中,会把其设为重要的参考依据。

(1)资金投入。资金投入是供应链运行的基础,资金投入包括现金、存货及应收账款,各参与主体对资金投入的多少会影响到其在供应链中的核心影响力。

1)现金。供应链运转能力的强弱和现金是否充足有直接的联系,现金作为交换的主要媒介,能够提高项目运转的灵活度,拥有大量现金的参与主体在供应链中会影响整个供应链的资金流动。

2)存货。各参与主体的存货影响着项目的运行,若存货太少,会使项目跟不上需求造成项目延误,若存货太多,占用大量固定资金会导致资金运转失灵影响整体收益。

3)应收账款。应收账款是指项目在进行交易时所得的资金,项目的财务部分应及时对应收账款进行管理。

(2)人力投入。人力投入表示支付各参与主体对参与人员的基本工资等,供应链中参与人员的劳动力水平和人工成本呈正比例关系,在项目中人工成本越高,说明该项目中的劳动力水平越高,对直播电商农产品供应链的贡献越大。

1)工人工资。工人工资发放多少直接影响项目的稳定性,工资发放得越合理,项目越稳定,反之则越不稳定,若项目团队不稳定就会造成经济损失。

2)生产工人。农产品的种植生产效率与工人的熟练程度有直接关系,农村合作社优先选择经验丰富的工人进行种植生产,这对提高农产品产量,增加收益非常重要。

3)辅助工人。薪酬的按时发放可以提高合作联盟的牢固性,使合作关系更加持久,合作关系的不稳定会影响交易进度,降低各参与主体的利润,导致合作联盟中参与主体的合作关系不持续。

(3)设备投入。设备投入是指在直播电商农产品供应链上,存在一些必要的设备,这将直接影响各参与主体的服务水平,不同主体有不同程度的投入,因此在收益分配时应注意设备投入的因素。

1)物流投入。农产品的储存时间较短,为保证农产品运输质量和时间,需要对物流运输设施、包装设备、仓储设备进行大量的投入。

2)生产设备投入。农村合作社在农产品生产时,需要必须的生产工具、机械化工具投入以提高农产品的生产效率。

3)经营设施投入。农村合作社、主播、直播平台物流承运商为保证顺利交易所需的正常经营场所的投入。

3.质量因子分析

质量因子直接影响农产品消费者体验感和消费者的购买意愿,质量因子也影响着供应链的收益分配。

(1)技术水平。技术水平的高低直接影响农产品的质量,若技术水平高,不仅可以提高农产品的生产效率,还有助于提高供应链中各参与主体的贡献度。

1)专业技术。专业技术是指技能、专业设备所有权和特殊材料购买渠道不被供应链中的各参与主体拥有,专业技术因素对供应链的影响很大,可以促进供应链的生产效率。

2)独特技术。区块链技术是一种新兴技术,各参与主体选择投入此技术会提高交易效率,降低交易成本,其溯源技术可以对产品进行监管以提高产品质量,拥有独特技术的参与主体具有核心影响力。

(2)道德程度

1)产品宣传。虚假宣传会降低消费者信任度,主播正确的产品信息宣传,会提高直播电商农产品供应链各主体的消费者信任,进而提高收益。

2)努力水平。各参与主体有各自的技术水平,如农村合作社有一定的生产水平,主播有一定的宣传水平,直播平台有一定的交易水平,物流承运商有一定的运输水平,但各主体不可以隐瞒其真正的技术水平、为获取更多的收益而缺斤少两,造成供应链的经济损失。

3)交易质量。农村合作社的农产品通过物流承运商运输到消费者手中与运输水平直接联系,农产品的质量、规格、数量、包装等都需要耗费大量的时间和精力。

4.贡献因子分析

各参与主体贡献度是供应链收益分配需要考虑的重要因素,但是获得收益较多的主体,并不一定贡献较多,反之,获得收益较少的主体,并不一定贡献较少。用定性和定量两种方法综合考虑各主体的贡献度,创新能力、生产能力和运输能力构成了直播电商农产品供应链各主体的贡献因子。

(1)创新能力。创新能力是指在项目建设过程中,对原有资源进行改革,扩大自身和竞争企业的差异性,形成独特的竞争优势,企业的创新能力决定了其竞争能力,因此,拥有较强创新能力的主体对整个供应链的贡献度也较高。

1)技术创新。在直播电商农产品供应链中,各参与主体为保证其在供应链中的地位,各参与主体都有自己的核心技术,核心技术的创新有助于提高供应链的核心竞争力。

2)管理创新。管理能力在供应链中起很重要的作用,管理创新是供应链发展的必经之路,实现创新发展是提高供应链持续发展的基础。

3)方法创新。供应链中各主体完成项目的方法不同,在方法上创新可以提高交易效率,降低供应链成本。

(2)生产能力。在直播电商农产品供应链的生产过程中,在固定投入的情况下实际产出与可能的最大产出比值为生产效率,个别参与主体与单独决策时相比,在供应链合作决策时不会做出很多贡献,只希望坐享渔翁之利,因此参与主体生产能力在收益分配中也应考虑。

1)专有设备拥有权。生产能力高低与企业是否拥有先进的设备和技术有直接的关系,设备是企业生产活动的重要工具,直播电商农产品供应链各主体中拥有越多的专有设备,可降低对经济市场外部的依赖性和其他企业的限制。

2)运输效率。农产品不同于其他食品种类,具有一定的保鲜期,需要在保鲜期内运输到消费者手中。

3)种植能力。为了农产品行业的长久可持续发展,需要提高农产品的质量和数量,种植能力可直接提高生产能力,提高整体收益。

(3)时间效率。直播电商农产品供应链上各主体对农产品的交易能力很大程度影响了农产品到消费者手中的时间,也直接影响着供应链的收益,因此时间效率因素也应该着重考虑。

1)宣传效率。主播和直播平台在供应链中的主要作用是提高农产品的宣传力度,拓宽农产品购买渠道,使得农村合作社的农产品货物不积压,更快地售卖,以提高供应链收益。

2)交易效率。提高交易效率可以直接提高资金的流通效率,促进供应链可持续发展。

综上所述,影响直播电商农产品收益分配的主要因素如表3-6所示。

表 3-6　直播电商农产品收益分配主要影响因素

一级指标	二级指标	三级指标
风险因子	经济风险	通货膨胀风险 利率风险 外汇风险
	政治风险	政治不可抗力风险 公众反对风险 征收风险
	农业风险	自然风险 市场风险 技术风险 社会风险
	合作风险	阶段性合作风险 角逐风险 信任风险
	法律风险	法律变更风险 法律体系不完整风险 操作性法律风险
投资因子	资金投入	现金 存货 应收账款
	人力投入	工人工资 生产工人 辅助工人
	设备投入	物流投入 生产设备投入 经营设施投入

续表 3-6

一级指标	二级指标	三级指标
质量因子	技术水平	专业技术
		独特技术
	道德程度	产品宣传
		努力水平
		交易质量
贡献因子	创新能力	技术创新
		管理创新
		方法创新
	生产能力	专有设备拥有权
		运输效率
		种植能力
	时间效率	宣传效率
		交易效率

（五）模糊综合评价法确定权重

与直播电商农产品供应链的收益分配影响因素结合，$J = \{j\}$，$j = 1,2,3,4$ 代表投资因子、风险因子、质量因子和贡献因子。令 e_{ij} 表示合作联盟中第 i 个参与主体关于第 j 个修正因子的影响程度。各环节参与主体关于各因子的影响程度如表 3-7 所示。

表 3-7　直播电商农产品供应链收益分配影响因素

	投资因子	风险因子	质量因子	贡献因子
农村合作社	e_{11}	e_{12}	e_{13}	e_{14}
主播	e_{21}	e_{22}	e_{23}	e_{24}
直播平台	e_{31}	e_{32}	e_{33}	e_{34}
物流承运商	e_{41}	e_{42}	e_{43}	e_{44}

根据表 3-7，可以得出影响因子的修正矩阵 D：

$$D = \begin{bmatrix} e_{11} & e_{12} & e_{13} & e_{14} \\ e_{21} & e_{22} & e_{23} & e_{24} \\ e_{31} & e_{32} & e_{33} & e_{34} \\ e_{41} & e_{42} & e_{43} & e_{44} \end{bmatrix} \tag{3-12}$$

1. 建立指标集 Q

一级评价指标为: $Q = \{Q_1, Q_2, \cdots, Q_n\}$;

二级评价指标为: $Q_i = \{Q_{i1}, Q_{i2}, \cdots, Q_{ij}\}$;

设各个因素之间满足 $Q_i \cap Q_j = \varphi (i \neq j)$。

2. 模糊判断矩阵 K

设定评语集的定量指标为:

$$V_i = \{v_1, v_2, v_3, v_4, v_5\} = \{0.1, 0.3, 0.5, 0.7, 0.9\}, \tag{3-13}$$

分别代表风险等级:特高风险、高风险、一般风险、低风险、特低风险。

通过搜集资料和专业问询对评价指标进行评价,在此基础上计算各影响因子指标对评语的隶属度值,隶属度指针对所列举的影响因素,有第 i 个指标做出第 j 个评价尺度的可能性大小。

令 $k_{ij}(i = 1, 2, \cdots, n; j = 1, 2, \cdots, m)$ 表示某因素 Q_i 对于第 j 级评语 V 的隶属度。v_{ij} 的赋值结果为数名相关专家参照一定标准对各层因素进行评价的结果。

对于 $(i = 1, 2, \cdots, n)$ 有

$$k_{ij} = v_{ij} / \sum_{j=1}^{m} v_{ij} \cdot j = 1, 2, \cdots, m, \sum_{j=1}^{m} k_{ij} = 1; \tag{3-14}$$

依据式 3-14 可得各因素的隶属度大小,构成判断矩阵 K:

$$K_i = \begin{bmatrix} k_{11} & k_{12} & k_{13} & k_{14} & k_{15} \\ k_{21} & k_{22} & k_{23} & k_{24} & k_{25} \\ k_{31} & k_{32} & k_{33} & k_{34} & k_{35} \end{bmatrix} \tag{3-15}$$

3. 确定权重集

不同的因子具有不同的特点,对于直播电商农产品供应链合作联盟的影响程度不同,根据项目和各参与主体的不同,各因素的概率也不同。因此,在进行影响系数测定的过程中,需要按照其重要程度,还需要对其影响程度进行计算。

令一级指标权重为 W_i,且 $\sum_{i=1}^{m} W_i = 1$

令 $W_i(i = 1, 2, \cdots, m)$ 为 Q_i 的权重,则权重集 W 为:

$$W = \{W_1, W_2, \cdots, W_m\}, 0 \leqslant W_i \leqslant 1, \sum_{i=1}^{m} W_i = 1 \qquad (3-16)$$

令二级指标权重为 W_{ij}，且 $\sum_{i=1}^{m} W_i = 1$；

采用层次分析法计算各影响因素的权重系数，建立以 D 为目标的 γ_i 的两两比较判断矩阵：$\gamma = (e_{ij})_{mm}$，由决策者判断 γ_i 和 γ_j，对于目标 D_i 的相对重要程度，并给定相应的值。

通过使用层次分析法计算权重，令判断矩阵每行因子的乘积为 X_i，并求 X_i 的 n 次方根 W_i：

$$X_i = \prod_{j=1}^{m} (a_{ij}), i = 1, 2, \cdots, n \quad W_i{}^T = \sqrt[m]{X_i} \qquad (3-17)$$

对上式中求出的结果向量 $W_i{}^T$ 进行归一化处理，$W_i = W_i{}^T / \sum_{i=1}^{n} W_i{}^T$，求出的结果 $W = \{W_1, W_2, \cdots, W_n\}$ 即为直播电商农产品供应链各个影响因素的权重。

4. 一致性检验

为了降低 AHP 法的人为主观影响，使得最后计算结果具有一定的客观性，需要对权重进行一致性检验，保证最后计算结果是符合实际并有效的。对于 n 阶矩阵，当且仅当 $\lambda_{\max} = n$ 时，判断矩阵完全一致。若 $\lambda_{\max} > n$ 时，则用 $\lambda_{\max}$ 的差值进行一致性检验。一致性的指标 CR 通过公式 $CR = CI/RI$ 计算得出。

$$CI \approx (\lambda_{\max} - n)/(n - 1), \qquad (3-18)$$

其中 RI 表示随机一致性，其值可由下表 3-8 查得：

表 3-8　平均随机一致性指标

n	1	2	3	4	5	6	7	8	9	10
CR	0	0	0.52	0.89	1.12	1.26	1.36	1.41	1.46	1.49

根据计算结果，如果 $CR < 0.1$，则满足一致性，权重可用。若 $CR > 0.1$，则不满足一致性要求。

5. 权重集的确定

一级指标层权重集 $W = \{W_1, W_2, \cdots, W_n\}$，$W_i$ 代表一级指标层任一因素权重。且满足：$\sum_{i=1}^{m} W_i = 1$。

二层指标层权重集 $w_i = (w_{ij})$，w_{ij} 表示二级风险指标的权重，并符合：$\sum_{i=1}^{m} W_i = 1$。

6.计算模糊综合评价值

综合评价矩阵 K_i，和权重集 W_i 可以求得评判向量 γ_i。模糊合成算子取为普通矩阵乘积算法，即：

$$\gamma_i = W_i K_i = (W_1 W_2 \ldots W_i) \cdot \begin{bmatrix} k_{11} & k_{12} & k_{13} & k_{14} & k_{1j} \\ k_{21} & k_{22} & k_{23} & k_{24} & k_{2j} \\ \vdots & \vdots & \vdots & \vdots & \vdots \\ k_{i1} & k_{i2} & k_{i3} & k_{i4} & k_{i5} \end{bmatrix} = (\gamma_1 \gamma_2 \cdots \gamma_i)$$

$$(3-19)$$

再根据评语集：

$V_1 = \{v_1 v_2 v_3 v_4 v_5\}$

$= \{$特高风险,高风险,中等风险,低风险,特低风险$\}$

$= \{0.9, 0.7, 0.5, 0.3, 0.1\}$

得到风险的综合评价值为：$A = \gamma V^T$，$A = (e_{11}, e_{21}, e_{31}, e_{41})$。对 A 进行归一化，$e_{i1} = \dfrac{e_{i1}}{e_{11} + e_{21} + e_{31} + e_{41}}$，即求得农村合作社、主播、直播平台和物流承运商的影响因素系数 $e_{11}, e_{21}, e_{31}, e_{41}$。

（六）改进 Shapley 值的模型构建

（1）令 $\eta = [\eta_1 \eta_2 \eta_3 \eta_4]^T$ 代表投资因子、风险因子、质量因子和贡献因子对收益分配的影响程度。

（2）确定影响因素的评价矩阵为 $E_{ij} = \begin{bmatrix} e_{11} & e_{12} & e_{13} & e_{14} \\ e_{21} & e_{22} & e_{23} & e_{24} \\ e_{31} & e_{32} & e_{33} & e_{34} \\ e_{41} & e_{42} & e_{43} & e_{44} \end{bmatrix}$，其中 e_{ij} 表示参与主体 i 在 j 影响因子下的系数。

（3）计算参与主体评价值为

$$[\varepsilon_1 \quad \varepsilon_2 \quad \varepsilon_3 \quad \varepsilon_4]^T = D \times \eta; \quad (3-20)$$

（4）经过改进调整后农村合作社、主播、直播平台和物流承运商的实际收益结果是：

$$\varphi_i(V)^* = \varphi_i(V) + \left(\varepsilon_1 - \frac{1}{n}\right) \times V(s) \tag{3-21}$$

$$\varphi_i(V)^* = \varphi_i(V) + \left(\varepsilon_2 - \frac{1}{n}\right) \times V(s) \tag{3-22}$$

$$\varphi_i(V)^* = \varphi_i(V) + \left(\varepsilon_3 - \frac{1}{n}\right) \times V(s) \tag{3-23}$$

$$\varphi_i(V)^* = \varphi_i(V) + \left(\varepsilon_4 - \frac{1}{n}\right) \times V(s) \tag{3-24}$$

当 $\varepsilon_i = \frac{1}{n}$ 时,说明参与主体在合作决策时对直播电商农产品供应链的总体贡献和平均水平一样,在这个情形下,所分配的收益就是最终的收益,不需采取措施。

当 $\varepsilon_i > \frac{1}{n}$ 时,说明参与主体在合作决策时对直播电商农产品供应链的总体贡献比平均水平要高,在这个情形下,应该采取一定的补偿措施。

当 $\varepsilon_i < \frac{1}{n}$ 时,说明参与主体在合作决策时对直播电商农产品供应链的总体贡献比平均水平要低,在这个情形下,应该采取一定的措施使其收益减少。

第四章 农产品直播电商生态系统构成与解构

第一节 农产品直播电商生态系统概述

一、基本概念

（一）生态系统内涵

关于生态系统的理论研究，英国生态学奠基人亚瑟·乔治·坦斯利爵士（Sir Arthur George Tansley）（1935）受丹麦植物学家尤金纽斯·瓦尔明（Eugenius Warming）的影响，第一次明确提出生态系统的概念。他认为，整个系统（从物理学中的意义来说）包括了有机体的复杂组成，以及我们称之为环境的物理要素的复杂组成，这些复杂组成共同形成一个物理的系统，我们称其为生态系统，这些生态系统具有最为多样的种类和大小，他们形成了宇宙中多种多样的物理系统中的一种类型，而物理系统涵盖从宇宙整体到原子的范围。

国内有关生态系统的研究与西方国家相比发展较晚，孙鸿烈（2005）在汇总分析大量实践案例后论述了我国生态系统的结构和功能，全面地反映了广大科技人员长期以来在生态系统分类、生态系统结构、生态系统管理与可持续利用等方面取得的成就，总结了中国科学院生态系统研究主要成果，为我国学界开展生态系统相关研究提供本土化理论。

从研究现状来看，在一般意义上生态系统是指由生物群落及其生存环境共同组成的动态平衡系统，其组成部分能够被划分为三个层面：核心层、外围层及相关层。其中，由存在于自然界一定范围或区域内并互相依存的一定种类的动物、植物、微生物组成的生物群落被称为生态系统的核心层要素，而生物群落内不同生物种群的生存环境又包括非生物环境和生物环境，分别作为生态结构中的外围层和相关层存在。非生物环境也称无机环境、物理环境,如各种化学物质、气候因素、人为因素等,能够对核心层、相关层中的生物种群产生直接或间接的影响,生物环境又称有机环境,如不同种群的生物,与核心层的生物群落密切相关。生态系统的范围可以根据研究目的与对象自行划定,最大的是生物圈,包括地球上的一切生物及其生存条件,小的则如一片森林、一块草地、一个池塘都可以看作是一个生态系统。任何生物的生存空间都不是封闭的单独的,同种个体之间也有着互助与竞争的关系,不同生态结构要素之间存在复杂的相生相克关系。生物为满足自身生存发展的需要而不断改造环境,环境反过来又会影响它们。因此,在生态系统中,核心层要素与外围层、相关层互相联系,共同营造一个稳定平衡的生存发展空间。

所谓生态稳定,最原始的概念是指生物群落受干扰后该生态系统中任一物种几乎都能抵御一定水平的生物或非生物环境的扰动,种群密度回到平衡点的情形,这一概念过于简单片面,仅站在单一物种角度考虑稳定性。为了进一步全面探索生态系统如何保持稳定性,如何提升能级,黄建辉和韩兴国(1995)从生物多样性出发研究生态系统的抗性、弹性、持久性、变异性等特征,细致划分了稳定性的类别:局部稳定、全局稳定、相对稳定以及结构稳定。当生态系统中的种群数量、类型存在差异时,其生态稳定性也将按照不同的情况进行区别定性。只有当生态系统各要素之间不断进行物质交换和能量流动,彼此处于相互作用、相互影响以及"共生"的动态平衡之中,方可促进生态整体发展能级的提升。倘若生态中的任一物种或非生物环境受到干扰,都将在某种程度上考验生态系统的建构和运行能力。上述有关生态系统层级、稳定性等相关理论文献内容,为开展后续研究打下坚实的基础。

(二)产业生态系统

生态系统的动态平衡机理,对人类的经济活动具有重要的指导意义。在对生态系统有了全面了解的基础上,通过比拟生物新陈代谢过程和生态系统的结构与功能,特别是生态系统层级划分、物质流与能量流运动规律等,产业生态学家针对工业产业活动及其对自然系统的影响提出了"产业生态系统"这一更新替代名词。

文献资料显示,"产业生态系统"这一名词与"产业生态学"同一时期出现并相互作用发展而来,国外学者 BradenR. Allenby(1996)指出,产业生态起源于20 世纪 80 年代末佛罗什(R. Frosch)等人模拟生物的新陈代谢过程和生态系统的循环再生过程时所开展的工业代谢研究,产业生态系统是依据自然生态有机循环原理、基于生态系统承载能力、具有高效的经济过程及和谐生态功能的网络化生态经济系统。BradenR. Allenby 利用生态学原理初步建立了商业生态系统的理论框架,通过对高科技案例公司成长过程的描述向人们展示了处于同一商业系统中的相互依存的商业物种的共同进化现象,以及整个商业生态系统的进化过程,阐明了新时代商业竞争法则,描述了商业生成系统的生命周期阶段及其领导策略。该生态系统是一个由制造业企业和服务业企业组成的群落,以系统解决产业活动与资源、环境之间的关系为研究视角,在协同环境质量和经济效益的基础上,利用产业结构功能优化实现产业整体效益的最大化。商业生态系统理论主要论述了商业生态系统存在的必然性和商业生态系统的结构及分析框架。经济全球化与科技进步使得商业环境变得越来越开放与复杂,在这个环境中一个公司不能仅仅从自身角度考虑问题,它必须建立具有分享功能的商业模式,并由此产生一种具有特殊成长力和机动性的健康商业系统。新的技术和新的商业模式以类似于生物物种进化的方式影响着整个传统商业,对商业的持续稳定发展产生了巨大影响。而商业系统的发展又反过来促进了新技术和新商业模式的产生与社会进步,因此 James F. Moore 认为商业生态系统的存在是必然的,完全可以借鉴生物生态系统原理进行描述与研究。商业生态系统理论认为,现代公司在快速多变的复杂环境中生存,其长期发展已经不是单个公司所能够左右与控制的事情。越来越多的事实表明,现代公司的发展壮大是与其相关公司、供应商、顾客、社会组织、公众以及自然环境等共同成长的。在过去,公司主要把精力花在与直接竞争者有关的市场竞争中。近年来,公司则强调加强与客户和供应商的关系以及对社会责任的关注。很多情况下直接与竞争者共同形成战略联盟,共同研制大型复杂产品、共同开发新市场、互相利用对方核心资源等。作为 20 世纪 90 年代才兴起的一门综合性、跨学科的应用科学产业,产业生态学是研究各种产业活动及其产品与环境之间的相互关系的跨学科研究。

关于产业生态系统理论概念的界定,娄美珍和俞国方(2009)在对国内早期产业生态学相关内容分类研究的基础上解读产业生态系统:产业生态系统是"人造生态系统"(ArtificialEcosystem),依托自然生态系统,以企业或产业为主体而建立起来的社会经济子系统。要实现人类社会的可持续发展,必须确保自然生态系统和社会经济子系统(产业生态系统)的可持续与可协调。将该理论应用归纳为三个层面:微观层面的企业生态系统、中观层面的园区产业生态系统和宏观层面的跨区域产业生态系统,便于后续研究者理解和区分不同类型的产业生态系统以进行精细化、针对性的研究。商业生态系统的定义为:以组织和个体的相互作用为基础的经济联合体。在一定的时间和空间范围内,由从事为特定最终用户群体提供某种"全面体验"的商业活动的组织和个人及其商业环境组成的一个整体。具有时间和空间概念,各自借助物资流动、价值流动、货币流动、人员流动和信息流动而互相联系、互相影响、互相依存,形成具有自组织和自调节功能的有机整体。"全面体验"这个术语由穆尔提出,意为最终用户关于某个基本需要得到满足的所有感受,这是一个比产品范围更广的概念。商业生态系统比核心企业乃至联合企业更加宽泛。随着技术革命及国际化的发展,许多公司也跨越了行业,使得商业边界逐步变得模糊不清。成功的公司知道它们需要与其他成员一起利用信息技术和通信技术形成所需的网络系统和有效团队。也就是说,所有企业与组织都应将自己看作是社会商业生态系统的组成部分。世界上最有效率的公司通过建立商业生态系统而发展了新的商业竞争优势。而许多孤立于名牌生态系统之外的公司则逐渐被淘汰。商业生态系统由核心企业、扩展的企业以及相关社会组织及其他成员构成。在商业生态系统中核心企业生产制造对顾客有价值的产品与服务。顾客、供应商、其他生产者、竞争者和其他风险承担者等组成成员是商业生态系统的参与者及获益者。

商业生态系统理论为所有企业创造商业生态系统指明了方向,并提供了途径与方法。利用商业生态系统理论,企业可对其所处的生态系统及环境进行综合分析,判断评估其运动状态,检查商业生态系统存在的问题与病症,为企业识别市场机会与风险,进行正确市场定位与市场竞争提供工具。为新的商业模式形成及行业管理提供思考方法,人们可以创造新的观念,进而形成一个对顾客有价值的产业模式,这个系统持续地向顾客提供产品或服务,然后进入开拓阶段,形成生态系统的基本范式。为区域经济发展提供了模式。生态系统理论认为区域经济发展的关键是要营造合适的地区经济发展环境,形成地区产业优势与特色。为社会经济研究提供新的借鉴,任何社会经济系统都可以看作是生态系统。因此,商业生态系统的原理可移植到社会系统的分析研究中来,遵循商业生态系统发展规律,形成生态化组织共同体或活动,最终推动人类社会系统的可持续发展。

在以往的学术研究中,研究者通常将产业生态系统组成要素分为两部分:产业生态环境与产业生物群落。产业生态环境指围绕产业展开的一系列运作,对产业生产、存在和发展起制约和调控作用的环境因子集合,如产业相关政策、市场需求、经济情况等都是产业环境的一部分。产业生物群落则是产业生态系统的核心,它是由相互间存在物质、能量和信息沟通的企业和组织种群相对于外来物种所形成的整体,如客户、供应链、生产者、流通者等参与实体。这种划分方式将产业生态系统分解成最基础的内、外两部分,看似清晰简洁,然而作为生态系统内部的产业生物群落的组成要素众多,类目庞杂,将其当作整体研究对象过于笼统,不利于开展深度研究。对此,笔者通过借鉴、类比生态系统的层级划分来对产业生态系统的构成情况重新细化:产业生物群落中的生产者与流通者是整个生态的基础,任何环节的搭建与相互循环都要立足于这两个要素,因此它们可以作为生态系统的核心层而存在;而被剥离剩下的客户、供应链等内容成为生态系统的相关层,围绕生产流通要素发展运行的同时和外部环境相互作用影响;外围层则由产业生态环境涵盖的内容构成。

虽然产业生态系统能够按照层级进行清晰划分和单独研究,但在现实市场环境中,产业体系内的任一个体并不会独立存在,它们会与其他系统要素、外部环境之间密切联系,休戚与共。胡有方和胡世良(2013)以阿里巴巴集团依托电商平台的强大力量,连接中小企业、自主创业者和消费者,建立良性循环的产业生态系统的发展模式为例,指出任何企业都无法拥有自身所需的所有资源,必须与外部企业形成产业链,遵循多样性、开放性、系统性、利益共享性等原则,让各方合作共赢,以共同做大市场、做大产业,才能真正实现产业整体效益最大化。由此可知,影响产业生态系统平衡发展的因素众多,研究产业生态稳定性时需要从生态系统整体出发,侧重维护全局稳定,兼顾相对稳定和结构稳定。

在对产业生态系统的构成及稳定性有了充分研究的基础上,还需要对产业共生理论进行延伸式分析,掌握产业生态系统要素之间的相互作用机理,深入探索产业生态的循环发展与动态平衡关系。王珍珍与鲍星华(2012)在研究中总结出包括自组织演化、共同进化、合理分工及合作竞争机制等产业共生的内涵,清晰阐述共生理论在工业、企业、技术、区域发展中的具体应用情况,并对寄生、偏利共生、互利共生等多种共生模式逐一进行分析,指出共生单元之间发展的总趋势和总方向是共同进化。

综上,有关产业生态系统层级重新划分与生态要素之间相互作用关系的阐述和界定为本书研究明确了研究重点及研究方向,同时也为今后产业生态系统理论研究提供新的思路。

（三）直播电商生态系统

1. 直播电商生态系统概述

国内互联网直播电商起源于 2016 年,从最初由电商企业开启视频化互动销售模式新尝试到今天已有近 10 个年头,直播电商产业生态日趋完整化、多元化。与此同时,直播电商市场规模近年来迅速扩张,直播经济异军突起,短视频平台和电商平台持续向直播倾斜资源,直播带货几乎成为互联网各大平台企业的标配,直播电商生态系统日渐成型、完善。关于直播电商生态的研究,国外学者 BarneyPark(2017)最早提出个人观点,他认为直播经济已经形成了一个颇具规模的产业,在这个产业中每个普通的个人都能够成为生产者,直播电商转变了传统的销售者与消费者的角色,将其统称为平台用户,这种低门槛、高热度的营销形式受到众多品牌的青睐,成为目前最为热门且高效的营销手段之一。伴随直播电商经济在国内掀起消费新热潮,饶俊思(2019)以头部平台"淘宝直播"为例,阐述了我国直播电商生态系统内部组成要素的发展变化:直播电商改变了商品信息的传输方式,实现了电商的销售属性与直播的流量属性相结合,拓展了用户的网络社交方式,为电商内容生产者将信息传达给消费者提供了一个更直接、迅速的途径,直播电商改变了商品生产,内容创作与线上消费的连接方式。

从我国直播电商产业整体发展来看,郭全中(2020)指出直播电商是我国电商行业发展的新阶段,它的基因是电商,本质是消费升级,主播人设形象的打造有助于实现"品效合一",利用电商平台、内容平台及第三方服务平台构建起基础的直播电商生态系统,通过彻底重构"人货场"来提升交易效率和品牌忠诚度。直播电商的短期效果是助力企业大幅度提升销售额,而长期效果则能够帮助企业建立用户连接,重构全新的商业模式,进而实现数智化升级,促进互联网经济的持续繁荣。

此外,由于直播电商产业的快速扩张和野蛮生长,相应法律规范、管理条例的制定颁布具有滞后性使得直播电商生态系统存在诸多尚未解决的难题。陈倩(2020)从网红直播带货的法律问题角度指出几点争议:网红主播在买卖合同中的定位不明晰,其身份究竟是广告代言人还是网店的职务行为主体;网红主播责任认定不明确,当网店销售的商品侵害消费者权益时,网红主播是否需要承担责任;电商活动缺少完善的网络监管机制,政府的"他律"力度不足,维权成本高,一旦发生侵权事件,消费者难以维护自身权益。针对这些现实问题,笔者运用《中华人民共和国广告法》《中华人民共和国合同法》《中华人民共和国电子商务法》和《中华人民共和国消费者权益保护法》等具体法律条例内容来逐一论证,并提出国家与政府应当赋予直播电商消费者适当的反悔权,营造更好的网络市场经济环境。

　　基于前文对产业生态系统层级的划分及归纳总结上述文献内容,直播电商生态系统的构成也能够分为核心层、相关层、外围层,其构成内容更加具体化:直播电商产业的直播平台、电商平台、网红主播、C 端用户及内容生产运营机构、其他主要传播渠道等均属于核心层,用于支撑起最基础的直播电商业务运转,其中 C 端用户指参与直播内容生产的个体,比如擅长手工制作的 DIY 爱好者、商品代购者等,与相关层的消费者有所区分;而产品供应链、直播电商终端消费者作为相关层,与核心内容环节建立联系,实现直播电商简易的"生产–传播–消费"产业链的搭建,"人货场"被重构;由直播电商相关产业法律政策、市场环境、社会大众反馈等要素组成外围层,伴随产业整体的发展而变化更新,为直播电商生态系统的健康运行保驾护航。

　　直播电商产业生态划分的三个层级之间相互作用,联系密切。核心层作为直播带货的基础,为直播电商生态提供源泉动力,当生产和传播环节出现问题,其相关层、外围层都将受到直接或间接影响,整个产业生态将面临停摆的风险。李舒和黄馨茹(2020)在研究中指出,直播电商内容生产缺少内涵深度和形式创新会导致直播缺少价值引领、用户黏性不强,传播把关弱化会反噬主体公信力。这些因素会造成网民"不想参与、不敢消费"的心理,直播电商市场规模难以维持,"人货场"商业模式的稳定性受到威胁,制定相应法律规范政策的难度增加。与此同时,当相关层与外围层所包含要素陷入发展困境时,核心生产传播环节也难以独善其身。刘亚菲(2020)从直播电商产品质量、安全性无法保障等角度说明产品供应链弊端引发的直播电商消费市场的信任危机,而陈颖(2020)则通过列举直播电商产业存在的诸多监管"盲区"如直播数据造假、售后维权困难、主播逃税漏税等指出法律规范的不完善使得生产传播环节面临多重困难,给直播电商产业生态的建构和运行带来隐性障碍。直播电商生态系统的结构,如图4–1 所示。

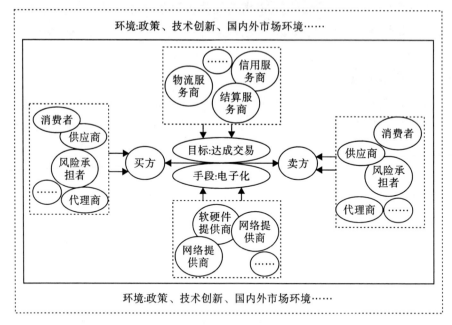

图4-1 直播电商生态系统的结构

2.性质及特征

直播电商商业生态系统是整个商业生态系统的一个组成部分,同时又是一个独立的整体,具有商业生态系统的共同性质与特征。

(1)商业生态系统的进化过程。商业生态系统是一个动态系统,和其他任何动态系统一样,它永远处于不断运动和变化之中。商业生态系统的动态特性包含着进化和演替两个方面。

商业生态系统的进化是指系统在较长的时间尺度上的变化,它是政治、经济、科学的外部环境的长期变化和新企业产生与加入所引起的内部变化共同作用的结果。一般来说,商业生态系统进化的方向是复杂性和有序性的增加,内部稳定性的加大,以及抗外界干扰能力的提高。

商业生态系统在这种随时间而发展变化的过程中,系统结构和功能变化是多方面的,也是定向的。在无外力干扰下,演化顺应自然,沿着单一的方向,结构由简单到复杂、最终建立起处于自维持状态的功能相对稳定的生态系统。这种正向演化所需的时间和所涉及的变化过程,取决于政治、经济、文化、技术以及其他一些社会和经济因素,但演化本身是自组织的结果,不是决定论。社会经济因素只能决定改变的模式,而不是引起这种变化的原因。剧烈的社会、经济变化和技术革命抑制,甚至终止演化的过程。一旦这种干扰强度超过其商业生态系统的负荷,即超过系统的抵抗力并发生不可逆变化,商业生态系统将发生退化。

商业生态系统的演化顺序和特征在某种程度上是可以预测的,基于穆尔的著作理论及相关的研究将其粗略地划分为四个阶段。

第一个阶段:商业生态系统的开拓期。一个特定的商业生态系统的诞生往往起源于一次技术革命、一个新市场的发现、社会消费观念的一次大的转变。当某一个企业捕捉到这样一个契机并开始行动时,一个新的商业生态系统就进入了开拓期。在这个阶段,开拓者的勇气、努力和信心是必须的,因为从一个消费概念的出现到为用户所接受需要一个过程,在这个过程中,开拓者需要忍受挫折和孤独。开拓者的主要工作是"概念的证明",即为特定的最终用户提供一个为其所接受的产品概念,并初步形成产品的价值链。这个时期的特点是生态系统中的物种较少,全面验证正在形成之中,价值链较短,未形成价值网,系统生命力脆弱,随时可能瓦解。

第二个阶段:商业生态系统的拓展期。随着初始产品为用户所接受,消费资源迅速扩大,新的企业开始加入和产生,系统功能开始分解,商业生态系统进入了拓展期。在这一阶段,开拓者的角色开始淡化,取而代之的是争夺者。核心商业企业争夺一切可利用的资源,并力图形成以己为核心的联盟,以求掌握系统的控制权。拓展期是商业生态系统的成长阶段,承担新的系统子功能的企业开始加入或出现,生态系统的范围不断扩大,全面体验开始逐渐完善,并迅速被更多的最终用户所接受,主价值链加长,陆续形成新的价值链,价值网结构形成并不断扩展,系统的自维持能力增强。

第三个阶段:商业生态系统的成熟期。成熟期是商业生态系统的顶级阶段,这时生态系统主体趋于稳定,共同体内部争夺领导权和利润的斗争趋于激烈。一个成熟的商业生态系统的发展变化是按照一定规律并在某一均衡位置做一定范围的波动,从而达到一种动态均衡的状态。在这一阶段,商业生态系统结构趋于稳定,承担新的系统子功能的企业几乎不再出现,系统的功能分解趋于完善。系统结构有序,形成了领导者、挑战者、追随者、补充者的明确划分。由于资源限制问题凸显,核心商业企业群将陷于对领导权和资源的斗争之中。

第四个阶段:商业生态系统的自我更新或消亡期。在这一阶段,商业生态系统的巅峰期已过,自然趋势是系统逐渐退化。表现为系统资源的减少、系统内组成部分及其相互作用过程发生的不良变化。凡是干扰系统内各组成分及商业过程的因素都可能引起系统退化。干扰因素对系统的作用途径是间接或直接影响系统结构的有序性和资源的丰富度。这样的干扰因素主要有新技术革命、用户消费理念的重大变化、外来强有力的物种进入、经济危机或其他重大的社会动荡等。退化过程不仅取决于干扰作用的强度、干扰时间、干扰频率、干扰规模等,还受制于系统本身的自然特性。这时,核心商业企业群的任务是对整个系统进行持续不断的性能改进,不断引入新的观念、技术以维持系统的存续或主动更新系统。

（2）商业生态系统的局限性。商业生态系统有利于系统中的企业共同发展,能够有效增强企业的生存能力和适应环境变化的能力,但它也存在一定的局限性。

第一,商业生态系统虽然可以在一定程度上增加成员的理性,但是系统的成员总是有限理性的。人的选择既是一个依据知识和信息进行判断的过程,也是一个认知过程,在现实情况下人可以比自己过去知道得多,但不是全知的。商业生态系统作为一种适应市场的策略选择的结果,成员选择的理性总是有限的。

第二,商业生态系统减少了企业的信息搜索成本,但交易成本仍然存在。交易成本主要包括商业生态系统存在期间,预测各种偶发事件的成本,处理这些偶发事件的成本,促使系统所有成员很好地履行自己的责任的成本,系统每个成员明确自己责任和权利的成本。因此,虽然商业生态系统减少了企业的信息搜索成本,但交易成本却不能明显地减少。

第三,存在非对称信息。虽然在商业生态系统中,为了系统整体的进化,实施信息共享,但是有的私人信息不可能共享。在系统中大家可以共享市场、技术信息,但成员的机会主义倾向信息等却不可共享。

第四,商业生态系统中语言使用的模糊性。任何语言本身是不完全、不精确的,只能对状况做大致的模糊的描述。在系统中,由于每个成员的行业背景以及认知能力的不同,导致他们对权利义务关系的理解难免会有差别。这样,会造成对未来认识的不一致,从而产生摩擦,产生成本。

3.运作机制

直播电商商业生态系统作为一个有机的整体,当接收到一定的社会资源,并以一定的产品或服务为输出指向的时候,系统中的各企业相互作用,与环境交互影响以完成系统的输出。

（1）直播电商商业生态系统内企业间关系。直播电商商业生态系统中的各级供应商、生产商、销售商是系统中的主要物种，这里我们将具有相同功能的企业看作是一个物种，他们的聚集形成种群，比照生物物种间的关系对他们加以阐述。生物物种间的关系分为种内关系和种间关系。种内关系主要表现为种内互助和种内斗争。种内互助如蜜蜂群内分工合作、鹿通过闪动白色尾巴给同伴报警等，种内斗争则主要是生存资源的争夺，如争夺食物、配偶、生活场所等。这些关系在实际企业间均有表现。在供应链系统中，一个核心企业会有多个供应商，这些供应商都为核心企业提供产品或服务，当核心企业的需求一定时，各供应商就要通过种内斗争来争取得到更多的订单，以便获得更多的利润，使企业不断地发展、壮大。同时，有很多企业也会在遇到危机与挑战的时候，向其他企业发出预警，倡导他们联合起来共同抵御风险。相同地，种间关系分为种间互助和种间斗争。种间互助有偏利共生、协作共生、互利共生，种间斗争有寄生、竞争、捕食、偏害。这些种间关系都十分形象生动，简单易懂，如海葵与小丑鱼协作共生，海葵能清除小丑鱼身上的寄生虫并靠触手起保护作用，小丑鱼利用身体鲜艳的颜色吸引其他鱼类靠近供海葵捕食，珊瑚与海藻的互利共生，珊瑚排出的二氧化碳和无机盐被海藻利用制造有机物和放出氧气，而糖类和氧气是珊瑚生活的来源。在这些共生关系中，生物都能够获得自身生存的条件，既不会损害对方的利益又能使他们获得相同的利益，展现了一个理想的共赢局面。而种间的捕食、竞争等无疑是以损害另一方的利益来获得自身生存、发展的情况。在直播电商商业生态系统这个具有强烈的人的主观作用影响的系统中，人们会为了获得最优的结果而自觉选择互利共生的模式来运作企业吗？实际的情况是经过长期的经济活动，人们已经开始逐渐转变观念，现在的人们更注重企业的共同发展，从竞争到合作，再到以追求共赢为目标。演化博弈论认为，当特定规则的适应超过群体的加权平均水平时，该规则的频率和适应度将上升；当特定规则的适应低于群体的加权平均水平时，该规则的频率和适应度将下降；而当这种适应等于群体内部的评价水平时，规则的频率和适应度保持稳定状态，其频率将停留在一个固定点。当单个的博弈主体被认为具有一个特殊的显性基因时，就意味着该个体必须遵循某种"具有时间一致性的行为规则"。这些规则被假定为是由基因遗传所决定的，因此它们是可遗传的。博弈局中的个体被归入特定的行为规则或博弈策略的类属，而这种类属，对于每个特定个体来说是固定不变的。在直播电商商业生态系统中，竞争与合作并存，也是其发展的重要基础，系统中的企业可以通过竞争与合作实现企业的共生，当共生这种规则成为主流,系统中的企业就会按照这个规则运作,使他们获得更多的利益和长期的发展。

直播电商商业生态系统中的企业通过竞争获得更多的利益,通过合作形成各自优势核心业务的互补以提高整体的竞争能力,共同抵御风险。合作与竞争最终促成了供应链商业生态中企业的共生和共同发展。

(2)直播电商商业生态系统与系统环境的互动。直播电商商业生态系统是一个开放的系统,它与它的系统环境不断进行着物质和信息的交流,并相互影响、相互作用。直播电商商业生态系统从系统环境中获得原料、资金等,通过系统组织生产、实施,最终转化成产品和服务输出到系统环境中。当系统环境发生变化时,系统就需要调整自身组织程序,改变战略,以适应新的环境。直播电商商业生态系统的发展规律与达尔文在其著作《进化论》中指出的自然界物种演化所遵循的规律相同,即"物竞天择,适者生存"。这个商业生态系统所面临的环境就是技术、政治和经济等社会环境,它依据企业的战略目标而划分,如果一个供应链中的企业面对的是国内的客户需求,那么他的直接系统环境就是我国的市场,包括政治、经济、文化、技术创新等因素,如果他面临的是全球范围的市场需求,那么它就需要研究世界范围内的政策、经济等因素。在市场经济活动中,供应链系统要面临市场的淘汰和选择,当市场环境发生变化时,系统就要做出相应的调整,只有那些能够快速响应环境变化,并且及时调整自身组织结构和业务流程的系统才能被市场选择,获得继续生存和发展的机会,而不能适应环境变化的系统则要逐渐被市场淘汰,直至消亡。同时,系统的改进也会对市场环境产生影响,促使市场环境健康、有序地发展。系统与环境交互影响,共同演进、发展。

下面以一个实际的直播电商商业生态系统为例对系统的运作机制加以说明。以微软公司为核心企业形成的直播电商商业生态系统由大量相关业务或公司组成,角色既有合作紧密的系统集成商,各类销售商,也有不太紧密的会员制仓储超市,合计相关公司总数多达38000多个,如表4-1微软直播电商商业生态系统组成所示。系统中的每一个企业作为一个物种的个体,如校园经销商就是一个物种,多个校园经销商就形成一个种群,内部聚集着全世界各地的不同校园经销商,虽然他们进行活动的方式或公司所在的地域存在着差别,但他们的"基因"决定了他们是同一物种。

表 4-1　微软直播电商商业生态系统组成

经销商分类	数量	经销商分类	数量
系统集成商	7752	开发服务公司	5747
校园经销商	4743	独立软件销售商	3817
培训机构	2717	广泛增值经销商	2580
小型专业公司	2252	顶级增值经销商	2156
主机服务提供商	1379	互联网服务提供商	1253
商业咨询机构	938	软件支持公司	675
信息输出硬件公司	653	消费电子公司	467
非细分市场经销商	290	媒体商店	238
综合大卖场	220	信息输出软件公司	160
电脑超市	51	应用软件供应商的聚集商	50
电子零售商	46	办公用品超市	13
总聚集商	7	会员制仓储超市	7
缝隙市场专营商店	6	次级分销商	6
应用软件集成商	5	微软的直接经销商	2
微软直属商店	1	网络设备供应商	1
网络服务供应商	1	—	—

众多的企业在系统中各司其职，相互联系，体现出多种关系模式。表中的分类体现了系统中的企业种群，在种群中存在着互助和斗争两种关系。如在校园经销商种群中，具有多达 4743 个个体，他们之间既有互助，又有斗争。作为微软的经销商，他们销售同类产品，面对着相同的客户群体（在地域上会有区分），有很多销售经验和信息可以共享，以此实现互助，同时，因为面临着相同的客户群体，虽然在地域上有区分，但他们都愿意争取到更多的客户，增加销售，因此种群内的斗争也是不可避免的。分类不同的企业（群）之间属于种间关系，既有共生、竞争、捕食、偏害等。如微软的众多供应商之间的竞争，供应商或销售商与微软的共生等。而微软直播电商商业生态系统与环境间的互动是最为典型的。微软公司创造的 Windows 系统使信息技术发生重大变化，改变了许多人的生活方式，这对环境的影响是非常主动的，同时，系统环境中对微软技术的需求增加，促使系统需要不断地开发新的软件来满足市场需求，这样系统就会

不断地发展、演化,在系统与环境之间形成良性互动。

(四)农产品电商生态系统

1.农产品电商生态系统内涵

农产品电商生态系统的演进逻辑符合自然生态系统中多元主体协作进行资源整合演进过程。农产品电商生态系统是在农业经营主体、农产品企业和电商服务组织充分互动情况下,以互联网作为中介平台,通过资源共享形成的农产品在线销售的电子商务生态系统子系统,由多个主体和内外环境共同构成,主要包括领导种群、关键种群、支持种群以及寄生种群。领导种群指农产品电商平台企业,在整个系统中扮演统筹资源与协调种群相互关系的角色。关键种群是紧密围绕领导种群的、构成交易过程的供应链主体,包括农产品生产、加工运输涉及的农业经营主体、运输物流公司、各电商模式的独特机构以及消费者群体,是农产品电商生态系统的支柱。支持种群是不依附于领导种群的独立存在,其在整个系统中起基础支撑作用,为各种群间的信息传递、物质交换提供保障。寄生种群是随着系统的发展以及领导种群的壮大,衍生出来满足精细化需求的种群,目的在于为农产品电商提供增值服务,主要涉及农产品美工服务、营销推广等活动。

农产品电商生态系统是一个系统的概念,是由多个主体和内外环境共同构成的有机整体。主体包括农业生产者、电子商务企业、经销商、批发商、加工企业、消费者和其他直接利益主体,除此之外,还包括间接利益群体如农资生产供应商、农业技术研发推广单位等。这些主体之间存在着共生共进的依存关系,这种关系主要表现在主体之间物质、信息流的有效传递,从而实现主体之间合作、竞争、交换等行为。同时,宏观经济社会环境也是农产品电商生态系统的组成部分,系统内部要素和外部环境共同组成了农产品电商生态系统这个复杂系统,这个系统要素之间是相互协同的、不断演化的。农产品电商生态系统是在自然生态系统基础上不断演化发展的结果,具有自然生态系统的某些特点。所以,可以基于生态系统相关理论框架和概念界定对农产品电商生态系统构成、动力机制展开研究(高瑞泽,2012)。

运用协调理论、生态系统理论,结合农产品贸易的特点,提出了农产品电商生态系统的概念,即该系统是主体和利益相关者群体和外部环境共同组成的,以互联网为主要信息、竞争、交流平台,从而达到信息有效传递,物质、价值有序流动的目的。是一个要素之间具有协同功能和环境适应性的动态的有机整体,其中利益相关群体包括农产品电商交易双方、流通者、消费者、电商企业,外部环境包括经济、社会、政策组成,如图4-2所示。根据该概念的提出,可以看出,农产品电商生态系统内部之间是相互依赖、相互依存的,有助于更深入地分析影响农产品电商发展的主要因素;另外,从外部环境角度分析农产品电商生态系统的影响因素,可以从更宏观的方面提出促进农产品电商发展的政策建议;同时随着生态系统的不断演化,可以从动态的角度找准制约其良性演化的主要环节,从而分析农产品电商生态系统的演化趋势(Iansiti M,Levien R.,2004)。

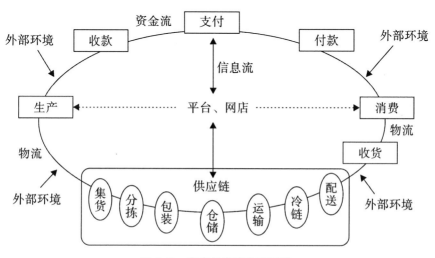

图4-2　农产品电商生态系统

2.农产品电商生态系统特征

与自然生态系统相比,农产品电商生态系统具有以下四个特征:

(1)农产品电商生态系统是一个开放互动的系统。它具有自然生态系统的某些特征,不仅与外部环境进行物质交换,也时刻与其保持能量上的交换(Shen C Z.,2009)。这种开放互动的特点主要表现在四个方面。一是该系统的出现不是随机的,它在特定的社会生产力和技术背景下出现,并随着其水平的进步而得到更高水平的发展。二是组成农产品电商生态系统的所有要素都是来自外部环境,比如资金要素,其他产业的发展为其提供了资本积累,现代金融体系为其供给了资金。人力资本要素,任何一个行业的发展都离不开专业人才,电商生态系统的专业人才离不开各类学校、第三方培训组织以及行业以外的培养。三是农产品电商生态系统不是无序运行的,而是依据一定的规则体系,这种规则需要由政府、社会和市场合作制定。政府的相关政策法规作为其运作的基本制度框架,而体系中所依据的市场规则,能够有效地规范和约束系统中主体活动者的市场行为;社会环境作为系统外部环境中的一个重要因素,持续地引导农产品电商生态系统中的各行为主体的价值观,影响着其行为抉择。四是农产品电商生态系统和外部环境是相互影响的,农产品电商生态系统既受外部环境的影响,同时其不断的演进变化也对外部环境产生作用。这就意味着双方的互动质量也受彼此的影响,良性的农产品电商生态系统不仅具有经济价值,为自身带来利益,为社会财富的增加做出贡献,还有其社会意义。

(2)农产品电商生态系统是一个多元共生系统。系统多样性表现在内部构成"物种"的多元化、产品供应链的复杂化,与自然生态系统的物种多样性、复杂性、食物链相似。农产品电商生态系统的多元化表现在主体多元化、产品和服务多元化、消费者个性化需求多元化,系统的多元化可以使得系统内的各要素发挥各自的比较优势,划分不同市场和不同的经营模式,它能更好地满足双方的个性化需求(LI Meng-Die,SO Management,2014)。农产品电商生态系统的多元化特征不利于系统稳定,同单一市场主体相比,多元化的市场主体效率更低。从系统的整体健康发展来看,必须尽可能地保持市场主体的多元化。与自然生态系统相似,农产品电商生态系统中的多元化主体也有等级之分,较高级别的"物种"直接影响整个系统的特征、类型和演化趋势。

(3)农产品电商生态系统是一个协同系统。农产品电商生态系统的协同功能不是单个"物种"的简单组合就能具备的功能。类似于自然生态系统的协同功能,这种协同功能是系统各要素之间的相互作用,是区别传统农产品流通系统的核心竞争力,是系统内部各"物种"之间优胜劣汰的准绳。农产品电商生态系统的协同功能一方面表现在系统中各要素之间通过有效、实时的信息流输入和输出,传达生产者和消费者的个性化需求,此外还可以实现交易双方的价值增值;另一方面表现在基于网络平台进行交易信息的搜集、发布和传递,可以降低农产品生产、流通、销售各个环节的成本。农产品电商生态系统的协同功能实现是基于完善的系统规则、建立供应网络、畅通的沟通渠道,是逐步实现的,而不是一蹴而就。

(4)农产品电商生态系统是一个动态演化系统。它是一个动态的、演化的,具有反馈调节功能的有机系统。该系统具有自然生态系统的一般特性,在外部环境的影响下,经历从兴起到衰退的过程,这种动态演化的速度是不确定的。当环境条件有利时,即系统内部的主体愈加多元,供应链日渐完善,逐渐形成一个相互支撑、相互补充的网络网,那么农产品电商生态系统将迅速进入成熟阶段(Wu H.,2008);当外部环境出现不利于系统发展的变化,或者是系统内部的主导性、关键性"物种"消亡时,供应链中断,系统陷入衰退状态。

3.农产品电商生态系统构成

自然生态系统主要由生物系统和环境系统组成,与其相似,农产品电商生态系统主要由外部环境和农产品电商生态系统组成,两者之间相融相生、相互竞争。外部环境能够提供生态系统中稀缺的资源,包括人才资源、资金支持、信息技术等。而生态系统通过平台利用自身的产品和服务满足外部的需要,包括产品交易、物流、数据信息等。

(1)农产品电商生态系统外部环境分析。通过农产品电商生态系统影响因素定性分析,发现它是一个开放的、非线性的、受多种制约因素影响的复杂的大系统,与外部环境不断进行物质、信息和能量的交换是系统健康运行的前提。因此,农产品电商生态系统的运行和功能的实现受到外部环境的影响,包括政策环境、经济环境、社会环境、技术环境,它们共同对该系统的健康运行起着主导作用。

1)政策环境是指政府部门通过税收、补贴、转移支付、罚款等政策支持引导农产品电商产业发展,鼓励支持互联网平台上购买物品的行为,推动国内互联网平台交易活动稳健、长久地发展,加强农产品市场环境质量管理,加强对农村电子商务合作的支持和引导。从农产品电商发展密切相关的投资政策、投入资金、赋税、占地存储、准许进入的要求等角度制定有关政策,进而对相关企业给予大力扶持,鼓励建立农村电子商务示范点,为其他地区电子商务的发展提供有益经验。

2)经济环境是指在国家经济政策和社会经济条件推动下,对企业的生存和发展、对消费者购买力和消费方式的影响,我国的农产品市场与电子商务结合深受国内经济发展的影响。农产品电商平台属于国内现阶段的市场经济,所以它的发展模式以及理念势必会被国内的经济环境一面限制一面推动。随着我国经济发展进入平稳增长期,城乡居民可支配收入的增加势必为电子商务和网络购物的进一步发展提供了良好契机;同时,近几年我国网民人数激增,网络购物人群队伍也日益壮大,利用互联网平台购买农产品的人数持续增长推动了互联网支付行业的发展,网络购物总额达千亿元,支付比例逐年上升,良好的经济环境为农产品电子商务提供了有利的发展条件。

3)社会环境是指整个社会经济文化体系,如生产力、生产关系、社会制度、社会意识和社会文化。社会环境与人类活动相互作用、相互影响,社会环境影响着人类的形成和发展,人类活动对改变社会环境发挥能动作用。随着互联网行业的兴起,互联网人口的激增和手机业务的快速发展,使移动互联网用户的数量进一步增加,此外国家加强对农村网络设施投资和电子信息的扶持力度,农村地区的网民人数进一步提升,加大对农村互联网的渗透,为农产品电商生态系统的发展提供良好的社会环境,立足于互联网环境的发展,农产品电子商务发展具有广阔前景。

4)技术环境指的是一个国家和地区技术水平、技术政策、新产品开发能力和技术发展趋势。农产品电子商务的发展必须依托网络信息技术的完善和物流技术的进步,特别是农村网络信息技术的建设和维护、物流配送能力,农产品易变易腐的特性对物流有较高的要求。我国农村的信息基础设施已经具有一定的规模,开展了乡村互联网的建设工作,互联网进农村、宣传推广互联网相关知识等乡村信息化工作;同时在乡村城镇铺设光缆,增加连接光缆用户,创办科技信息进乡村活动。互联网技术的进步促进了农村信息化建设的发展,进而必将带动整个电子商务产业的发展。

(2)农产品电商生态系统内部组成。农产品电子商务生态系统是一个复杂的系统。按照不同的分类标准,农产品生态系统的内部构成是不同的。

根据系统中"种群"结构的分类,可分为主导种群、关键种群、支持种群和寄生种群。主导种群是指系统中的核心主体,即核心农产品电子商务企业,具有资源整合和协调的功能;关键种群是指在系统中发挥重要作用的部分,包括农业生产企业、加工企业、批发商、消费者等;支持种群指的是系统提供服务的机构或组织,包括政府机构、物流企业、电信运营商、金融机构等,它们是电子商务活动必须依靠的组织,但支持种群并不完全依靠系统而存在;寄生种群是一种提供系统增值服务的交易系统,包括电子商务咨询服务和技术外包、网络营销等,它们需要完全依赖于电商生态系统的存在。

根据系统的功能分类,农产品电商生态系统是由核心层与支撑层组成。其中,支撑层包括三个模块:物流、内部金融以及信息管理;核心层则是电商平台。自主建设、合作建设、外包和租赁是电子商务平台建设的手段。自主建设应该是物流系统建设和管理的最佳方式,从成本和实现农产品电商生态系统发展的方面考量,可以选择首先与物流公司合作,待成熟后自建;物流问题是制约农产品电商发展最大的问题,由于农产品自身易腐易烂的特点,其配送需要冷藏周转箱、冷藏冷冻混合配送车和其他恒温设备;内部金融是为系统提供资金支持,信息管理系统是为内部金融、物流系统等服务的,因此,信息要准确、完善,并在成员合作社之间实现共享。

　　根据系统内物种的定位进行分类,农产品电商生态系统内种群划分为核心物种、关键物种、支持物种、寄生物种,这种分类是基于"种群"结构划分的。核心物种是指在系统中发挥领导作用的农产品电商平台,具有资源整合的功能,为系统提供信息流、交易平台和监管服务等;关键物种是农产品生态系统中不可缺少的组成部分,主要是指农产品交易双方和中间商等交易主体;支持物种是指在电子商务交易中为系统操作提供服务的组织,包括物流企业、金融机构、政府机构、支付企业和支持电子商务交易的其他组织;寄生物种是指依赖系统存在,为平台交易提供增值服务,主要包括网络营销服务提供商和技术外包服务提供商。

　　此外,海天电商金融中心(2016)提出"农业电商生态圈"的概念,基于四个系统构建农业电商系统:信息发布系统、支付系统、物流系统和网络交互系统。

二、相关理论

(一)商业生态系统理论

　　生态系统的概念是英国生态学家于 1935 年首先提出来的,系统在自然领域的应用最为广泛。A. G. Tansly 认为只要在一定区域空间内,存在种群并各自发挥特定的作用的同时,和其他种群相互作用可以达到某种程度上的稳定状态时,这个整体就可视为生态系统。在系统中,一个物种的存在和发展能够为其他生物提供共生的环境和条件,同存于一种共生体之中,共同进化。以自然生态系统为例,生物群落和无机环境间相互作用形成一个具有循环共生特性的系统。外部受降水、光照等自然现象的影响,使得物种的群落结构、规模、空间格局不断演化。从内部构成来看,在适者生存、不适者淘汰的竞争法则下,各种群相互试探、通过竞争、共生、寄生、捕食等关系实现食物的抢夺和栖息地的扩张。自然生态系统并不是由规则事先制定的,而是随着种群以及内部物种的不断演化产生的。

　　商业生态系统是 James F. Moore (1993)在其著作 *The death of competition*: *Leadership and strategy in the age of business ecosystems* 中提出的概念。因而,Moore 被认为是商业生态系统研究的最早学者。他认为商业和自然一样,是由系统各种群共同进化完成的。各种群主要包括核心供应链、竞争系统、宏观环境系统、环境支持系统。其中核心供应链是整个商业生态系统的核心,主要包括供应商、中间商、核心企业、配套企业、分销商以及消费者。此后,有众多学者对商业生态系统理论进行了研究。系统的产生、消亡是符合客观发展规律的。按照发展阶段,商业生态系统的发展大致经历开拓、拓展、协调、进化四个阶段。当市场发展方向呈现新的特点时,逐利性质将会驱使相关生产要素迅速聚集。开拓阶段,是由某个企业发起,该企业通过竞争优势,掌握了以其为主体的生态系统雏形。拓展阶段,与领导种群相配合的关键种群和支持种群繁衍壮大,寄生种群涌现,资源向这个新兴系统聚集,物种数量不断丰富,此时种群内各物种竞争激烈,物种的丰富程度也为系统的发育提供了选择,因为系统的容量有限,经过高速发展的拓展阶段,系统会优胜劣汰,进入协调发展阶段,由于市场的不断变化,利益关系趋于复杂,物种之间需要加强协调,系统必须随时调整自身的进化方向,符合发展规律走向系统的创新阶段,进化为一个更新的系统,在完成一个阶段性的蜕变后,需要经过演化,实现各种物种成员的共建共生基础上的价值共创共享共同进化,形成一个动态循环、螺旋上升的构建优化过程。

(二)种群生态理论

生物体和生态系统的属性与农产品电商直播系统之间存在显著的差异,但在自然规律与经济规律的层面上,它们却有着相似和相通之处。企业作为人类社会的高级组织形态,在与环境的互动中,也遵循着一些生态系统的基本原理。这里我们将深入探讨企业生态系统、生态链和生态网络的概念,以及将生态学思想引入企业和产业组织研究中的影响。

1. 企业生态系统

企业可以被看作是一个生态系统,其具有类似于生物体的特征。企业在与环境互动的过程中,通过组织内部的协调和资源分配,实现自身的生存和发展。企业的管理实质可以视为一种生态运动,其中企业生态系统的组织水平与系统机能要素(包括能量、信息、价值等物质的外化形式)通过企业生态链相互交流。

企业生态链是连接企业内外环境的纽带,是企业与外部系统进行沟通和交流的桥梁。任何一个企业都依赖于生态链的存在和有效运作,这使得企业能够更好地适应外部变化。多条生态链交错形成企业生态网络系统,通过更大范围的物质循环,构建高级组建水平的企业生态系统。这种视角下,企业与其外部环境之间的互动被看作是一种相互依存的关系,类似于生态系统中各群体之间的关系。

2. 生态学思想在企业研究中的应用

20 世纪 30 年代,学者们在种群遗传学领域采用数学和统计学方法,为物种的繁殖和遗传结构提供了理论支持。这一思想的引入为企业和产业组织的研究注入了新的活力,使研究者能够通过生态学原理、机理和机制深入解析组织现象及其演化规律,进而预测其发展趋势。

Peter F. Drucker 强调企业之间的生存发展与自然界中各生物物种之间的生存发展都是一种生态关系。这一观点的引入拓展了我们对企业与环境互动的理解,将企业视为生态系统的一部分。通过生态学思想,我们能够更好地解释和预测企业在复杂环境中的行为,揭示其内在的生态机制。

种群遗传学的数学和统计学方法为研究者提供了解析物种繁殖和遗传结构的工具。将这些方法引入组织研究中,我们可以分析组织中个体的行为和特征,从而揭示组织内的基因型和表现型的变异。这为理解组织演化提供了理论支持。

生态学原理,如生态系统、生态平衡和协同演化等,被用来解释组织现象。企业被视为一个生态系统,其内外部要素相互作用,通过生态平衡维持相对的稳定。协同演化理论解释了企业与环境之间的相互适应和共同演化的过程。这些原理帮助我们理解组织在复杂和动态的环境中如何调整和发展。

通过生态学思想,研究者们深入分析系统和组织的演化过程。理解组织的演化规律有助于预测其未来的发展趋势。对演化规律的洞察为组织在变革中找到平衡点,更好地适应外部环境提供了指导。生态学思想不仅解释了组织内外部关系,还为预测组织行为提供了框架。研究者通过分析生态平衡、协同演化等原理,可以预测组织在面对不同环境压力时的应对策略,以及组织结构和文化的演化趋势。

企业和组织的多样性和复杂性使得应用生态学思想面临一定的挑战。不同行业、文化和历史背景下的组织具有各自特征,生态学原理在一些情境下可能难以精准适用。生态学思想在预测组织行为和发展趋势时,也面临着不确定性。复杂的外部环境、市场波动等因素使得组织行为的预测具有挑战性,需要在不断变化的背景下进行灵活应用。

生态学思想的引入为组织研究提供了新的视角,使得研究者们能够更好地理解企业与环境之间的相互作用。通过应用生态学原理,我们能够深入分析组织的演化过程,解释和预测其行为,为组织变革和可持续发展提供了理论支持。然而,生态学思想的应用仍然面临多样性和不确定性的挑战,需要在具体情境中谨慎运用。

3. 种群与企业的类比

在生态学中,种群指的是一定时间和空间内相同个体的集合,而种群密度表示单位空间内生物个体的数量。将这些概念引入企业生态系统,我们可以将种群看作是企业内部的员工、管理层等组成的集合,而种群密度则对应企业内不同部门或团队的规模和密度。本章将深入研究企业内部种群之间的相互作用、资源共享和竞争的影响,以及外部环境对企业种群密度的调控。

在企业生态系统中,不同的种群,即企业内的员工和管理层之间的协同作用和相互依存关系。

协同作用:企业内部各个种群通过协同作用共同推动企业发展。协同作用表现为团队之间的合作,知识共享和协同创新。这种协同作用有助于提高企业整体绩效和竞争力。

相互依存关系:企业内部个体之间存在相互依存关系,彼此的行为和决策相互影响。团队之间的相互依存性使得整个企业形成一个有机的整体,一个团队的成功可能依赖于其他团队的支持。

在企业生态系统中,种群之间的资源共享和竞争是动态平衡的关键。企业内部的种群共享资源,包括信息、技术、人才等。资源共享促使全体员工共同成长,形成良性循环。有效的资源共享有助于提高企业内部的创新能力和适应性。同时,企业内部的种群之间也存在一定程度的竞争。竞争激发创新,推动团队不断突破自身极限。然而,过度的竞争可能导致资源浪费和团队内部的紧张关系,需要谨慎平衡。

企业内部种群密度受内外因素的综合影响,这些因素塑造了企业内部的组织结构和规模。企业内部因素包括战略规划、管理体系等,而外部因素则涉及市场竞争、行业环境等。这些因素相互作用,共同塑造了企业内部的种群密度格局。

外部环境的变化可能引起企业内部种群密度的调整。市场需求的变化、新技术的崛起等因素可能导致某些部门的扩张,其他部门的调整。企业需要灵活调整内部结构,以适应外部环境的动态变化,维持生态系统的平衡。

企业内部种群的相互作用和对资源的共享与竞争,共同推动着企业生态系统的演化。

企业内部种群动态是企业生态系统演化的动力学之一。随着市场和技术的演进,企业需要不断调整内部结构,发展新的团队,优化资源配置,以适应外部变化。这种内外因素的互动推动了企业生态系统的演化。企业生态系统追求一种生态平衡,即在内外部各种群体之间实现相对的稳定。这要求企业在内部种群之间保持平衡协调,同时灵活应对外部环境的挑战。持续的生态平衡有助于企业实现可持续发展。

生态学中的相互作用关系。在生态学中,生物种群之间的相互作用关系包括寄生、竞争、捕食、共生等。这些关系也可以在企业生态系统中找到对应。例如,竞争关系体现为企业之间争夺市场份额和资源的竞争;共生关系反映在不同企业之间的合作和协同,实现双方共赢。

结合生态学思想的管理。生态学思想的引入为企业管理提供了新的视角。通过借鉴生态系统的原理,企业可以更好地理解和适应外部环境的变化。例如,强调生态平衡的理念可以促使企业在发展过程中保持内外部资源的平衡,避免过度开发和过度消耗。

将生态学思想引入企业和产业组织研究中,不仅拓展了对组织现象的解释视角,也为组织的演化和发展提供了新的框架。这种综合了自然规律与经济规律的视角,有助于揭示企业与环境之间的相互作用,提高企业对外部变化的适应能力,进而促进可持续发展。

(三)演化博弈理论

演化博弈理论源于生态学家解释动植物冲突合作的进化现象。演化博弈论又根植于达尔文优胜劣汰的生物进化论,生物在遗传和特征变异中发生生物体之间的生存竞争,竞争中获得较高收益的物种得以存活。传统博弈理论中博弈参与人被假定是理性经济人,拥有全部参与者决策信息并基于自身利益最大化进行决策。现实中有限理性是常态,演化博弈论则弥补了传统博弈的不足,到1973年J. M. Smith和G. R. Price首次提出演化稳定策略(Evolutionarystablestrategy,ESS)概念后,J. M. Smith进一步发展创立了演化博弈理论。演化博弈论中博弈参与方均为有限理性,被外界各种因素触发相互学习和模仿其他博弈参与者行为纠正自己的随机性错误,在每次博弈中一定比例主体通过行为策略的突变进行试错,直到所有参与主体都选择相同策略达到博弈均衡。个体理性和集体理性达到的博弈均衡是逼近均衡的函数,形成一个或多个演化博弈的局部稳定策略。

农产品电商直播产业链演化涉及不同利益相关主体及相关主体的不同利益目标,利益关系与冲突形成主体间多重博弈关系,演化博弈成为分析村镇物流发展机制的有效工具。产业链上主体的演化博弈中以两主体或者三主体合作关系的演化博弈研究为主。演化博弈理论应用在农产品物流方面已有较成熟的文献,姚冠新等对农产品物流从传统批发模式向一体化、产业化运作模式转变中的农户、批发商、地方政府三方演化博弈关系进行分析;唐润等以供应商和零售商组成的二级供应链为对象构建了生鲜食品双渠道供应链协调演化博弈模型进行系统演化路径分析;崔丽等重点研究了"农超对接"供应链质量控制的零供关系;杨怀珍等结合传统 Shapley 值法与 TOPSIS 法对"农户+合作社+超市"型农超对接供应链利益分配机制进行分析。演化博弈理论整合了理性经济学和演化学形成一种综合的研究范式和理论体系,针对农产品电商直播产业链主体形成一种或多种受技术、知识、制度等诸多因素制约的均衡问题研究,是一个比较好的研究方法。

20 世纪 80 年代以来,演化理论在社会经济分析中的应用出现了指数式的增长,西方学者应用演化理论对产业竞争、市场过程、制度变迁和社会交往等问题做出了大量研究,并取得了一些在经济学和社会学领域中颇具影响力的研究成果。演化理论之所以对社会经济分析有重大意义:一是现实世界的社会经济现象与生物有机体和生物过程有许多相似之处;二是社会系统与生物系统都是极其复杂的,他们都含有缠结的结构和因果关系,系统的变化都呈现连续性和极大的多样性。演化理论对于 21 世纪经济学和社会学的发展有重要的启发意义。

生物科学要分析的现象具有公认的复杂性,因此该学科展现了演化理论的多元性,不同的演化理论具有下述几个方面的共同特征。

第一,研究的对象为两类群体,一类是基因群体,一类是表型群体。基因是与遗传因素有关的,表型包括一系列影响生物生存的特征。现代生物演化理论认为,表型受基因影响,但基因不是表型的唯一决定因素,影响生物演化过程进而决定表型特征的因素还包括其生长发育的环境和学习接收知识的行为方式。

第二,代际概念是生物演化理论的一个基本概念,生物从成长、传播、扩展到变异呈现一定的周期性,基因在不同代际间传播,它为生物系统演化的连续性提供了保障。生物从某个意义上讲扮演了基因在代际间传播媒介的角色,交配和变异提供了产生新表型的机制。

第三,生物演化理论的一个基本思想是"适者生存",意指不同生物体之间的竞争只有适应环境,具有良好特征者才能生存下来。"适应性"强的物种出现频数增加,"适应性"弱的物种出现频数减少,直至消亡。故环境选择部分地决定了群体或遗传类型的命运,由于环境的变化,现在的最优表型对未来不一定是最优的。

生物演化理论争论的问题较多,例如,有的演化理论认为选择是在基因中进行的,有的演化理论认为选择直接在表型中进行,正是表型而非基因有适应或不适应的问题。不同学术流派在最优适应性的含义、自然环境的作用等方面的观点不尽相同,生物学界内部有关归纳主义和合适的演化淘汰单位之争还在继续。正是这些争议,使生物演化理论不断地向前推进。

随着基因生物学的发展,人们发现,人类文化的发生、传播、扩展和变迁与基因非常相似,因而出现了大量的研究工作把演化理论应用于人类文化和社会演化过程的分析。Edward Wilson 的早期工作是社会演化理论的基本模型,Friedrich Hayek 和 Robert Boyd 等在这方面的研究具有突出而重要的地位。

社会演化理论认为,人类社会的演化是根据日常惯例进行选择的,日常惯例是由一般的行为经验、习惯构成的,它们形成人类行为选择的价值体系。Hayek 的自发秩序理论就是一种社会演化沦,在 Hayek 看来,文化既不是人为设计的,也不是自然的,它是介于本能和推理之间的东西,是一种"行为规则"的传统,这些规则是通过一种文化传播过程而继承下去的。在文化传播过程中,究竟哪些规则能够生存保留下去将由文化演化过程中的选择过程所决定。Hayek 区分了自发社会秩序的两种类型:一种是规则系统,如道德、法律和其他规则系统;一种是行动结构,如市场中生成的经济秩序。二者具有不同的演化方式,前者是在一个非规定的环境中发生的,其发生不依据任何演化规则,也是个人理性所不及的。后者是在一个规定的环境中展开的,演化是依据某些规则及个人理性进行的。

对于社会演化理论方面,学者争论的焦点集中于文化传播与生物演化相似的程度。Lumsden 和 Wilson 等把文化看成是直接决定人类行为及效率的因素,但 Boyd 和 Rich 等认为,文化如同基因一样,影响人类行为和能力,但并不直接决定人类行为。人的成长及其人格的形成,都是基因和自然、社会环境长期相互作用的结果,并不单单由基因决定。社会演化理论虽然使用"文化适应性"这一概念分析文化的特征,但它已不像在生物学中那么关键。所有这些研究都强调文化演化的知识性基础和心智特征,强调行为的互动过程和自发的复制机制,强调学习效应和路径依赖。

(四)交易成本理论

交易成本理论是制度经济学中的一个核心概念,最早由罗纳德·哈里·科斯在1937年的论文《企业的性质》中提出。尽管在论文中并未明确使用"交易成本"这一术语,但科斯一直围绕"市场交易的成本"展开论述。他通过回答两个关键问题,即企业存在的原因和企业存在的边界,为交易成本理论奠定了基础。

第一,科斯关注企业存在的原因。他认为,在企业经营过程中,某些生产要素可以在企业内部获取,而不必通过一系列外部市场交易。当内部契约取代一系列外部市场契约时,交易成本降低,企业的存在就变得合理和高效。这意味着企业内部能够通过内部组织更有效地进行交易,避免市场交易的不确定性和额外成本。

第二,科斯考虑了企业存在的边界。他指出,企业的存在可以节约交易成本,但并非无限扩张。企业扩张的极限是当内部组织的交易成本等于在外部市场进行同一交易的成本时,企业达到了扩张的边界。这表明企业在内外交易成本的平衡中,通过适当的规模来最大化效益。

将这一理论扩展到农产品电商生态系统的层面,我们可以看到系统中各个群体的存在和演进方向。在这个生态系统中,为了提高生产效率,各个群体会不断演化,明确分工,以降低交易成本。这些群体可以是农民、电商平台、物流公司等,各自在系统中扮演特定的角色,形成互相依存的关系。

然而,科斯也提醒我们,无限扩张可能导致内部冗余,降低效率。因此,在农产品电商生态系统中,平衡各种群体的演进至关重要。系统的发展应该在各个群体之间实现平衡,以获得持续的增长。这也意味着需要不断优化生态系统内部的组织结构,以适应不断变化的市场需求和技术进步。

在农产品电商生态系统中,各个群体的存在和相互作用是系统健康发展的关键。农民作为生产者,在这一生态系统中扮演着重要的角色。通过电商平台,农民能够直接将农产品推向市场,避免了传统市场中的中间环节,减少了交易成本。这种直接交易的方式使农民能够更快速地获得收益,提高了其生产的效益。电商平台在农产品生态系统中充当了连接生产者和消费者的桥梁。通过在线平台,消费者可以更便捷地获取各类农产品,并且可以直接与农民进行交流。这种直接的交互减少了信息不对称,提高了市场的透明度,降低了交易成本。同时,电商平台通过大数据分析等技术手段,为农产品的精准营销提供了支持,进一步提高了交易的效率。

物流公司在农产品电商生态系统中的作用也不可忽视。它们负责将农产品从生产地快速、安全地运送到消费者手中。通过建立高效的物流网络,物流公司可以降低配送的时间和成本,为整个系统提供了稳定的运行基础。这种高效的物流系统有助于降低交易成本,提高农产品的流通速度,使得产品更迅速地满足市场需求。

然而,农产品电商生态系统的发展也面临着一些挑战。首先,技术的快速更新对系统的组织结构提出了更高的要求。电商平台需要不断更新和升级技术,以适应市场的变化和用户的需求。农民和其他参与者也需要不断学习和适应新的技术,以更好地参与到系统中。其次,生态系统中的各个群体之间的合作和协同也需要更加密切。只有当农民、电商平台、物流公司等各方形成紧密的合作关系,共同应对市场波动和竞争压力,才能实现系统的可持续增长。建立合作共赢的机制,推动各方在生态系统中更好地融合和发展,是系统发展的关键因素之一。最后,政府在生态系统中的监管和支持也至关重要。政府可以通过制定相关政策,推动农产品电商生态系统的规范化和健康发展。同时,政府还可以提供相关的培训和支持,帮助农民更好地利用电商平台,提高其参与生态系统的能力。

农产品电商生态系统是一个复杂而庞大的网络,其中交易成本理论提供了理论框架,可以帮助我们更好地理解系统中各个群体的存在和互动。通过平衡内外交易成本,优化组织结构,加强合作与协同,农产品电商生态系统可以实现更高效、可持续的发展。在不断变化的经济环境中,持续的创新和适应性是保持系统健康发展的关键。

(五)熊彼特创新经济理论

熊彼特以创新经济理论为基础,将经济学和社会学结合起来。熊彼特最早提出了"创新群"概念,创新群可以被看作一个区域的创新系统,可以指由一定区域的企业、高校、专业科技服务机构等要素的组合。

熊彼特经济学中的创新概念和现行社会下的技术创新概念有所区别。其观点内涵下的创新是把生产条件和生产要素的新组合引入生产体系,他认为只有把资源从旧产业中转移到新生的更富有生产力的生产项目,将生产要素重新组合,才能产生新财富的创造、新生产方法的采用、新市场的开辟、新资源的开发和新产业组织的形成,推动经济的长期健康发展。制止世界性经济衰退的药方:进行破坏性创新,破坏性创新就是用新技术、新业态、新模式来改造升级传统行业,解决生产过剩和重复性建设。熊彼特创新经济理论为农产品电商生态系统通过组织创新实现改革和发展提供了理论依据。

（六）系统动力学理论

1. 系统动力学内涵

系统动力学是分析信息反馈系统动态结构和行为的学科，是理解系统问题和解决系统问题的一门综合性交叉学科。系统动力学是将系统科学理论与计算机仿真技术紧密结合起来，解决实际生活中的复杂问题。基于因果关系理性分析和信息反馈控制原理，构建系统内部结构的动力学模型，并利用计算机仿真研究系统的宏观行为，进而寻求解决问题的正确途径。

系统动力学理论是用来寻求解决问题的方法的理论，着眼于系统内部结构和组成要素之间因果关系反馈，寻求问题的根源，而不是根据概率事件或者外部干扰说明系统的行为特性。系统动力学直面系统中实际存在的问题，而不是回避问题，以系统整体的视角对影响因素进行评估和研究，针对复杂系统的研究方法。系统动力学不是针对系统，而是针对问题的，围绕一个系统问题建立系统动力学模型，如资源短缺、交通堵塞、教育质量降低等问题，而不是从整个生态系统、交通网络、教育系统的各个方面考量建立复杂的系统模型。20世纪70年代国内开始对系统动力学进行研究，经历了40年的发展和应用，目前，系统动力学作为一种工具已经被广泛应用于经济管理相关问题的研究（谢永华，2004）。

2. 系统动力学特征

（1）适用于解决长期性和周期性的问题。系统动力学适用于具有周期性特点和需要较长历史阶段来观察的问题，比如自然界的生态均衡、经济危机和人的生命循环等问题，已经有很多系统动力学模型科学解释了复杂问题的机制。

（2）适用于缺乏数据的问题研究。当建模过程中缺乏数据或者数据难以量化时，系统动力学可以对研究问题展开推算分析，这是建立在系统内部各要素之间的因果关系和现有的数据以及了解系统结构的基础上。

（3）适用于处理精度要求不高的复杂的社会经济问题。社会经济系统是一个复杂的系统，一般用高阶、非线性的方程表述，因此，用一般的数学方法难以从求解方程中获取全面的信息。系统动力学则基于计算机技术和仿真技术，能够对解决上述问题提供某些方面的信息。

3. 系统动力学建模过程

利用系统动力学构建模型有两种方式表示系统各要素之间的关系，一种是定性分析，即通过因果关系图的形式；另一种是定量分析，即利用存量流量图的形式。系统动力学建模有三个过程，即因果反馈图的构建、存量流量图的构建、仿真模拟分析。

（1）因果关系图。因果关系图是对系统各因素之间关系的定性描述，通过箭头表示两个因素之间的关系，图4-3表述了因素A与因素B之间关系的具体形式，A代表原因，B代表结果。图4-3(a)表示A与B之间是正因果关系，即A增长B也随之增长，图4-3(b)表示A与B是负因果关系，即A增长B反而会减少。

(a)　　　　　　　　　　　　　　　　　　　(b)

图4-3　A与B之间的因果回路图

图4-3中描述的只有A、B两个变量之间的关系，但在实际操作过程中，系统中往往存在多个变量，此时需要构建一个反馈关系环把多个存在因素连接在一起，如图4-4所示，如果系统中所有的回路都是正向的，即图4-4(a)所示，则这个回路就是正反馈环；当系统中负回路的个数是奇数时，那么代表回路就是负反馈环，如图4-4(b)所示；相反，当系统中负回路的个数是偶数时，那么这个回路就是正反馈环。

系统中主要影响因素的分析是构建因果关系图的前提，因果关系反馈环的构建是在分析各个因素之间关系的基础上，明确系统的边界，描述系统中的因果关系，建立系统流量图。

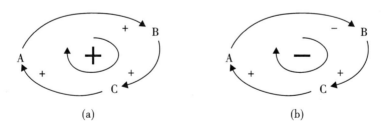

(a)　　　　　　　　　　　　　　　　　　　(b)

图4-4　因果反馈环

（2）存量流量图。系统动力学建模的重要环节是存量流量图的构建，因果关系图是存量流量图构建的基础，它是定性地对系统中各要素之间的关系进行描述，只是简单地表示变量间存在正负向关系，并不能表示出各个变量间的动态变化趋势和运行机制。存量流量图则弥补了因果关系图的缺陷,定量地表示变量间存在的关系,它与因果关系图各有优点。存量流量图是由状态变量、速率变量、辅助变量组成的,根据不同变量的特征解释系统中变量之间的数量关系。系统动力学的存量流量图,如图4-5所示,L表示状态变量,表示系统的累积效应,R1、R2是速率变量,描述系统状态变量变化的速度,辅助变量用来表示决策过程的中间变量,通过SD图可以直接列出系统的模型方程,即L=INTEG(R1-R2,初始值)。

图4-5 存量流量图

（3）仿真模拟分析。仿真模拟分析阶段是基于存量流量图的构建,对研究变量的动态变化情况,需要利用公式的形式表示变量之间的关系,构建模型,并检验模型的有效性,判定变量的发展趋势是否与现实情况一致,这是系统动力学模型模拟的前提,具体做法是选取适当的指标,验证理论值与实际值的误差是否在允许范围内。如果模型是有效的,可以对变量进行仿真分析,从而得出各变量之间的关系,针对存在的问题提出解决路径。

三、农产品电商生态系统种群

基于商业生态系统研究成果对我国农产品电商的发展实践进行分析。首先,明确我国农产品电商生态系统的环境以及领导种群、关键种群、支持种群、寄生种群的发展现状。其次,对系统间、种群间的关系进行动态分析。最后,从消费者参与农产品电商生态系统流程的角度,考察消费者与农产品电商生态系统之间产生的信息交换、物流运输以及资金流动,并由此映射得出消费者和系统种群之间的互动关系。

系统由群落、种群以及物种构成,物种是系统的基本单位,存在于系统环境当中。在系统中功能相似的物种统称为种群,发挥某种不可替代的能量分工作用。同一产业链条中不同功能分工的种群相互合作形成系统群落。随着群落的壮大以及数量的增长逐步成长为容纳多个群落的系统。系统内不同物种根据市场导向成为某种群一员,种群依据自身实力加入不同群落当中。由此,系统内形成多个纵向联结的种群组合以及横向层面的不同群落的有机体。将系

统的框架引入农产品电商研究可以清晰地划分农产品电商生态系统的各个
部分。

　　根据商业生态系统的结构划分,将农产品电商生态系统中的"种群"分为领
导种群、关键种群、支持种群和寄生种群。系统产生的标志是领导种群的发展
壮大,农产品电商平台组成农产品电商生态系统的领导种群,领导种群重组产
业链条中的关键种群,实现资源整合,支持种群为系统运转提供保障,吸引衍生
寄生种群,提供价值增值服务,引领整个系统形成相对独立、相互依存、价值共
创共享的关系,如图4-6所示。

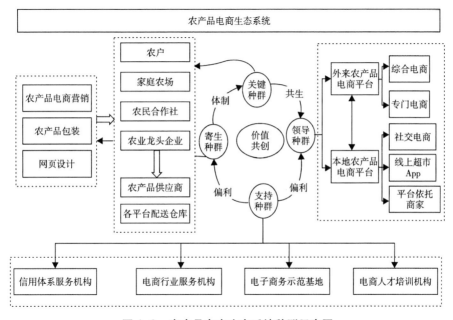

图4-6　农产品电商生态系统种群示意图

（一）领导种群

　　领导种群是农村电商的主要推动者,在农村电商生态系统中扮演着资源整
合和协调的角色。领导种群主要为涉农电子商务企业或平台,是农村电商生态
系统的领导者,为其他农村电商的参与主体提供交易平台、交易信息、交易监管
等服务。在平台方面,农村首先依托主流电子商务平台发展农村电商。国内主
流电子商务企业如阿里巴巴、京东、苏宁易购、拼多多等分别推出了农村电商战
略规划,纷纷开展与全国农村各县(市、区)的合作,建设农业电商县级服务中心
和乡镇服务站点。此外,各地区也发展了一批又一批立足地方、服务地方的农

产品电商企业,如"叮咚买菜"等以新零售的方式为消费者提供手机下单、3 公里快速配送、各类生鲜产品即需即达的优质体验,是农村电商优质生鲜新零售的典型代表。

农产品电商平台作为农产品电商生态系统中的领导种群,占据系统核心地位,协调外部环境与系统内各部资源信息交换。领导种群在农产品电商生态系统中扮演着核心的组织者和协调者角色。其卓越地位在于能够有效整合系统内各个种群的资源,确保协同工作以实现系统的顺畅运转。领导种群不仅是系统的中枢,也是系统内各个组成部分之间相互关系的关键纽带。

首先,领导种群在资源整合方面发挥关键作用。其强大的资源整合能力使得农产品电商平台能够有效地管理与组织关键种群,包括与供应商、物流服务商以及其他关键合作伙伴的协同。通过协调这些关键元素,领导种群确保了农产品供应链的高效运作,为系统提供了坚实的基础。

其次,领导种群在协调外部环境方面表现出色。由于市场环境的不断变化,领导种群需要具备灵活性和敏锐的市场洞察力,以预测和适应市场趋势。这使得领导种群能够提前应对潜在的市场风险,确保生态系统的可持续性发展。其在市场导向方面的领导作用是整个生态系统成功运作的先导。

领导种群在信息交流和共享方面也起关键作用。其核心地位使得其能够促进系统内外信息的流动。通过建立有效的沟通渠道,领导种群能够与供应商、合作伙伴和消费者之间实现良好的信息交换。这有助于及时获取市场反馈、满足消费者需求,以及推动系统内各个种群之间的协同合作。

最后,作为系统的引领者,领导种群不仅应适应当前环境,还需引领发展方向。其在创新、可持续性和业务拓展方面的引领作用对整个农产品电商生态系统的长远发展至关重要。通过制定创新战略、推动科技应用以及拓展市场份额,领导种群能够为整个系统的繁荣和可持续性发展奠定基础。

综上所述,领导种群在农产品电商生态系统中的核心地位是系统稳健运作和可持续发展的关键因素。其协调、整合、引领作用为系统内外创造了良好的合作氛围,为生态系统的成功运作提供了有力支持。

随着我国农产品电商的蓬勃发展,领导种群的角色变得日益关键。作为整个生态系统的核心,领导种群不仅协调内部资源,还对外部环境起到桥梁作用。本部分将深入研究领导种群在资源整合、市场导向、科技创新、合作模式、消费者参与和可持续发展等方面的实际操作,旨在揭示其在我国农产品电商系统中的具体落实。

领导种群在资源整合与供应链管理方面的实践,是我国农产品电商成功的关键之一。通过建立强大的供应链管理系统,领导种群成功整合了全国各地的农产品供应商。直接的采购关系、仓储和物流系统的优化,使得农产品的流通更加高效。这不仅提高了供应链的效率,也确保了消费者能够获得高质量、新鲜的农产品。领导种群的资源整合策略不仅仅是为了提高自身的竞争力,更是推动了农业供应链的升级,促进了整个农产品电商系统的可持续发展。

在市场导向方面,领导种群采取了数据驱动的策略,借助大数据和人工智能技术实现了市场的精准导向。通过对市场趋势、消费者行为和需求的深度分析,领导种群能够灵活调整营销策略,满足不同地区和消费者群体的需求。这种数据驱动的市场导向使得农产品电商系统更具竞争力,能够更精准地满足市场变化和消费者需求的多样化。

在科技创新方面,领导种群一直积极投入,推动数字化服务以提升用户体验。引入在线支付、智能物流、农产品溯源等技术,使得交易更加便捷、产品质量更可追溯。这不仅提升了平台的科技含量,也为农产品电商系统的现代化发展树立了标杆。科技创新成为领导种群维持竞争优势的关键因素,也为整个系统的升级提供了支持。

领导种群通过与农业科研机构、物流公司、金融机构等的跨界合作,积极参与农产品生产全产业链。这种全产业链参与不仅促进了系统内各个种群之间的协同发展,也实现了资源优势互补,推动了全产业链的可持续发展。领导种群在产业链上的积极参与为整个农产品电商系统注入了新的活力,助推了系统的更加健康和可持续的发展。

领导种群注重建设农产品电商社群,通过社交媒体和在线社区与消费者进行深度互动。这种消费者参与的策略不仅使得平台更加贴近用户需求,也提高了用户的黏性。通过参与式营销和社群建设,领导种群建立了更紧密的消费者关系,为平台的可持续发展奠定了基础。

领导种群在我国农产品电商实践中积极倡导可持续发展。推动绿色供应链、支持有机农业、推广环保包装等举措,为整个生态系统的可持续性作出了积极贡献。领导种群在可持续发展战略上的投入不仅提升了企业形象,也为农产品电商系统的未来发展奠定了坚实基础。

领导种群通过品牌建设,强调农产品电商平台的独特价值和服务。通过差异化竞争战略,领导种群在激烈的市场竞争中脱颖而出。建立起具有影响力的品牌形象,不仅增强了消费者对平台的信任,也为企业的持续发展提供了有力支持。品牌建设成为领导种群保持市场领先地位的利器,也使得整个农产品电商系统更具竞争力。

领导种群注重遵循政策和法规,建立健全的企业治理结构。通过遵守法律法规,领导种群不仅确保了企业的合法运营,也为未来发展提供了可持续的法律基础。积极响应国家政策,参与社会责任,使企业在社会中更具可持续性和社会责任感。

领导种群在我国农产品电商实践中的成功经验为整个行业提供了宝贵的借鉴。未来,随着科技的发展、市场的变化,领导种群需不断创新,保持对行业发展趋势的敏感性。通过深入的合作、先进科技的应用、创新的服务模式,领导种群将继续引领农产品电商系统的发展,实现更加繁荣和可持续的未来。

我国农产品购买和销售主要通过"淘宝生鲜""京东到家"等大型主流电商平台达成,平台竞争相对集中。具有地方特色的电商企业如惠农网、农淘优先等小众化电商平台,其辐射范围不广,平台知名度和流量有限。此外,各大平台之间商业模式和交易模式雷同,他们各自为政,从而导致资源难以得到有效整合。虽然龙头企业在政府助推下逐年扩大投资,但由于规模效应不强、销售网点偏少,盈利较少,难以发挥主驱动力作用,"领导"作用不强。

(二)关键种群

关键种群为农村电商的交易主体,是农村电商生态系统的关键组成部分,包括农产品或服务的生产者、消费者、供应商、批发商以及零售商等。随着农村电商的迅猛发展,农产品电商的交易主体逐渐变得多样化。在农产品供给方面,主要包括农户、农业合作社、农产品加工企业以及农产品批发零售企业等。在农产品需求方面,市民和农产品加工企业等是主要的需求方,他们也是农村电商的主力军。根据中国互联网络信息中心第 51 次《中国互联网络发展状况统计报告》,截至 2022 年底,我国农村网民规模达 3.09 亿,占全国网民规模的28.87%,可见农村电商生态系统关键种群群体庞大。

关键种群是农产品电子商务交易过程中起关键作用的多元主体,关键种群为领导种群以及系统的正常运转提供了能量支持。围绕不同类型的农产品电商平台有不同的关键种群构成。按照供应链环节不同,把关键种群分为,供应链上游主体:农产品生产者,包括农户、新型农业经营主体,综合生鲜农产品电商的供应商;供应链下游主体:专门类生鲜农产品电商的前置仓、配送自提点,如图4-7所示。

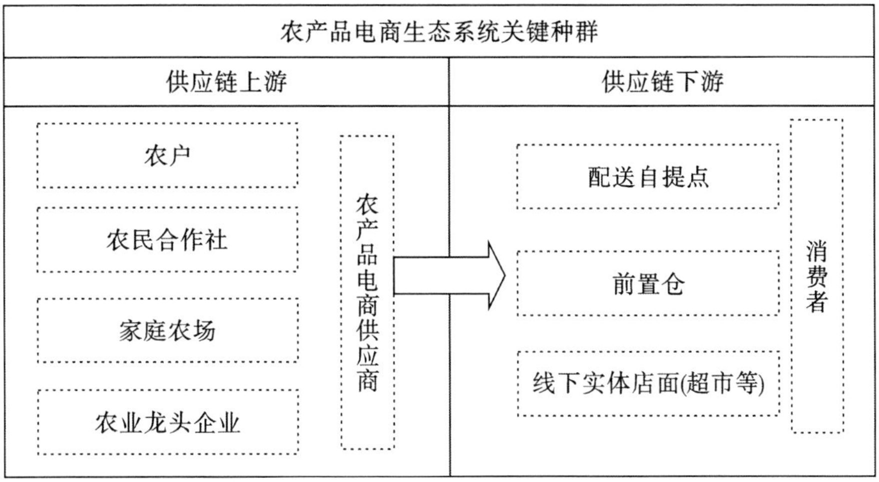

农产品电商生态系统关键种群	
供应链上游	供应链下游

农户		配送自提点	
农民合作社	农产品电商供应商	前置仓	消费者
家庭农场		线下实体店面(超市等)	
农业龙头企业			

图4.7　农产品电商生态系统关键种群示意图

1. 供应链上游

农户:在农产品电商化的过程中,有越来越多的农户依托县、乡(镇)两级电子商务服务网络,直接或间接融入并参与农产品电商生态系统循环。通过开设运营特色农产品网店成为网售专业大户。但是受组织化程度以及经营规模和信息渠道限制,农户在整个农产品电商生态系统中处于相对弱势地位,面对市场消费者时,会产生产品数量少、种类不够丰富,售后服务不够完善等问题。因此,在生产实践中,大部分农户会依托大型农业经营主体,或者与规模较大的农产品电商主体订立契约,以参与到农产品电商化过程中。但随着城镇化脚步的加快,农村大部分年轻人选择外出务工,主要农业活动由中老年人完成,农户呈"多、小、散、弱"的特点,从事农业的主要目的是维持基本生存,对于从农业行业获得额外的收益,大部分农户不抱有希望。除了对农产品电商的主观消极态度,农户拥有的资源也相对较少,信息闭塞,处于生态系统活动内部的最末端,即使有从商入网的主观能动,但在实际生产活动中也无从下手。

农民合作社:农民合作社在农产品电商中的积极参与对于推动农产品电商的发展至关重要。这一主体既可以通过自建农产品交易平台,开设和经营网店,推动特色优势产品的开发和销售,又能够直接参与市场需求的分析,有针对性地组织和指导农户生产,以确保产品的品质和数量符合市场需求。此外,农民合作社还可选择与第三方平台进行合作,拓宽销售渠道,提高产品曝光度,进一步促进产销对接。通过这些方式,农民合作社在农产品电商生态系统中充当了桥梁和推动者的角色,为农产品进入电商市场提供了有力支持。

农业龙头企业:农业龙头企业在农产品电商生态系统中具有独特的优势。相较于其他农业经营主体,农业龙头企业在产品运输、销售、品牌建设以及顾客互动方面更具专业性和优势。在上游供应链中,农业龙头企业以其强大的资源整合和品牌影响力,辐射整个产业链,引领并推动整个农产品电商系统的发展。这些企业不仅能够提供高效的物流和销售网络,还能够通过品牌建设增强产品在市场上的竞争力。农业龙头企业的参与不仅使得整个生态系统更为完善,同时也推动了农业产业的现代化和产业链的优化,为农产品电商系统的可持续发展奠定了坚实基础。

2. 供应链下游

在综合生鲜农产品电商平台的供应链下游,关键物种包括生鲜供应商、生鲜配送自提点、前置仓以及最终的消费者。综合类生鲜电商平台的供应商多元化,主要分为大型供应商、平台自身的产地直采以及竞争入驻的小型商店。然而,由于综合类平台主营下沉市场,其定价较低,导致供应商的利润被挤压。

大型供应商是平台的关键合作伙伴之一,面临着激烈竞争所带来的利润挤压。为了在市场上脱颖而出,平台往往采用降低价格和减少各类补贴的策略,这对大型供应商来说是一把双刃剑。在争夺平台宣传优势和庞大流量的同时,大型供应商需要承受较大的前期投入压力,寻找在成本控制和提高运营效率方面的平衡点。

产地直采成为提高商品质量和降低成本的有效方式。通过产地直采,综合农产品电商直接与产地和供货商对接,缩短供应链,减少中间环节,提高产品的新鲜度。美团优选等平台在一些地区建立了农鲜直采,将生鲜食材直接引入社区,促进了农村地区的农产品销售。

小型商店,如社区超市和小卖部,通过提供资质证明入驻综合生鲜农产品电商平台。然而,由于这些小卖店的农产品供应量相对较小,它们更多地是作为销售渠道的补充存在。平台需要在管理和调配这些小型商店时找到平衡,确保其为平台提供了多样化的产品,同时不过度依赖小型商店的供应。

配送自提点通常由已积累了较为稳定客户群的实体店面承担。这些实体店面加入电商平台既是为了赚取佣金、增加收入,又是为了跟进时代脚步引流、增加店面流量。然而,加入平台的商店需要注意平衡顾客流量的变化,因为一个店主的加入可能导致同一社区其他商店的顾客流量减少。

前置仓在综合农产品电商中的布局对于提高配送效率和降低农产品损耗

率至关重要。相比其他类型的农产品电商,前置仓的布局更加接近消费者,通过更多的技术投入,实现销售定采和二级分布式仓储系统。这种模式帮助平台更好地管理配送流程,确保产品在运输过程中保持新鲜。

通过上述分析,我们可以看到,在供应链下游的各个关键节点中,不同类型的供应商、小型商店、自提点和前置仓相互合作,推动整个综合生鲜农产品电商平台生态系统的发展。这种多元化的参与形式为农产品电商系统的可持续发展提供了基础支持。

关键种群中,农户作为市场交易的主体,不论是销售者还是消费者,受文化水平和经济条件的制约,其信息渠道狭窄,仍然处于相对弱势地位。近年来,随着农村电子商务工作的推进和实施,各地农户越来越多地参与电子商务创业活动,各类网商数量不断增加,但农民对于电子商务认识不深,其信息化技术知识落后,电商营销方式单一,创新力和竞争力不足。而小微企业又严重缺乏电子商务专业人才,其技术和运营管理能力不够,影响力很小。因此,农产品生产商、零售商、供应商等尚未充分融入农村电商生态系统并参与系统循环。此外,农产品生产者和销售者缺乏对产品的研究,农产品作为电商交易对象缺乏标准化和品牌化建设。从 2016 年开始,国务院下发文件,明确提出要以品牌为引领,推动供需结构的升级,农业部更是把 2017 年确定为农业品牌推进年,但农户农产品品牌意识并不强。近年来,在"品牌兴农"战略指导下,部分农业企业和农户的商标意识逐步增强。例如,阳澄湖大闸蟹、阳山水蜜桃、宁夏枸杞、新疆和田大枣等农产品商标相继被认定为中国驰名商标。

（三）支持种群

支持种群,为农村电商提供技术与服务的支持,主要包括物流企业、金融机构、信用担保机构、通信服务商以及政府机构、行业协会等,为农村电商提供物流配送、金融支付、融资贷款、网络通信等服务。支持种群的发展进一步完善了农村基础设施,为农村电商生态系统有效运行提供了保障。首先,农村交通基础设施建设加快。据交通运输部统计,全国农村公路总里程由改革开放初期的 59.6 万千米增加到 2022 年的 404 万千米。其次,农村及偏远地区网络基础设施不断完善,为农村电商发展提供了网络保障。最后,农村电商物流"工业品下乡,农产品进城"的趋势,也为农产品生产及销售提供了纽带性支撑。

支持种群在整个系统中起到基础服务作用,支持种群看起来游离于运转环节以外,但是和各个种群都有不可分割的关系。支持种群围绕系统开展能量传送以及服务支持活动。为营造开放有利的电商环境,很多省份由电子商务协会牵头,各地市电商协会为主要实施主体,为电商企业及有兴趣加入农产品电商的群体提供人员培训、信用体系、示范区建设等方面支持,鼓励各农业经营主体开拓线上销售渠道,推动优质农产品上网触云。

1. 公共服务体系

我国很多省份农村电商公共服务体系实现全覆盖,乡村地区基本实现农产品全产业链的供应系统布局。城市农产品社区电商覆盖率超过80%。信息物流配送、电子商务服务体系建设逐步完善。例如,2020年,河南省共建成省级电商示范基地(园区)近40个、电商直播带货基地50个,培育千万级以上电商龙头企业50家,县、乡镇、村服务体系全覆盖。其中县乡两级农村电商公共服务中心、村级电商服务站超15000个,依托电子商务企业,郑州实现超800个农产品通过线上销售。为促进河南省农产品从生产到销售整体发展,河南省推动建设以企业(园区、合作社)为主体,围绕当地优势特色产业发展,集聚政府、科研院校、企业等多方优势资源的农业创新驿站。目前,各级政府已经为创设农业创新驿站投入超1亿元,在全省144个县区设立160个农业创新驿站,建成区面积超过400平方千米,带动600多个农业新品种、380多项新技术新成果实现转化。

2. 信用体系

为了完善企业社会信用体系建设,我国积极推动建设农村产品诚信档案,全面推行可食用农产品合格证管理制度。这一系列的措施旨在提高农产品质量,促进农村经济的可持续发展。

首先,我国通过建设农产品诚信档案,试图构建一个全面、真实反映农产品质量和生产过程的信息档案系统。这将有助于加强对农产品质量的监管,提高农产品市场的透明度。通过这一档案系统,相关部门能够更加全面地了解农产品的生产、加工和流通等环节,及时发现和解决存在的问题,确保农产品质量可控。

其次,全面推行可食用农产品合格证管理制度,有力地推动了农产品质量的提升。合格证的颁发需要企业提供符合质量标准的产品,这就迫使企业加强对生产流程的管理,保证产品质量符合国家标准。这种制度的推行有助于消费者更加放心地购买农产品,提高了农产品的市场竞争力。

将农村生产规模化运作主体企业全部列入质量监管名单,是对农产品生产主体的全面管理和监督。通过将企业纳入监管名单,监管部门能够更有针对性地进行监督,及时发现问题并采取相应的措施。这不仅有助于规范企业的经营行为,还能够推动企业更好地履行社会责任,提高产品质量。

实施"黑名单"管理制度,对于那些违规行为严重的企业进行约束和惩罚,能起到一定的震慑作用。这种制度让不良企业付出代价,使其面临市场淘汰和法律责任,从而形成了对农产品质量的有效监管机制。这种惩戒机制有助于提高企业的自律性,减少不法行为,推动整个农产品市场的良性竞争。

以河南省为例,在2018年全国农产品质量安全县开展活动中,该省102个重点农业县农产品质量监测的总体合格率保持在98%以上。这表明河南省在农产品质量监管方面取得了显著的成就。为了更好地保障消费者权益,河南省计划在未来推行建设更多的消费维权服务站,以提供在农产品销售方面的消费者维权服务。这一举措旨在通过建立服务站,及时解决消费者在购买和食用农产品过程中可能遇到的问题,进一步提升农产品的质量和安全。

此外,河南省还实施了电子商务及公共服务网信用档案建设制度,开展电子商务公共服务网诚信档案设立机制。通过建设信用档案,有助于规范电子商务行业的经营行为,提高从业者的信用水平。这不仅增强了企业的社会责任感,也为企业提供了更多的发展机会。这种信用档案制度为消费者提供了更多的选择和保障,从而推动了电子商务的健康发展。

综合而言,我国在建设农村产品诚信档案、推行合格证管理制度、加强质量监管等方面采取了一系列有力的措施。这些举措有助于提高农产品的质量和安全水平,促进农村经济的可持续发展。通过建设更加完善的企业社会信用体系,我国农产品行业将迎来更加健康、可持续的发展。

3. 人才培训

在电商培训方面,河南省采取了多种举措,通过商务大数据平台提供的电商培训服务、数字赋能服务以及数字信息服务,以及本地高校的课程设置加强,为河南省农产品电商系统的人才储备和发展提供了有力支持。

首先,通过商务大数据平台,个人或企业通过简单注册就能享受来自阿里巴巴、美团、亿木课堂、麒麟计划、悉知、惠农网等多家企业提供的电商培训服务。这种平台化的培训方式,方便了个人和企业获取多元化的培训资源,拓宽了学习渠道,提高了电商从业者的专业素养。

其次,河南省着力加强对本地高校电商营销相关课程的设置,为培养更多农产品电商人才提供基础支持。高等院校如河南农业大学设立农商创业实训中心,并开展与电子商务、农产品市场营销等相关的课程,通过实际操作,使学生更真实地了解和应用电商知识,为农产品电商领域输送更多的专业人才。

同时,为了提高涉农经营主体的电商经营意识,河南省通过举办一系列的电商培训活动,覆盖了企业、农业产业化龙头企业、合作社等新型经营主体。郑州市作为电子商务进农村综合示范县,承办了多种形式的电商专业培训,共培训 1 万人次,累计培训超 18 万人次,其中基层农商人员、新型经营主体从业人员占据培训总数的较大比例。

特别是在 2016 年至 2023 年,乡村干部、农业产业化龙头企业、合作社等新型经营主体从业人员占学员总数的 58.9%,这表明培训活动在覆盖新型农业经营主体方面取得了显著成效。同时,县乡村干部占 24.2%,在培养和提高农村干部的电商素养方面也取得了积极的成果。

除了培训的覆盖范围广泛外,通过开展一系列的培训活动,学员们在电商领域取得了实质性的成就。据统计,有 78% 的学员通过培训成功地开办了网站、网页或涉足电商领域。这反映了培训活动对于促进农产品电商系统的功能进一步完善和推动产业发展的积极影响。

综合而言,河南省在电商培训方面的努力充分展现了政府、企业和高校的合力,为培养农产品电商领域的专业人才、提升从业者的技能水平和推动农产品电商系统的健康发展提供了有力的支持。这些举措有望促使更多的人才涌入农产品电商领域,助力河南省农业经济的转型升级。

在支持种群中,物流企业整合不够。虽然农村地区交通运输基本平稳,快递覆盖率逐步提高,但是物流企业成本高、盈利低等问题还是限制了整体系统的快速发展。特别是农产品具有季节性、鲜活性等特点,这就要求农产品物流在储藏、包装、运输等方面需要具有保鲜、快速、绿色等功能。目前,农产品的发展仍然重生产、轻流通,农村物流运输依然以自营物流为主,第三方物流以及物流联盟发展相对缓慢,农产品收购、加工、储存、包装、运输等市场化和专业化服务尚未健全,冷链物流、绿色物流供应链还未形成优势。在金融服务方面,融资渠道窄、融资成本高仍然是农村电商发展的瓶颈。虽然随着互联网金融的发展,蚂蚁金服、京东白条等层出不穷,但由于农村信息化水平较低、农村信息信用体系建设还不完善,农村电商创业者融资金额很难得到满足。此外,由于与培训机构、教育机构和专业市场联系不够,导致专业人才极度匮乏;政府对于农产品标准化建设、农产品安全溯源等问题缺乏统筹指导,很多特色农产品缺乏质量标准鉴定,品牌难以培育与推广。

（四）寄生种群

寄生种群依附于农村电商的发展，为农村电商交易提供了增值服务，包括营销服务机构、技术外包商，以及咨询与培训机构等，通过其专业技能助力农村电商高效运转。为支持农村电商的发展，各地政府鼓励电商载体建设电商服务类项目，资助电子商务产业园区建设，实现信息服务园、电子商务产业园、电子商务创意园等主城区及各县级的集群化发展。同时，推动特色产品、特色产业的协同发展，整合相同和相关的产业链，实现产业的高度集约化发展，形成规模效应。

寄生种群主要依赖领导种群存在，当领导种群发育较完备时，会衍生出寄生种群，当领导及关键种群受到侵害或者停止发育时，寄生种群会最先受到威胁。在农产品电商生态系统中，寄生种群主要包括农产品视觉设计，营销服务机构等物种。由于河南省农产品电商生态系统不成熟、领导种群的实力弱、交易规模小、网络效应不明显，没有足够的正向效益溢出来吸引更多寄生种群，使得河南省农产品电商生态系统寄生种群未成规模。

1. 农产品电商视觉设计

视觉感受是消费者对产品的最直观反映。农产品电商生态系统的相关视觉设计主要包括农产品电商平台界面设计以及农产品外观包装设计。

随着消费升级以及个性化消费意识觉醒，符合消费者心理偏好的产品包装可以提高消费者信任、增强顾客黏性。农产品作为一种自然属性强烈的物品，在常规环境下容易腐烂磕碰。要想在同质化严重的激烈竞争中脱颖而出，农产品包装不仅要起到有效保护农产品的作用，还需要有别具匠心的设计，能够抓住消费者的心。2019年，河南省农业农村厅等部门为提高农产品附加值，以河南省电视台为媒介举办农产品创新创意设计大赛，通过该赛事提高了设计农产品的关注度，打开了人们提高电商收益的思路。

网页设计以及商品展示图片需要专业美工以及专业人才来完成。专门类电商平台因为具备完整的产业链条和网页设计团队，和其他平台相比更美观。综合电商平台商家的相关视觉设计工作只能依靠自身完成。由于河南省农产品电商平台普遍有规模小、能力弱、资源缺的问题，因此在电商平台销售的河南省农产品展示图片往往会比较粗糙，不够精美，不能吸引消费者。如果不是特意搜索河南省农产品，在农产品销售推荐界面的前列很难看到河南省农产品的影子。

2. 营销服务

综合电商平台主要起到买卖双方信息交换中介的作用。随着入驻商家数量的增加,可供消费者选择的空间也越来越大,商家能被消费者看到的概率越来越小。因此,为得到消费者关注,需要有效的营销手段来获取流量、吸引消费者、提升交易量。一般资金实力雄厚的大型商家会在平台投放广告,增强曝光率,获取消费者信任。而对于中小型企业,价格策略和活动优惠满减成为普遍的营销方式。通过发放优惠券可以增强消费者对店铺的消费黏性。例如,在顾客下单后,可以发放回购随机满减以及赠送礼品的方式增加回头客的数量。另外,有店铺采取会员制的销售方式,通过注册信息,商家对顾客的基本情况进行了解,并通过对其购买行为的分析与追踪,了解消费者的购买偏好以及消费习惯,指订个性化营销方案,提高消费者的忠诚度。

为了给农村电商提供增值服务,政府资助电商建设产业园,各地区形成了电商产业园、农村电商创业园等县级集聚区。农村电商寄生种群效益不高,还未达到期望的效果。当前,农村电商生态系统中缺乏咨询服务、营销指导的共生种群,导致很多网商对于电商无从下手或者盲目跟风。有些电商服务企业虽然提供电商咨询、代运营等服务,但由于专业人才匮乏,营销策划缺乏创新,竞争力不强。还有的地方注重短期效益,缺乏长期规划,出现了一些"低端"集群、"空壳"园区、"名义"基地,并没能让农户切实感受并分享农村电商的溢出效益。

(五)农产品电商生态系统与种群关系

系统间、群落间、种群间、物种间相互影响、竞争合作、共生发展,每个物种成员在自我改善与改造的同时,都必须对系统中其他成员加以关注并积极配合以协调一致,整个系统在每个成员的不断完善以及相互配合过程中,实现价值共创目标,最终形成一个主体多元、关系复杂的生态系统。在商业生态系统中各种群、各物种之间存在竞争、互惠、共生、偏利、无害、寄生等关系。

1. 系统间关系

农产品销售生态系统之间,传统线下销售生态系统和电商生态系统构成竞争关系,两者争夺有限的消费资源。传统渠道价值链主要通过经纪人、一级批发商或者产地直通车等多个环节到达零售点。电商渠道价值链主要是利用互联网平台展示生鲜农产品,通过线上线下联动的方式,进行农产品的流通销售。未来市场是由更先进的生产要素组合占领的。在传统线下发展到顶峰或者信息技术发展到农产品通过网络电商销售存在利润空间时,电商生态系统来分割线下销售资源,两者构成相互博弈的竞争关系。但是系统发育除了由要素组合决定,还和自身属性有关,消费者在购买农产品时,首先需要感知的是产品的质量,可是线上销售农产品无法直观感受到到达消费者手中的产品质量,且这个问题目前是无法克服的,因此,传统线下销售农产品是镶嵌于该行业中的,尽管现在电商消费已经成为趋势,但是渗透率与线下消费市场还相差甚远。

2. 种群间关系

在系统内部发育过程中,围绕不同的领导种群有不同的配套种群。由领导种群主导形成各个群落,各群落利益最大化。资源配置达到最优的群落会在整个系统中占据主导地位,其他群落或改变发展策略,寻找新的市场定位,或被吞食,或被系统淘汰,其相互关系如图4-8所示。

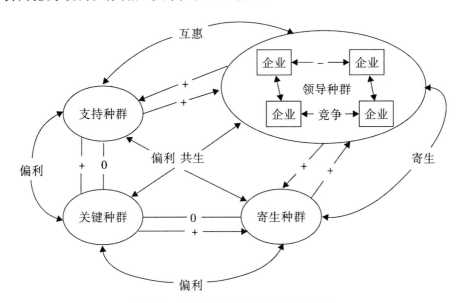

图4-8 农产品电商系统种群互动关系

各系统内领导种群和关键种群构成共生关系,相互有利,分开后不能单独存在,两者是整个系统中至关重要的部分。在农产品电商生态系统中,平台是整个系统中显而易见的核心成员,其核心地位是依靠关键种群中的生鲜产品供应商、配送自提点的布局供应来凸显,否则领导种群是被架空的存在。相对而言,没有领导种群的整合,关键种群不能充分发挥作用,不能实现资源分配的最大化。寄生关系是一个种群依附于另一个种群,在一个系统发育趋向成熟时,会衍生出寄生种群。随着系统规模越来越大，会溢出较多的外部效益，此时会有其他种群依附该系统存在，以获取收益，寄生种群会为领导种群提供增值服务。

在种群内部，定位类似或面向市场群体一致的物种成员一般构成竞争或捕食关系，彼此相互抑制。在农产品电商生态系统中表现为电商平台企业之间的竞争关系，尤其是在线上消费成为大势所趋的背景下，各平台竭尽全力拉取资金，争夺有限资源，期望在这场前期投入巨大的烧钱运动中获得最后的胜利。如果企业间市场定位类似，经济体量相差悬殊，大型企业可能会吞并小型企业，来扩大自身的市场份额，降低潜在威胁。如果小型企业经营不善，遭遇强劲竞争对手时可能会无力抗衡，最终倒闭破产被系统淘汰。

在现实生活中，除了存在明确的竞争、共生、寄生等关系，更多的是竞争合作等复合关系的存在，各主体间关系是动态变化的。

（六）消费者与系统互动

消费者既是农产品生态系统的贡献者也是消耗者，是农产品电商交易过程中最后一个关键主体。消费者将整个系统的不同功能和主体串联起来。目前，越来越多的消费者选择在电商平台购买生鲜农产品或者有过网购生鲜农产品的经历。通过问卷调查，有超70%的调查对象有过在农产品电商平台注册或消费的经历，线上销售的渗透率越来越高。

为了满足消费者的需求，农产品电商在供应链的物流配送、管理能力等环节发力，培养自身的核心竞争力。消费者从其最能直观感受到的环节对整个农产品电商生态系统进行评价。首先，农产品电商通过开放平台让消费者参与农产品生产到销售的全环节，两者进行信息交换。在此过程中，平台不仅可以更精确了解消费者需求，提出符合消费者取向的价值主张，也能够降低与市场需求不匹配的商品产出和交易成本。其次，在信息交换达成一致后，进行商品流通环节，通过物流配送，商品从卖家手中运送至消费者手中。与此同时，双方进行资金交接，通过支付体系，消费者将资金转移至卖家账户，此时，商品的所有权获得转移，支付体系一般由独立于两者的第三方独立物种提供。在整个交易过程中，寄生种群会提供诸如准时险、商品溯源认证等增值服务，提高消费者的整体感受水平，如图4-9所示。

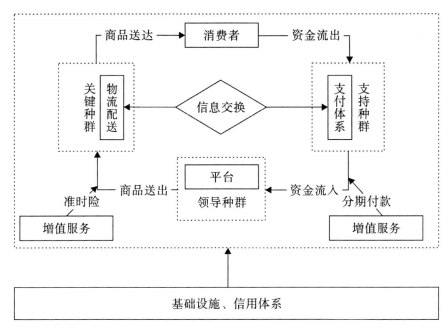

图4-9　消费者与农产品电商系统互动示意图

1. 信息交换

在传统的线下交易方式中,信息交换占据附属地位。由于电子商务的跨时空性以及虚拟性,信息资源占据更重要的地位。消费者和系统的信息交换贯穿交易的整个流程。从整个流程来看,消费者最先和系统中的领导种群产生关联,在交易过程中,消费者与平台发生交互,信息交换在消费者和卖家间双向流动。消费者在产生购买欲望后,在电商平台进行搜索,平台通过展示商品信息界面,向消费者传递商品以及有关平台相关信息,同时在浏览过程中,消费者向平台输入自己的需求,卖家利用信息资源为消费者提供个性化服务,最大限度地满足消费者需求,两者在持续的信息交换过程中,向能够最大限度满足双方利益的方向靠近。在网络空间,消费者对平台的使用划分为两类:一类是平台即商家,平台和消费者直接产生信息交换。此时,消费者和平台是多对一,所有的信息整合到平台,有利于提供个性化信息定制。另一种是平台作为中介,为商家和消费者提供沟通途径,消费者在众多商家中选择心仪的产品,此时消费者和商家是多对多,消费者和商家相互选择,选择范围拓宽的同时,信息交换难度也更大。此外,在信息交换的过程中,寄生种群提供增值服务,通过视觉设计、配合营销活动,通过有限的资源最大程度传输有关商品信息来吸引消费者。

2. 物流配送

在完成平台选择以及信息交换后,必须通过物流实现商品的传递,物流作为关键种群中的重要物种,将消费者和电商平台串联起来,对消费者使用农产品电商平台,进而对整个农产品电商生态系统进行评价的影响是直接的。寄生种群在物流配送业务不断拓展的过程中衍生出配套的运费险等增值服务。现在的农产品电商物流配送主要有两种形式:

一是外卖式的农产品配送方式。在顾客下单后,电商平台快速反应,进行即时配送,满足消费者当下需求。专门类电商实行"城市分选中心+社区前仓"的二级分布式仓储系统,如图 4-10 所示。为尽量缩短配送时间采用前置仓模式,使仓库尽可能地接近消费者,在客户下单后从前置仓取得消费者指定挑选的商品,通过外包物流运输团队配送,直达消费者手中,省去了众多环节。社交电商的售卖范围主要集中在以平台为中心的周边社区,通过微商平台进行农产品销售,其经营模式有朋友圈发宣传广告、建立微信团购群等。配送一般是店主通过零散配送送货到消费者手中,或者消费者选择合适的时间到店自提商品。这种物流配送具有零散、发生频率高、运单量小的特点。

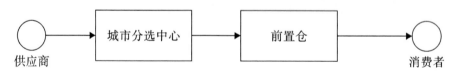

图 4-10 专门类农产品电商农产品供应流程

二是快递式的配送模式。该配送模式一般是顾客下单后的次日进行商品配送,选择这种配送模式一定程度上要求消费者对需求进行预期,物流配送通过圈定范围不断缩小货品与消费者的距离,直到送达消费者手中。综合平台的具体配送流程:首先,供应商的货品到达仓库,平台界面会显示或主推仓库到货数量较多的商品,客户下单后,就近选择自提点,仓库分拣员根据客户的下单详情准备货品,通过专车运输将商品送达网格点,再由网格点运送至配送自提点,到达配送自提点后,由团长负责商品分类,并通知消费者前来提货,整个过程从客户下单到次日 16 点之前完成,如图 4-11 所示。

图 4-11　综合农产品电商平台农产品供应流程

3. 资金流动

资金在整个农产品电商生态系统中扮演着驱动的角色,通过资金流动,实现了商品所有权的转移。顾客在完成购买行为后,需向电商平台支付,而这一资金流动过程需要整个系统环境和支持种群的协同配合才能够顺利完成。在国家政策的支持下,数字支付手段得以迅速发展,支付体系和信用体系的建立也日益完善,为消费者的资金安全提供了可靠保障。目前,农产品电商生态系统主要采用以下三种支付方式。

(1)第三方支付。电子商务的商品交付和资金转移并不是在同一时间进行的,因此需要支持种群中的独立第三方机构为顾客和卖家提供支付和资金运转等服务。这样可以确保顾客支付的资金按照正常流程转入商家的账户,保障交易的顺利进行。

(2)自营独立支付。大型电商平台企业为扩大商业生态系统,在保证业务内容隔离的前提下,构建了自己的支付途径。以美团为例,之前业务资金交互主要通过微信支付完成。然而,为了更好地丰富商业模式,提高用户黏性,美团于 2020 年上线了美团支付。随后,为促进业务发展,美团推出了美团月付等功能,丰富了顾客和平台之间的资金交互形式,使得支付方式更加多样化。

(3)货到付款。平台提供的货到付款或者先用后付的服务有利于保证消费者的权益,但通常需要符合一定的适用条件。例如,在平台有良好购物信用记录的顾客才能享受此项权益。在这种模式下,商家先行发货,顾客在收到货品、确认商品质量没有问题后再行支付。这种支付方式更多地考虑到了顾客的实际需求和利益保障。

第三方支付逐渐成为电商生态的主流支付方式。其快捷、安全、便利的特点符合现代消费者的需求。然而,随着技术的不断发展和用户支付习惯的变化,未来还可能出现更多创新的支付方式,以更好地适应农产品电商系统的发展需求。支付方式的不断创新将进一步推动整个农产品电商生态系统的升级与完善。

第二节　直播电商生态系统构成与相互作用分析

一、直播电商生态系统核心层构成

在产业生态系统理论中,产业生物群落是产业生态系统的核心组成部分,是由相互间存在物质、能量和信息沟通的企业和组织种群形成的整体。根据这一理论,直播电商生态系统核心层以广电媒体为主导力量,与直播电商平台、第三方 MCN 机构、带货主播以及其他传播渠道等不同类型的企业组织形成强有力的联结,通过各方之间的有效分工配合与物质资源循环转换,逐渐构成了集直播内容生产与商品信息传播为一体的"制作—输出"核心体系来提高各组成要素自身的生存能力与获利能力,以期为广电媒体直播电商产业生态系统创造更大的效益,最终实现循环经济,具体见图 4-12。

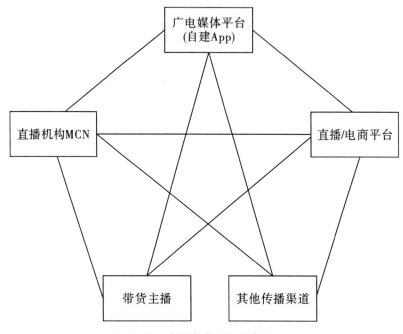

图 4-12　直播电商生态系统核心层

（一）广电媒体平台

在直播电商生态系统中，广电媒体平台处于核心引领地位，一切生产、传播、营销活动均由广电发起，同时也由广电接收所有的活动信息反馈。与广电传统业务有所不同，在媒体融合背景下，广电将先进的网络技术运用于直播电商内容生产与呈现过程，通过解构原有的新闻、综艺、电视购物等节目内容的生产模式，加深与互联网企业、直播机构的互动合作，融入新媒体话语体系和电商元素，利用"大屏+小屏"优势，打造全新的"广电媒体—广电自建河南省 App—第三方直播电商平台"一体化互动传播矩阵，塑造广电直播电商内容新业态。

不同广电媒体机构通过整合分析内外部资源优势并制定战略布局，在直播电商赛道上主要采取两种发力方式，一种是依托广电平台自建 App 进行直播带货，另一种是与第三方平台展开直播电商合作。从内容生产传播角度来看，前者对媒介组织自身的技术、能力、影响力都有较高的要求，通常为省级及以上广电媒体所使用，而后者准入门槛较低，用户数量多，对实力薄弱、缺少影响力的广电媒体更加友好。正因如此，不同布局路线相应构建的直播电商内容生态体系有所差异。

众所周知，广电媒体自建 App 的初衷并非用来开展直播电商业务，而是为应对互联网新媒体的冲击以及传统媒体受众大量流失提出的创新举措，颇有无奈与被迫意味。在传统媒体与新媒体竞争早期，稍有实力的广电媒体纷纷搭建属于自己品牌的互联网应用程序用于迎合广大网民群体的信息接收需求，但由于受到广电媒体自身定位及长期话语方式的影响，其平台上发布的信息主要还是传统媒体采编的新闻内容，范围狭窄、信息量有限，而自行开发的软件功能也较为单一，仅支持简单的阅读文章、观看视频、单向评论等服务。与新媒体传播的海量性、跨时空性及强互动性等特点相比，广电自建 App 最初对网络群众的吸引力十分微弱，一度处于被淘汰的边缘。根据这一现状，广电加速了对互联网传播的探索耕耘，充分学习新媒体的表现手法，转变原有的信息输出和呈现形式，在短视频和直播电商兴起并走进大众视野的同时迅速迎合潮流，开展相关业务让广电自建 App 再次迎来发展生机，广电的形象也在大众面前焕然一新。

广电媒体自建 App 开展直播电商活动通常是在整合媒体内部大量人力物力资源及扩大各部门岗位职责范围基础上实现的。运营部门是由广电各部门抽调人员组成，专门负责直播电商业务的整体规划和运营工作，与其他相关部门保持密切配合;过去主要从事拉赞助、拉广告、引合作的传统广告部门转型为直播带货的选品对接端,在寻找新广告主的同时,利用过去掌握的大量品牌、企业资源充实产品库以备直播之需;广电的编辑部门不再只是处理单一的新闻采访素材编辑工作,而是在新闻业务之外对直播电商活动全程的策划、直播主题的草拟、产品的描述等内容进行文案撰写编辑;技术上首先是通过运营编辑等部门提出确切的需求,再由相关专业人员在 App 内嵌入直播程序和商城系统实现网络直播销售,保障直播电商活动及 App 整体运行稳定;当一切准备就绪,宣传部门发挥媒体所长,线上线下推广营销,为直播活动预热并将媒体受众引流至手机客户端,增强 App 用户活跃度。以中央广播电视总台旗下的"央视频"客户端为例,在开展"搭把手,为爱买买买""甘愿为你 肃肃下单 张扬品质 掖你身心"等系列公益直播电商活动时充分借力总台资源选择优质产品,策划精巧直播方案,搭建直播购物渠道,依托知名广电主持人影响力和央媒公信力吸引网络群众下载 App 参与直播下单,以此达到将直播的围观者转化为平台活跃用户的终极目的。这种带货方式的优势在于能够强化广电自身品牌,培养忠实的用户群体,不必与其他互联网企业共分一杯羹,但同时劣势也十分明显,直播流量入口单一,宣传渠道和直播效果受限。可以说,在自建 App 上进行直播电商经营活动只是广电为移动端引流和增活的一种手段,媒体尚未将这一方式当作主要创收途径。

(二)第三方直播电商平台

构建广电媒体直播电商生态,第三方直播电商平台同广电媒体一样扮演着如同"地基"一般的重要角色,为绝大多数经济实力不足、影响力较弱的广电开展直播电商活动提供平台场所及技术支撑。相较于在自建 App 上进行直播电商活动,广电媒体通过与第三方平台合作推动直播电商业务同样需要媒体经历选品、策划、宣传、执行等工作环节,但平台准入门槛较低,不需要广电为技术投入大量时间精力,省去了平台搭建、维护的成本。宣传推广也不再只是广电个体唱独角戏,第三方直播电商平台会加入其中形成合力,扩大直播影响范围,加上广电的权威属性及平台自带的强商业性质,能够为双方创造更可观的经济效益。同时,广电还能够通过与直播电商平台庞大的用户群体交流互动,改变传统媒体在网络受众心目中守旧、刻板的形象,提升广电的亲民度,直播电商平台也能够借广电之力提升其主流地位和大众口碑。

广电通过第三方直播电商平台开展业务好处不少,可仍需要注意这几点:

一是虽然过去广电与直播电商企业合作非常顺畅,彼此都满意对方给自己带来的积极影响,但广电需要警惕直播电商企业的垄断和资本渗透,不能过于依赖企业提供的服务,要适当增强、储备自身的生产传播能力,防止主流媒体资本化。二是近年来直播电商市场的快速膨胀,时常有第三方平台出现数据造假、假货泛滥等负面问题被曝出,许多平台的公信力被大众质疑,广电在选择合作对象时需要规避相应风险以维护自身口碑,不能为牟取经济利益而损害媒体的立身之本。

伴随广电跨界融合逐渐深入,无论是前文所提到的广电自建 App 开展直播电商业务还是与第三方平台合作共建模式,这两种直播带货方式都不再单线发展,而是呈现相互促进,协同并进之势。现阶段,广电直播带货内容生产传播如同"中央厨房"模式,一次选品、策划、制作、执行,多渠道同时间直播,既满足广电自建 App 引流、增活及打造品牌知名度的核心需求,也符合广电和直播电商平台经济利益与社会效益相统一的原则。

(三)带货主播

在数字化浪潮的推动下,直播电商已成为新的经济增长点,吸引了众多企业和个人的涌入。广电机构,作为传统媒体的重要力量,也纷纷试水直播带货,以期在新的传播形态下找到新的增长极。然而,在这一过程中,广电机构面临着诸多挑战,尤其是主持人的转型与培养问题。传统新闻、综艺节目主持人虽然拥有扎实的主持功底和广泛的受众基础,但在直播带货这一全新领域,他们的表现却不尽如人意。

1. 广电直播带货的现状与挑战

在以往的直播电商案例中,广电机构常常让传统新闻、综艺节目主持人担当出镜者。这些主持人受过专业且严格的主持训练,擅长在镜头前展现良好的形象和气质,掌控节目的节奏和氛围。然而,当他们的身份突然转换成电商主播时,却往往会出现"水土不服"的现象。

一方面,这些专业主播的主持风格往往较为单一,缺乏互动性和灵活性。在直播带货的过程中,他们需要频繁地与观众互动,解答观众的疑问,甚至需要即兴发挥,制造话题和亮点。然而,由于长期受到传统节目形式的束缚,他们往往难以适应这种快节奏、高强度的互动方式,导致直播间的氛围沉闷,观众流失严重。另一方面,这些主持人对产品缺少深入的了解,营销能力较差。在直播带货中,产品介绍和营销是关键环节。主持人需要准确、生动地描述产品的特点和优势,激发观众的购买欲望。然而,由于他们对产品的了解不够深入,往往只能停留在表面层次的介绍上,难以打动观众的心。同时,由于缺乏营销技巧和经验,他们往往难以有效地引导观众下单购买,导致直播间的转化率低下。例如,某知名节目主持人在直播售卖某品牌产品期间,成交额竟然为 0。这一消息迅速引起了全网的热议和关注。该主持人也不得不在个人社交账号上发声,表示是选品团队的失误,并向大众致歉。然而,网民似乎并不买账,他们认为除了产品本身的因素外,更重要的是电视节目主持人"变身"跨界主播后缺少带货能力和电商专业素养。这一事件成为直播电商行业的负面典型,对广电机构在直播带货领域的形象和声誉造成了不小的冲击。

2. 广电机构在带货主播转型与培养上的探索

面对直播带货领域的挑战和困境,广电机构并没有选择退缩和放弃,而是积极寻求转型和突破。在带货主播的转型和培养方面,他们进行了大量的探索和实践,取得了一定的成效。

与知名 MCN 机构、达人合作,提升带货能力。为了快速提升主持人的带货能力,广电机构积极与国内知名的 MCN 机构、达人进行合作。这些 MCN 机构和达人拥有丰富的直播带货经验和资源,能够为主持人提供专业的培训和指导。通过主持人搭配专业带货主播、明星艺人等方式,广电机构成功地活跃了直播间的氛围,吸引了更多的观众围观和参与。在合作过程中,经验丰富的带货主播会调动网民的参与热情,与主持人进行现场互动。这种互动不仅增强了直播间的趣味性和互动性,还为主持人提供了学习和借鉴的机会。他们通过观察和学习带货主播的言行举止、营销策略和沟通技巧等方面的优势,逐渐提升了自己的带货能力、互动能力和应变能力。同时,在与带货主播的合作中,主持人也逐渐适应了直播带货的节奏和氛围,更加自信地面对镜头和观众。培养多元化主持人,增强直播间的吸引力。为了适应直播带货的多元化需求,广电机构开始注重培养多元化主持人。他们不再局限于传统新闻、综艺节目的主持人选拔标准,而是更加注重主持人的个性特点、专业素养和创新能力等方面的综合评估。通过选拔和培养具有独特魅力和风格的主持人,广电机构成功地打造了一批具有辨识度和影响力的直播带货主播。这些多元化主持人不仅具备扎实的专业素养和主持功底,还善于运用各种新媒体技术和手段来丰富直播间的形式和内容。他们通过与观众进行实时互动、分享购物心得和体验、展示产品特点和使用效果等方式,成功地吸引了观众的注意力和兴趣。同时,他们还善于根据观众的反馈和需求来调整直播内容和策略,使直播间更加贴近观众的需求和喜好。

3. 加强产品知识学习, 提升营销能力

为了提升主持人的营销能力, 广电机构还加强了他们对产品知识的学习和培训。他们组织主持人参加各种产品发布会、品鉴会等活动, 让他们亲身了解和体验产品的特点和优势。同时, 他们还邀请专业人士为主持人进行产品知识和营销技巧的培训, 帮助他们掌握更多的产品信息和营销策略。通过学习和培训, 主持人逐渐对各类产品有了更深入的了解和认识。他们能够更加准确地描述产品的特点和优势, 解答观众的疑问和困惑。同时, 他们还学会了如何运用各种营销手段来引导观众下单购买, 提高直播间的转化率和销售额。这种能力的提升不仅增强了主持人在直播带货中的竞争力, 也为广电机构在直播带货领域的持续发展奠定了坚实的基础。

4. 注重团队协作与资源共享, 提升整体实力

在直播带货的过程中, 团队协作和资源共享也是至关重要的。广电机构注重培养主持人之间的团队协作精神和意识, 鼓励他们相互学习、相互支持、共同进步。同时, 他们还积极整合内部和外部的资源, 为主持人提供更多的机会和平台来展示自己的才华和实力。通过团队协作和资源共享, 广电机构成功地打造了一支具有凝聚力和战斗力的直播带货主播团队。他们不仅在各自的领域内取得了优异的成绩和表现, 还能够在需要时相互协作、共同应对各种挑战和困难。这种团队协作和资源共享的模式不仅提升了主持人的整体实力和水平, 也为广电机构在直播带货领域的快速发展提供了有力的保障。

随着直播电商行业的不断发展和成熟, 广电机构在直播带货领域的竞争也将越来越激烈。为了保持领先地位并实现可持续发展, 广电机构需要继续加强带货主播的转型和培养工作, 不断提升主持人的专业素养和带货能力。一方面, 广电机构需要继续加强与知名 MCN 机构、达人的合作与交流, 借鉴和学习他们的成功经验和做法。同时, 他们还需要积极引进和培养具有创新精神和创造力的主持人, 为直播带货领域注入更多的新鲜血液和活力。另一方面, 广电机构还需要注重主持人的个性化发展和品牌建设。他们可以通过打造个性化的直播内容和形式、举办线上线下活动等方式来增强主持人的知名度和影响力。同时, 他们还需要加强主持人的品牌建设和形象塑造工作, 帮助他们树立自己的品牌形象和口碑。

此外, 广电机构还需要注重直播电商的合规性和风险管理。他们需要加强对带货主播的监管和管理力度, 确保他们遵守相关法律法规和行业规范。同

时,他们还需要建立完善的风险管理机制和应急预案体系,以应对可能出现的各种风险和挑战。

广电机构在直播带货领域的转型和培养工作是一项长期而艰巨的任务。他们需要不断探索和实践新的方法和模式,不断提升主持人的专业素养和带货能力。只有这样,他们才能在激烈的市场竞争中立于不败之地并实现可持续发展。

（四）MCN 机构

在大众的简单认知里,MCN 机构是指用于孵化网络达人、账号,并通过成功孵化的达人、账号实现商业盈利的机构。而从严格意义上来讲,MCN 机构是将PGC 内容整合联动,在资本的有力支持下,打造具有商业价值的账号矩阵,持续输出垂直化信息内容从而最终实现商业稳定变现的团队组织。上文中提到了两种广电媒体在 MCN 领域的实践情况,一种为广电主持人与知名 MCN 机构旗下的达人合作开展直播带货,另一种则是广电尝试建立属于自己品牌的 MCN 机构进行内容创作、直播、拍摄短视频等商业运作。前者的合作模式较为简单,由广电与 MCN 机构签订协议,确定电商主播出场费用及带货佣金的具体分配,共同完成直播带货活动,这一合作方式虽然能够带给直播用户和消费者全新的体验感,但对于迫切想要加速实现媒体深度融合转型的广电而言,停留在潜在且表面的跨界合作远远不够。因此,后者在当下更多地被广电系统所采用,尤其是 2020 年以来,直播电商市场空前火爆,MCN 机构呈现爆发式增长,广电媒体在这个领域的野心也完全展露出来,纷纷建立属于自己品牌的 MCN 机构,以期通过自身实践在直播电商领域占据一定市场的同时,能够真正实现传统媒体与互联网的深度融合。

截至目前,全国已有 28 家广电媒体成立了 36 家 MCN 机构,通过短视频策划运营、主持人 IP 打造等轻量化转型促进融媒体改革,重新激发广电系统的商业活力。根据调查,这 36 家广电 MCN 机构的构建方式并不统一,不同机构是通过结合各自所属媒体的特点与优势打造出来的独一无二的组织。以浙江广电集团旗下的布噜文化、黄金眼 MCN 直播电商机构为例,虽然均是隶属于同一集团的下属机构,但构建方式完全不同,如图 4-13 所示。

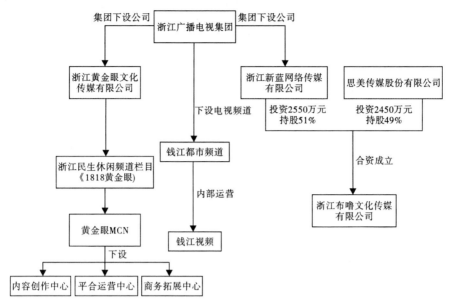

图 4-13　浙江广电集团旗下 MCN 机构构建情况

布噜文化是由浙江广电新蓝传媒与民营企业思美传媒股份有限公司合资创办的子公司,专门为开展娱乐方向 MCN 业务而成立。这种体制内+体制外的合作,使布噜文化联结了新蓝传媒的内容生产、平台资源、人才 IP 优势和思美传媒的商业化运营思路,依托新蓝网、中国蓝 TV 等平台,打造《厉害了淘乐星》《浙里有人物》等精品节目,在爱奇艺、优酷、腾讯视频等平台上架短剧和微综艺,形成有一定知名度的短视频内容 IP,依靠版权分账模式,实现价值增值。与此同时,布噜文化汇聚集团优质资源,凭借优质的主持人资源和多平台分发渠道,在抖音等多个互联网平台上举办以主持人为带货主播的高质量直播销售,通过整合上千名淘宝主播和强势的浙江卫视节目资源,在全国范围内积累了一定的品牌知名度。

与布噜文化的构建方式不同,氧气 MCN 由浙江交通之声及浙江旅游之声两个广播频道共同搭建,主攻声音领域达人的孵化和培养,签约对象多以主持人、歌手、乐队为主,与 QQ 音乐、网易云音乐等平台展开深度合作,转变了传统广播节目制作思路。在打造优质声音达人的同时,机构还以自有 IP"氧气"为基点,围绕"新鲜、活力、青春"的隐性品牌形象开展直播电商内容生产,依托自建新闻类 App"北高峰"和第三方社交聊天软件微信嵌入小程序定期开展主题直播带货活动,构建年轻化内容生态,利用"氧气音乐节""氧气商城"等核心产品吸引音乐圈及互联网不同年龄段受众群体,不仅激活了媒体人在声音方面的创新生产热情,还锻炼了广播媒体的全媒体生产营销能力、全案服务能力和全网带货能力,为广电媒体跨界融合提供全新的经验案例。

黄金眼 MCN 的成立,既不同于布噜文化"公私合营"的构建模式,也与氧气MCN 的双广播媒体搭建方式有所差异,该机构由浙江民生休闲频道利用王牌栏目《1818 黄金眼》的知名度成立浙江黄金眼文化传媒有限公司孵化而成。先后签约了电视栏目中多位素人出镜者,以及开设网红主播培训课程,对其展开商业化运作以获得经济利益并提升品牌影响力。例如在《1818 黄金眼》某期节目出现的主人公凭借帅气的外表多次登上微博热搜,当事人在微博、抖音平台的粉丝总数量一个月内上涨了六位数,品牌直播带货邀约也纷至沓来。现阶段,黄金眼 MCN 依旧采用公司化运作,与阿里巴巴、抖音、快手等电商、短视频平台建立合作关系,开展短视频孵化、账号代运营、电商直播、网红直播培训、品牌全案打造等业务。据黄金眼 MCN 官网显示,目前其孵化的 IP 有《1818 黄金眼》《黄金眼融媒佳》《钱塘老娘舅》等,签约内容生产者超过 500 位,获得淘宝直播PGC 机构资质,成为广电系统内首个由电视栏目衍生出来的知名 MCN 机构。

由上述案例分析可知,浙江广电集团旗下 MCN 机构的构建方式灵活多样,能够充分利用所属媒体的优势找到适合自身发展的道路,但这种蓬勃发展现象仅能代表先进广电媒体构建 MCN 的现状,目前国内还有很多营收能力较弱、发展实力差的广电无法像浙江广电集团一样为下属频道、子公司提供充足的资源以打造优质的 MCN 机构。面对这种情况,广电系统内部需要"报团取暖",将先进媒体的 MCN 构建模式打造成样板工程展开同行业竞争以巩固增强自身实力,与此同时主动邀请其他稍处劣势的广电媒介单位管理者、从业者前来参观、学习、培训,帮助这些媒体搭建平台、培养人才并提供专业指导。只有做好这些事情,才能为广电系统全面挺进互联网主战场,加快传统媒体与新媒体的内容、渠道、技术深度融合打下坚实的基础。

（五）其他传播渠道

在直播电商竞技场里,广电媒体一改过去作为主流舆论引导者而以自我为中心、各自为营的传播推广形式,主动向互联网移动端转移传播重心,拓展媒体在"小屏"领域的话语空间。具体做法分为两种,一是广电在与第三方直播电商平台合作推广的基础上,利用其在各大移动社交媒体平台、自媒体平台,例如微信公众号、微博、论坛、播客、贴吧、百家号等注册运营的账号进行全方位、高密度宣传,以此提升广电直播电商活动的宣传力和传统媒体的网络影响力;二是借助广电主播、活动艺人嘉宾的人气流量和知名度,在直播前为其拍摄短视频或彩排花絮并上传至各大直播电商、短视频平台引发网友围观,为直播造势。通过对传播渠道多元化开拓,媒体人意识到加强台网协作,开辟移动传播渠道,建立新型连接的必要性。

二、直播电商生态系统相关层构成情况

上文对广电直播电商生态核心层的五个组成部分进行了详细阐述,下面再次依据产业生态系统理论,将相关层定义为围绕利益核心层要素进行相互影响形成的价值生成、分配和转移等关系及结构,能够与核心层的各类生产传播要素构成简单的产业价值网络。按照这一定义,笔者对涉及广电媒体直播电商生态相关层的研究主要划分为广电直播电商用户群体和产品供给体系两部分内容。

(一)用户群体

互联网环境下,媒介受众身份经历了解构与重构两个过程,不仅是因为受到内容生产方式、传播渠道变化的影响而相应做出的调整,更是广电媒体开启产品融合和跨界经营的必然结果。从传统媒体时代的电视观众、广播听众,到当下的媒介消费者、粉丝、平台用户,这种变被动为主动的身份转化,得益于互联网技术的革新和新兴消费市场的蓬勃发展。

在广电媒体直播电商生态中,媒体的议程设置功能被一再弱化,受众拥有更多的选择权和主动权,更加善于思考且有能力根据自身偏好去接触信息,为其喜爱的直播内容进行打赏或购买直播推荐商品,传统媒介的话语方式、盈利模式和受众生态都在直播电商场景里被无形解构,原有的广电观众、听众被分流到各媒体移动客户端或第三方直播电商平台,其身份角色朝多元化、动态方向发展。具体来说,这是指当受众无论通过什么渠道观看广电直播带货内容产生消费行为,受众的身份都是媒介消费者,本质上是为直播内容和产品付费。当受众出于对主流媒体或直播出镜者的喜爱而专门观看直播电商活动,受众身份则变成了媒体/媒体人的粉丝,其注意力集中于直播中所追随的人物、事物上,这种情况下广电在一定程度上可以利用粉丝群体促成流量变现;当受众只是不经意打开软件(包含自建 App 和第三方平台),通过页面推送信息对广电直播电商活动进行网络围观,偶尔发出评论,下单购物时更加谨慎,这一群体的数

量相较其他两种来说更加庞大,被分类称为媒体移动端平台用户和第三方平台用户,这些用户中绝大多数对广电直播电商活动保持中立观望态度。除此之外,只剩下极少数、年龄较大的广电受众坚守在传统媒体设备终端接收信息。

广电媒体的受众结构发生巨大改变,原本凭借拥有大量受众吸引企业主投放广告和参与赞助等的营收渠道和模式被打破,广电媒体的用户群体优势被逐渐瓦解。为应对媒体用户分流,吸引、积累直播电商忠实受众群体,广电调整工作策略,在用户运营方面做了大量功课。首先,媒体人深入直播电商消费市场,在掌握用户喜好和消费心理的基础上制定直播策划方案并选择商品;其次,通过打造鲜明的媒体品牌形象和主播人设,注册并持续运营社交媒体账号,增强原有粉丝黏性的同时积累更多新关注用户,为开展直播电商活动储备高质量消费群体;利用广电的公益属性开展扶贫帮困直播电商业务,引发大众的情感共鸣和互助意识,将广大热衷公益、勇担社会责任的网络群众主动汇集到广电直播账号上来,让直播围观者不再只是观众,更是广电媒体互联网传播活动的深度参与者、消费者和忠实用户。

(二)产品供给体系

供应链的概念最早由彼得·德鲁克提出,他将其描述为"经济链"。随着时代的发展,迈克尔·波特进一步发展了这一理论,提出了"价值链"的概念,强调了企业活动中的价值创造环节。最终,供应链的概念逐渐完善,成为我们今天所理解的涵盖上游生产制造端、中游渠道商和下游销售消费端的完整链条。而在直播电商这一新兴业态的推动下,供应链再次发生了深刻的变革,与流通链、资金链、区块链等逐渐融合,形成了一个全新的产品供给生态圈。见图4-14。

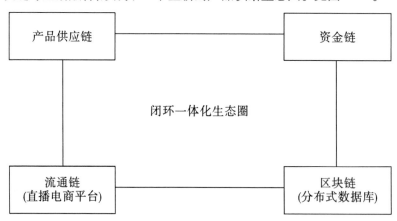

图4-14 直播电商产品供给一体化生态圈

直播电商时代的供应链一体化。在直播电商时代,供应链的变革主要体现在其一体化程度的提升。传统的供应链模式虽然涵盖了从生产到消费的各个环节,但各环节之间的衔接并不紧密,存在着信息不畅、反应迟缓等问题。而在直播电商的推动下,供应链各环节之间的信息交流更加频繁和高效,形成了更为紧密的一体化模式。

首先,生产制造端与消费端的直接连接成为可能。在直播电商的平台上,消费者可以直接与生产制造端进行互动,了解产品的生产过程、材质、工艺等信息,从而增强对产品的信任感和购买意愿。然后,生产制造端也可以通过直播电商平台收集消费者的反馈和需求,及时调整生产计划和产品设计,实现按需生产。其次,中游渠道商的角色也发生了变化。在直播电商时代,渠道商不再仅仅是产品的搬运工,而是更多地承担起品牌传播、产品推广和消费者服务的职责。他们通过与直播主播的合作,将产品推荐给更多的消费者,同时提供完善的售后服务,提升消费者的购物体验。最后,资金链和区块链的融入进一步提升了供应链的稳定性和透明度。在直播电商平台上,消费者可以通过预付款、分期付款等方式购买产品,从而减轻资金压力。同时,区块链技术的应用也确保了产品信息的真实性和可追溯性,让消费者更加放心地购买产品。

供给一体化的优势与挑战。供给一体化是直播电商时代供应链变革的重要趋势之一。其优势主要体现在以下几个方面。

第一,供给一体化能够降低商品的运输和营销成本。在一体化模式下,生产制造端、渠道商和销售消费端之间的衔接更加紧密,减少了中间环节和冗余成本。同时,直播电商平台的推广和营销也更加精准和高效,降低了传统营销方式的成本。

第二,供给一体化能够提升商品利润空间。由于减少了中间环节和冗余成本,生产制造端和渠道商能够获得更多的利润空间。同时,消费者也能够以更低的价格购买到优质的产品,实现了三方共赢。

然而,供给一体化也面临着诸多挑战。一方面,由于直播电商产业自身的供给一体化仍处于探索发展阶段,其构成和运作情况尚不稳定。例如,物流跟进不到位、产品质量把关不足、企业资质审核不严格等问题时有发生,给直播带货方造成了严重的负面影响。另一方面,直播电商平台的竞争激烈,各种假冒伪劣产品层出不穷,也给消费者带来了很大的困扰。

广电媒体作为传统主流媒体的重要力量,也纷纷试水直播电商领域。然而,广电媒体开展直播电商活动所面临的供应链挑战与电商直播产业有所不同。首先,广电媒体直播电商的主体和侧重点与电商直播产业存在差异。电商直播的主体以电商平台上的商家为主,他们有自己的店铺和团队,通过配置货品来做直播。而广电媒体直播电商的主体则是媒体本身或 MCN 机构以及直播达人等。这些主体在直播电商领域的核心业务以传播和销售为主,通过直播业务的矩阵形成电商业态里的一个销售推广环节。然而,由于广电媒体或 MCN 机构以及直播达人对货品和供应链的掌控力较弱,导致广电缺少产品供给体系的搭建能力。其次,广电媒体直播电商在产品质量把控方面存在困难。由于广电媒体或 MCN 机构以及直播达人通常没有自己的生产工厂和严格的质检体系,他们只能通过与其他供应商合作来获取产品。然而,供应商的产品质量参差不齐,给广电媒体直播电商带来了很大的风险。一旦产品质量出现问题,不仅会损害消费者的利益,还会对广电媒体的公信力和品牌形象造成严重影响。

为了应对这些挑战,广电媒体需要采取一系列措施来加强供应链管理和产品质量把控。首先,广电媒体需要加强与供应商的合作和沟通,建立长期稳定的合作关系。通过深入了解供应商的生产工艺、质量管理体系等方面的情况,广电媒体可以更好地把控产品质量和降低成本。其次,广电媒体需要建立完善的质检体系和售后服务体系。通过对产品进行严格的质检和售后服务跟踪,广电媒体可以及时发现和处理产品质量问题,保障消费者的权益和利益。最后,广电媒体还需要加强消费者教育和引导工作,提高消费者的产品意识和鉴别能力。

直播电商时代的供应链变革为传统主流媒体带来了新的机遇和挑战。广电媒体作为传统主流媒体的重要力量之一,需要积极适应这一变革趋势,加强供应链管理和产品质量把控工作。通过加强与供应商的合作和沟通、建立完善的质检体系和售后服务体系等措施,广电媒体可以更好地把控产品质量和降低成本,为消费者提供更优质的产品和服务。同时,广电媒体还需要加强消费者教育和引导工作,提高消费者的产品意识和鉴别能力,共同推动直播电商行业的健康发展。

三、直播电商生态系统外围层构成情况

在相关理论文献研究中,产业生态系统的外围层是指以产业为中心,对产业生产、存在和发展起制约和调控作用的环境因子集合的产业生态环境,将其运用于划分广电媒体直播电商生态外围层,则该生态外围层主要包括相关产业法律政策和规范条例、传媒经济环境等要素。通过协同广电媒体直播提升电商

经济效益和产业生态环境质量,利用产业全面结构功能优化,对完善生态结构和促进产业生态良性循环发展提供有力保障,实现广电跨界融合产业整体效益的最大化,进一步加快新型主流媒体的构建。

（一）法律监管与政策引导

伴随互联网销售方式、支付手段的发展迭代,我国以手机购物、新媒体电商等新业态为特征的新型网络消费模式迅速发展起来,但现有的法律监管体系对这类消费产业的规制存在盲区,导致乱象丛生。就直播电商行业而言,虽然当下有《中华人民共和国广告法》《中华人民共和国电子商务法》《中华人民共和国合同法》等法律条例能够对某些商业行为进行约束和规范,但由于直播电商的灵活性、特殊性和体量大等特点给法律的起草及颁布造成困难,行业内依然存在不少"无法可依"的现象,例如数据造假事件频发、产品质量难以保证、带货主播身份与行为性质界定不明晰、主播逃税漏税、消费者取证售后维权困难等,这些问题尚未有适配的法律用以严格约束行为主体。为了填补相关法律的空缺,政府部门下发相关行政规范性文件以监督、制约直播电商行业的发展。比如,国家广电总局发布《关于加强网络秀场直播和电商直播管理的通知》(以下简称《通知》),用于加强规范全国网络视听节目建设管理工作。《通知》指出要防范遏制低俗、庸俗、媚俗等不良风气滋生蔓延,要积极探索利用大数据、人工智能等新技术支撑优质视听内容的推送;要坚持社会效益优先的正确方向,促进网络视听空间清朗。虽然行政部门目前已经在制定行业监管规范,但我国直播电商产业想要真正实现法治化、规范化发展,还有很长的路要走。

2020年,受大环境影响,传统接触式线下消费受到重创,而直播电商这类网络消费模式却发挥了重要作用,推动了国内消费恢复,促进了经济企稳回升。上至中央下到地方,纷纷出台相关政策以保障直播电商产业为刺激国家经济发展,全面服务社会及群众发挥力量。经过研究分析发现,我国关于直播电商产业政策的制定呈现由浅入深,由局部到全面的发展过程。2020年2月,商务部办公厅发布《关于进一步做好疫情防控期间农产品产销对接工作的通知》,鼓励电商平台要给予扶贫带货账号以流量支持,开通农户入驻绿色通道,拓宽滞销农产品销路。3月起,各省(区、市)陆续出台相应政策,从构建直播电商产业集聚区,扶持和培育MCN机构,打造网红品牌到培训带货达人、孵化意见领袖,大力发展直播电商产业经济。6月30日,浙江发布全国第一个直播电商领域标准《直播电商人才培训和评价规范》,文件指出直播电商从业人员的技能可以分成初、中、高三个不同等级,分别从事电商经营活动的简单性、一般性、核心复杂性工作。该标准通过对直播电商人才进行详细的能力等级划分,为直播电商从业者正名,有利于吸引、培养更多电商行业人才。7月1日,由中国广告协会发布的《网络直播营销行为规范》正式实施,填补了我国直播电商产业监督规范的空白,对行业进行健康的引导,对直播电商中的各类角色、行为都作了全面的定义和规范,鼓励行业自律,虽然不具备强制作用,但对于直播电商行业而言是一大进步。7月3日,在中国消费者协会、中国广告协会的支持下,由国务院扶贫办、人民日报社和农业农村部共同指导下建立官方线上机构"人民优选"携手地方政府、电商平台、短视频直播平台、MCN机构等,共同组建的人民优选联盟"直播投诉平台"上线,通过发挥主流媒体的舆论监督优势,为消费者解决直播购物维权问题,维护网络平台消费者合法权益。此外,9月发布了《国务院办公厅关于以新业态新模式引领新型消费加快发展的意见》(以下简称《意见》),《意见》根据当前我国直播电商等新型消费领域面临短板问题从宏观角度给出整体指导意见,明确责任对象,以加快推进新业态新模式的培育壮大。

伴随直播电商、网红经济蓬勃发展,广电将其作为跨界融合发展的重点尝试方向,出台了相应指导文件鼓励媒体生产经营转型。国家广电总局发布《总局关于创建广播电视媒体融合发展创新中心有关事宜的通知》,决定择优创建广播电视媒体融合发展创新中心,以改革创新的思路举措,汇聚各方力量、深入研究探索、强化应用示范,提出要对广电媒体经营模式和项目孵化等方面开展进一步探索:第一,积极推动广播电视和新兴媒体在多方面、多领域共融共通,探索广播电视媒体融合发展的路径方法、体制机制改革等,从实践中提炼出具有推广价值的广电媒体融合发展模式;第二,为广电系统融合开拓创新空间和孵化平台,培育"传统媒体+新媒体"融合发展项目,将其转化成为便于复制推广的典型案例。这一政策为广电跨界直播电商提供了多方保障,促进多家广电MCN机构在直播电商领域大放异彩。

相关配套法律政策的不断更新完善为直播电商生态系统的构建提供多方保障,为顺利推动传统媒体跨界经营营造良好的政策环境,助力推动广电媒体在体制机制、政策措施、流程管理、人才技术等方面加快改革步伐,尽快建成一批具有强大影响力和竞争力的新型主流媒体,形成更具发展动力的新型主流舆论格局。

(二)传媒经济发展环境

广电媒体直播电商生态的构建与发展深受传媒经济走势的影响。传媒经济是指由媒介的信息传播活动引发的相关经济活动和经济现象,传媒产业作为信息产业的重要组成部分,其规模在不断壮大,媒介产品成为当代人们消费活动的重要组成部分。从 2012 年到 2019 年,媒介规模连年增长,传媒产业经济总产值由 9433.4 亿元增加到 22625.4 亿元,但其增速首次跌破两位数,为 7.95%,是近十多年最低。从细分领域看,广播电视广告收入同比下降,而互联网广告、网络游戏等保持增长优势。2020 年传媒产业发展面临更多、更严峻的挑战,传统媒体行业收入情况持续低迷,互联网行业被寄予更高的期望,国家顶层政策不断向其倾斜。因此,广电媒体进军互联网平台开展直播电商活动不只是为了拓展新的经营渠道和收入来源以提供媒介组织赖以生存的物质基础,而是受传媒经济发展趋势影响下的必然选择。

与此同时,新兴技术的发展为广电直播电商生态的构建与运行提供了便利。譬如大数据技术帮助广电平台勾勒出用户画像,以便团队在招商选品时能够有明确的侧重点。再比如使用 AI 技术提高服务用户的效率和能力,以 AI 技术发展现状而言,该技术可以把原来一张图片理解得更加细粒化,再利用人工智能的机器学习能力,形成产品分析和反馈,最终帮助用户在海量图片中找到合适搭配。这一技术能够给产业带来更多的先驱动力与能效,推进产业更好地发展并带给用户更多全新的购买体验。

由此可见,外围层虽然不是构成产业生态的生产流通要素,但对于产业整体的发展演进具有保障性、指导性作用,在直播电商生态系统中与核心层、相关层一样占据重要位置。脱离外围层,产业生态将会过多注重生产经济效益,放弃一部分社会效益,出现生态失衡现象,有违广电媒体跨界融合发展的初衷和可持续发展目标。

四、不同层级间的相互作用

在上文中通过对直播电商生态系统的基本构成情况展开详细阐述,可知各组成要素内容能够被清晰地定义和划分,不同层级均可作为单独的子系统存在。然而放眼整个直播电商生态系统,虽然各层级有着自成一体的发展模式,但彼此之间依然保持着一定程度上的相互作用、依附关系。归纳总结各组成要素的特点,笔者将这种子系统间的相互作用关系称之为共生关系。基于产业共生理论相关研究,本部分从广电媒体直播电商生态的核心层与相关层、外围层以及相关层与外围层等层级间的互动情况进行考察,探究不同组成要素如何相互影响、作用,每个构成单元之间如何共同进化以最终实现产业共生。

（一）核心层与相关层

直播电商生态系统核心层中的媒体、第三方平台、MCN机构、主播等要素均与相关层的受众群体、供给体系有着密切联系，彼此之间相辅相成。比如说，围绕广电媒体共同开展直播电商生产传播活动的各要素从内容、视觉呈现等多方面改变受众接收信息的方式，与此同时，网络时代的受众群体又在潜移默化地通过自身的阅读习惯更新媒体直播电商活动的生产流程和内容取向。

同理，广电与第三方供给系统之间的互动也是一种双向的、不断完善的生态构建过程。一方面，媒体通过对产品进行严格筛选，对供应链每个环节给予监督，完善生产—输出—销售—消费流程，确保从广电自家直播电商活动上售出的优质商品能够高效地送至消费者手中。另一方面，供给体系的成熟程度也决定了媒体直播电商生态构建的深入性和完整性，先进的、成熟度高的供给体系能够使广电直播电商业务的生产传播效率更高、服务更到位，反之则会拖延媒体直播电商工作的进度，不利于生态的稳定性建设。

（二）核心层与外围层

在"互联网+"与媒体融合的双重背景下，广电媒体与新媒体、自媒体等第三方平台机构通过长期的创新发展共同营造了充满活力的传媒经济环境，广电在该环境中不断模仿、学习新兴媒体的内容生产传播方式以提升自身竞争实力，改变传统营收结构，从之前的主要依赖广告投放盈利转为集广告、直播、电商等多途径为一体的创收模式，进一步刺激了媒介市场的繁荣，与传媒经济环境共建共生。

与此同时，在广电媒体开展直播电商活动之初，现有的法律政策就会对其进行约束和规制，例如《中华人民共和国广告法》《中华人民共和国电子商务法》等法律条例对直播产品、宣传话术的把关和限制，以及针对广电媒体的相关内容包括国务院早期出台的《广播电视管理条例》、国家广电总局发布的相关自律公约等规章制度也能够严格审核把关媒体直播内容，规范主播从业行为。伴随直播电商行业规模的快速扩张，许多过去未曾出现的负面问题显露出来，监管部门需要根据现实情况及时更新相应的法律规范内容，既保障了产业生态整体的健康运作，也推动了法治社会的建设，使核心层与外围层二者之间形成良性循环互动。

（三）相关层与外围层

直播电商生态系统相关层与外围层中的各要素都是围绕核心层的组建发

展延伸而来,是维持生态平稳运行的重要内容。相关层中的用户群体和供应商都是媒体直播电商活动的直接参与者,也是广电直播电商生态的主要营收对象,用户群体身份的解构与重构以及供给体系的优化调整能够间接激发传媒经济市场的活力,其权益受外围层中相关法律规范保护的同时,也会被不断更新修正的管理条例制约。因此,虽然相关层与外围层各要素之间并不直接相关,但会通过核心层环节产生联系,相互影响,共同发展进化。

综上,直播电商生态系统各个层级既是相对独立的个体,又是相互作用影响的"亲密合作者"。在构建生态过程中,每个层级的任一要素内容之间合理分工,令彼此处于联结状态,最终形成"合作+竞争"的产业共生关系。

第三节　基于生态学理论的直播电商供应链结构模式研究

对直播电商供应链结构模式的研究是对供应链商业生态系统展开研究的一项基础工作,国内外许多学者均从经济学的角度对供应链结构进行了研究、分析。从结构上看,供应链由所有加盟的节点企业组成,其中一般有一个核心企业(可以是产品制造企业,也可以是大型零售企业),节点企业在需求信息的驱动下,通过供应链的职能分工与合作(生产、分销、零售等),以资金流、物流或服务流为媒介实现整个供应链的不断增值。有关文献认为,供应链中通常都是由一个核心企业和若干个非核心企业构成,按照核心企业的类型,供应链网络的结构可以细分为发散型结构、收敛型结构和树型结构。Ricardo Ernst 和 Bardia Kamrad 在研究中依据 inbound and outbound logistics 将供应链结构划分为四种:Rigid、Flexible、Postponed and Modularized。

引用生态学理论对供应链的结构模式进行研究,引入系统的观点,将企业与环境作为统一的整体进行研究,强调系统中各个成员的相互作用和影响。生态系统中的各组成元素通过能量和物质的流动、循环发生联系并由此相互作用。而供应链的研究也已从对企业内部的研究发展为考虑供应链上所有企业及用户的统一整体的研究。供应链上的企业通过物流、信息流、资金流等媒介相互联系、影响,与外界环境(自然环境、政治环境、经济环境、人文环境等)交互影响、能动。下面通过引用生态系统的相关理论对供应链的结构模式进行阐述、分析。

生态系统中的物质与能量通过食物链进行传递。绿色植物通过光合作用将太阳能转化为化学能,储存在它们制造的有机物中,通过取食,能量在食物链中按营养级逐级传递,如图 4-15 所示。

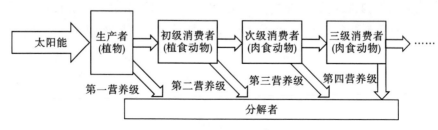

图 4-15　生态系统的能量流动示意图

商业系统中,各种资源(这里将资源分为物质资源、信息资源、资金资源和知识资源)通过供应链上企业的加工、制造、运输等,逐渐增加价值,最终形成产品,供给用户,如图 4-16 所示。

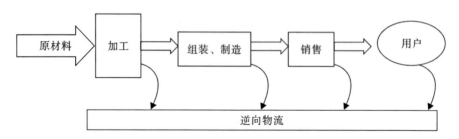

图 4-16　商业系统中的物料流动(以一般制造系统为例)示意图

生态系统中的食物链不是固定不变的,它不仅在进化的历史长河中有改变,在短时间内也会有改变。动物食性的季节特点、自然界食物条件改变等都能使食物网的结构有所变化。因此,食物链往往具有暂时的性质。一般地说,具有复杂食物网的生态系统,一种生物的消失不致引起整个生态系统的失调,而食物网简单的系统,尤其是在生态系统功能上起关键作用的物种,一旦消失或受严重破坏,就可能引起这个系统的剧烈波动。只有在生物群落组成中具有成为核心的、数量上占优势的种类,食物联系才是比较稳定的。

根据当前对供应链的研究可知,供应链一般会具有一个核心企业,通过供应链的职能分工与合作,实现整个供应链的不断增值。这就是一种较为稳定的食物链,具有成为核心的、数量上占优势(具有竞争优势、供应链上的利益主体)

的种类(企业)。在这种结构的供应链中,只要核心企业保持稳定发展,供应链上其它节点企业的波动不会对供应链的整体稳定性有很大影响,一般情况下,通过核心企业的调整可以保持供应链的稳定性。但是,一旦核心企业发生波动却可能导致整个供应链的颠覆。而另一种稳定的食物链,即食物关系复杂的食物链,则具有更强的稳定性,当食物链上的某一种群减少或消失时,其他种群能够找到替代品,保持食物链的稳定。具有这种结构的供应链则应是非单一核心企业或多条单一核心企业供应链的整合。

(二)直播电商供应链结构模式

基于生态学理论中的食物链研究,下面分别对供应链的两种结构模式进行阐述、分析。

1.具有单一核心企业的供应链

核心企业在供应链中具有绝对的优势地位,掌握和控制着整条供应链的生存和发展,当核心企业发展时,就会推动其他节点企业依据核心企业的发展和变化不断调整自身以适应核心企业的需求,促使核心企业与节点企业共同发展、协同进化。节点企业通过直接或间接的关系,相互影响、相互作用,既有竞争又有合作,如图 4-17 所示。

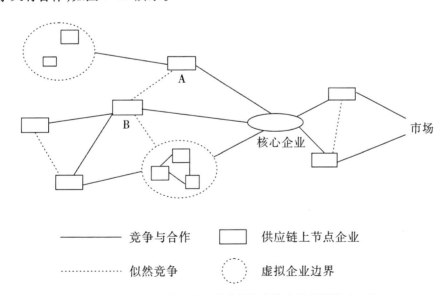

图 4-17　具有单一核心企业的直播电商供应链结构模式示意图

竞争与合作是供应链上企业必然存在的问题,任何企业的生存与发展都离不开竞争,而合作则是供应链形成的基础,供应链越来越强调战略合作伙伴关系,这里不再——赘述。似然竞争是生态学中的一个概念,指的是一个种群个体数量的增加将会导致捕食者种群个体数量增加,从而加重了对另一物种的捕食(妨碍)作用,反之亦然。由于通过共同捕食者而相互影响,两个物种可都不受资源短缺的限制,因此称似然竞争。在供应链上的节点企业 A、B 之间就存在这样的竞争形式,这也是值得供应链上节点企业重视的问题。

这类供应链的典型代表是丰田汽车产业供应链系统。丰田汽车公司是供应链中的核心企业,大量的中小企业作为供应商聚集在它周围。由于其核心主导地位,对整个供应链的发展产生重要影响。丰田汽车公司的出发点是企业最终产品的市场竞争力,不仅要求自身不断发展前进,也需要供应商能够不断满足其需求,这就促使供应商必须不断改善以适应核心企业的要求,与核心企业共同发展、进步。这种供应链,只要核心企业保持稳定、发展,供应链就不会产生较大波动,其他节点企业的衰退或退出,虽然会使得核心企业因需要寻找新的合作伙伴而增加成本,却不会对本身产生很大影响,供应链基本可以保持稳定,而一旦核心企业出现危机,则其他节点企业不但会受影响,甚至可能承担比核心企业更大的危机。这些对于节点企业来说都是很大的风险,即使这样的供应链带给他们生存和成长的机会,却并不符合其长期发展战略的要求。

2. 具有拓展结构的供应链

这种供应链的稳定性依赖于复杂的网络结构。非单一的核心企业或几个相关单一核心企业供应链的整合,都能体现出更多的稳定性和优越性。这类供应链的稳定性是显而易见,它弥补了单一核心企业供应链上非核心节点企业风险远高于核心企业的不足,带给非核心企业更好地发展环境和更多的发展机遇,使供应链系统能够更好地适应新的市场需求,提高整体竞争力。在这类供应链中,当某一企业(包括核心企业)出现问题时,与其相关的企业能够在供应链中很快找到替代企业,减小其产生的影响,保证企业的正常生存和发展。同时,由于存在这样的"替代品",企业将面临更多的竞争压力,而促使其不断改进,保持企业的核心竞争力。

具有产业集群特征的供应链上的核心企业往往也是一个企业集群,拓展了单一核心企业的结构模式。核心企业的集群有效增加了供应链的稳定性,为节点企业创造了良好的发展环境,供应链上的企业有效利用资源,共享信息,不断提高创新能力,获取更多的竞争优势,以此共同发展,协同演化。因其具有一定的复杂性,相对于第一种结构模式的供应链,增加了企业间沟通、协调的难度。

第四节　直播电商供应链商业生态系统中企业个体的演化机理

当前企业演化理论研究认为:第一,企业是内在的、历史性的、以经验为基础的生产性知识的集合体,它体现为"惯例",即决定做什么和如何做的企业能力、程序和规则,企业的惯例可以分为三类:标准操作程序、投资惯例、搜索惯例。这样企业类似于生物进化理论的基因表型(有机体),惯例类似于基因。但企业与生物体不同之处在于企业不存在自然生命周期,不一定会死亡;企业也不像生物体那样受制于基因,企业具有改变惯例的机制(即"搜索")。企业惯例是在有限理性下学习的结果,它使企业具有路径依赖的特征并决定了企业的多样化。第二,"搜索"是由惯例指导的、改变惯例的过程,即企业在当前的可能选择中寻求解决问题的方案,是企业的适应性学习和创新过程,它与评价现有的惯例有关,而且它可能导致修改惯例或以新的惯例取代旧的惯例。"搜索"具有不确定性,即可能存在着非效率,并具有历史和路径依赖的特点。第三,选择意味着在群体中存在着挑选机制,这个机制与已实现的行为标准有关(主要是效率—匹配标准),企业的选择环境(市场竞争)影响企业扩张或收缩的程度,选择的环境部分地取决于企业的外部情况(需求、要素供给),但也取决于企业的特点和行为。企业的选择就是基于对这一选择环境考虑而做出的适应性安排,选择的过程可能形成多样化,也可能淘汰多样化。

在经济演化理论中存在着系统发生论和个体发生论之分,前者重点在于从产业层次来分析企业群体的演化;后者则从企业个体的角度分析企业的演化。在系统演化论中,产业的演化是通过企业的遗传、变异和选择机制加以体现,企业只是作为解释演化逻辑的一个中间环节,企业演化的理论没有得到充分的重视,也没有涉及企业战略选择的问题。在随后的发展中,RumeltP. Richard、Nicolai Foss、Nelson Winter 等人的研究工作促进了基于个体发生论的企业演化理论的发展,并强调企业的能动性特征如组织学习、创新、动态能力、战略等在企业间及企业与环境间的相互作用过程中对企业多样化的作用。纳尔逊针对演化理论过于强调自然选择而忽视企业发展中的能动性选择的问题,在借鉴钱得勒结构—战略匹配的思想的基础上,强调战略、结构、能力对企业演化的作用,认为战略是关于企业合理确定目标及如何实现目标的一种承诺,在人的有限理性、组织搜索的适应性及在路径依赖、选择环境不确定性的条件下,这种战略可能不是最优的,也不是自我毁灭。纳尔逊发展了 Dosi,Teece 和 Winter 的强调在动态竞争中局部搜索学习的"内在一致性"概念,认为要使企业惯例具有实践性,企业需要学习创新和发展利用创新优势的技能和资源,这就需要企业保持战略的"内在一致性",而不是随机搜索。有效的、一致性的战略决定了企业的组织结构和治理方式,组织的有效性决定了组织能力和惯例的演化,这样企业演化理论通过能力、惯例的"内在一致性"(基因、遗传)把战略创新(企业搜索与选择)与环境选择有机地结合起来,可以更好地分析企业多样性的演化,是企业选择机制和竞争环境的选择机制共同决定了企业的演化过程和企业的多样性。这也进一步促进了资源理论,特别是动态能力理论与企业演化理论的结合,使企业演化理论的发展超越了随机演化来探索企业的多样化。

在直播电商供应链商业生态系统中,核心企业(群)利用自有资源,依据环境条件对其他企业资源加以利用、整合,从而不断提高自身企业竞争能力,并带动整个系统发展演进。下面利用资源运营杠杆理论及生态学间断平衡论对企业在直播电商供应链商业生态系统中的个体演化机理进行研究。

一、资源运营及杠杆理论

资源运营理论作为新兴战略理论影响日益重大。随着全球化竞争的加剧,在全球范围内寻求合作的机会或获取外部资源的机会也在增加。如果企业能够有效运用内外部资源,就能够提高企业柔性,形成竞争优势,但是过度依赖外部资源,就有可能导致自有资源利用的不足,从而失去核心能力。已有研究从实践和理论方面的分析,证明了企业可以通过有效运营资源快速成长和获取竞争优势,并且对这种运营资源的理论和方式进行了初步探讨。尽管企业竞争力的提升可在短期内通过制造或外购等方式获取资源加以构建,但任何仅仅利用这些轻易获得的资源所挖掘出的竞争力是难以持久的。无论当时取得效果有多大,都将由于资源的易得性而被其他企业快速效仿,最终使这种竞争力难以持久。

在直播电商供应链商业生态系统中,企业利用自身的核心资源、优势资源通过资源运营杠杆机制有效整合外部资源,及时响应市场变化,形成系统整体的竞争优势。资源运营杠杆机制,如图 4-18 所示。

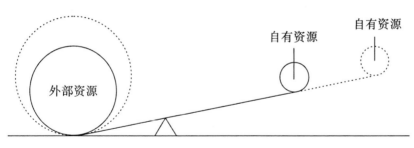

图 4-18　资源运营杠杆机制

对于某些非战略性资源"只求所用,不求所有"是资源杠杆理论的实践基础。企业利用自有资源(自己的核心优势资源)撬动外部资源(系统中其他企业的优势资源)为己所用,通过资源集成快速构成资源优势,进而形成自己的核心竞争力。这样可以节省自行累积这些资源的时间和成本,并降低风险,进而将全部精力集中在增强企业核心能力方面。资源杠杆可以提高企业自有资源的贡献率,并提升其议价能力,还可以更有效地集成外部资源,最终保持自有资源的高贡献率,形成良性循环。

图 4-18 直观地表示了资源运营杠杆的效果。显然,自有资源的"重量"(核心资源的竞争优势)越大,自有资源一侧的杠杆越长,可撬动的外部资源就越多。而杠杆的长度取决于企业的资源运营能力。

二、间断平衡理论

间断平衡理论是对传统渐变论的一种挑战,它在古生物学中为解释进化模式提供了新的视角。达尔文的进化论及其后的综合进化论,均强调物种进化是一个缓慢而连续的过程,即通过小的变异逐渐积累,随着时间的推移形成新的物种。这种渐变论的核心观点是,进化是通过无数微小、渐进的变化逐步推进的,因此物种的演化轨迹是线性的、平稳的。然而,间断平衡理论对这一观点提出了异议。该理论指出,进化并非如达尔文及其后继者所描绘的那样是一个持续缓慢的渐变过程,而是包含着长时间的稳定期与短暂的剧变期相交替的模式。因此,物种并不总是以缓慢、渐进的方式形成和演化,某些剧烈的变化,比如基因突变或环境条件的突发性改变,可能会引发快速的进化和物种的突然形成。

间断平衡理论的提出者斯蒂芬·古尔德和尼尔斯·埃尔德里奇,基于化石记录中的证据,发现许多物种在其存续的绝大部分时间内表现出相对的演化停滞,即物种形态在很长时间里没有显著变化。然而,在某些时期,这些物种会经历剧烈的变化,迅速产生新的物种。这种现象被称为"跃进式演化",与传统渐变论强调的逐步演化相对立。这一理论强调,物种在地质时间尺度上可能经历相对较长的稳定期,伴随短暂而迅速的分化与进化。化石记录中物种突然出现或消失的现象,正是支持间断平衡理论的有力证据。古尔德等人认为,传统的渐变论无法合理解释这些"间断"的现象,而间断平衡理论则提供了一种新的解释框架。

间断平衡理论还提出了地理隔离和环境压力在物种形成中的关键作用。当小种群被隔离在特定的地理区域时,它们在环境压力或基因突变的推动下,可能会经历迅速的适应性变化,从而形成新的物种。这种过程常常发生在物种范围的边缘区域,而不是其核心栖息地。因此,进化的节奏并非总是匀速的,而是受多种因素的影响,包括环境变迁、地理隔离以及遗传因素的突变等。相比渐变论的线性进化观,间断平衡理论为理解进化的复杂性提供了更多的视角,特别是强调了进化过程中的不均衡性和突变的作用。总结而言,间断平衡理论为解释物种形成的模式和速度提供重要的补充和扩展,它揭示了进化并不仅仅是渐进的,也可能是在长时间稳定期后发生的快速跃变。

首先,间断平衡论的核心思想是生物进化包含了突变与渐变两种过程,这两者在进化中辩证统一。间断平衡论认为,大多数新物种的形成是在地质学上极短的时间内完成的,这种快速的成种作用(speciation)常常发生在短暂的地质时期内。成种作用是进化过程中非常重要的一环,它推动了生物群体的宏进化(macroevolution),即物种以及更高级分类单元的迅速形成。在新物种形成后,它们往往进入一个相对稳定的阶段,这个阶段中物种通过缓慢的变异逐渐适应环境,这一过程称为种系渐变(phyletic evolution)。种系渐变主要体现的是微进化(microevolution),即种内的细微变异与适应变化。虽然种系渐变也可以导致新物种的产生,但这种进化速度较慢,且变化量通常较小。因此,间断平衡论认为,生物演化既包含了突变引发的跃进,也有渐变带来的缓慢变化,这两者共同推动了物种的多样性与复杂性。

其次,间断平衡论进一步强调突变在成种作用中的重要性。根据该理论,物种形成的主要动力来自突变,而不是渐进的微小变异。尽管种系渐变也能在长期内积累足够的变化,进而形成新物种,但这一过程的效率较低,产生的变异量通常较小,不足以解释化石记录中某些物种的快速出现或消失。相反,突变能够在短时间内带来显著的基因变化,从而推动物种的迅速演化和分化。因此,突变被视为演化的主要推动力量。间断平衡论指出,虽然突变是随机发生的,但它在某些环境条件下,特别是地理隔离的作用下,能够加速物种的分化和形成。地理隔离常常导致小种群在独特的生态环境中迅速适应并演化出新的特征,进而形成新的物种。这种快速的进化现象正是间断平衡论所强调的核心内容。

最后,间断平衡论还强调自然选择在新物种形成过程中的最终作用。尽管突变和地理隔离是促成成种作用的重要因素,但新物种的生存与繁荣最终还是取决于自然选择的筛选作用。突变可能会带来多样化的变异,但并不是所有的变异都能够在自然界中生存下去。那些能够适应环境、具有生存优势的变异才会被保留下来,从而推动新物种的最终形成。因此,虽然突变和地理隔离是成种过程的关键驱动因素,自然选择则是决定新物种是否能够存活并繁衍的最终力量。间断平衡论通过结合突变、地理隔离与自然选择,较为全面地解释了物种快速形成与演化的复杂过程,从而为进化生物学的研究提供了一个新的框架。

三、企业个体演化机理研究

结合资源运营杠杆机制及间断平衡理论,对直播电商供应链商业生态系统中的企业个体演化进行研究。企业利用自身资源撬动外部资源达到杠杆平衡的过程是一个渐变过程,在这个过程中企业通过不断调整直至使系统达到一个均衡状态。杠杆平衡被打破,则是由一个突变的过程来实现,产生突变的原因有很多。杠杆平衡打破后,企业重新开始一个新的撬动外部资源的过程,并逐渐达到平衡,再在一定条件下,失去平衡。企业的演化过程是渐变与突变协同作用的结果,其演化机理符合间断平衡理论的原理。

四、企业演化过程的主要作用因素

企业演化的渐变过程是企业利用自有资源撬动外部资源,并逐渐趋于平衡的过程。演化的过程由企业自有资源的"重量"、外部资源的"重量"及杠杆力臂的长度决定。

(一)资源的识别及评价

首先,我们对资源的"重量"进行研究。这里我们借鉴赵道致、孙建勇在"基于资源运营的 MICK-4FI 模式研究"中的理论。依据文中的定义将资源分为物质资源、资金资源、信息资源、知识资源,这四种资源的定义,如表4-2所示。

表4-2　资源定义

资源	定义
物质资源	物质资源指有价值的为生产商品、提供劳务、出租或经营管理而持有的物质形态的资源 物质资源包括土地、建筑、设备和各种原材料、各种零部件等。物质资源大都有一定的使用年限。在使用寿命周期内,物质资源可以被用来生产提供一定数量的产品或服务,所以有时其寿命也可以用其所能生产的产品或提供的服务的数量表示
资金资源	资金资源指现金或现金代表物,或者投资者手中拥有以资产作抵押的借据 资金资源包括各种形式的资金(如银行存款存折、公债、股票或马上可以变成现金的任何票据)和金融工具。企业资金资源主要指的是企业的流动资金
信息资源	信息资源指企业为了有效协调和控制生产和市场活动而收集到的各种数据和因此而建立的一整套系统,其价值即为系统的价值 信息资源包括生产、研发、销售、服务、物流等信息和相关信息渠道。由于信息是物质的一种普遍属性,它能反映物质存在的方式和运动的规律与特点,所以要更好控制企业的运作过程,就要拥有一定的信息资源
知识资源	知识资源指企业拥有的有创造性思维的员工,及其自主开发或从外部获得的专利、生产性技术和企业文化、无形资产和企业关系等非实物资源 知识资源包括企业拥有的人力资源、专利和专有技术。企业家才能作为被董事会控制的高阶资源不能被运营战略控制,所以不属于MICK的一部分。企业中人与组织的匹配会产生一定信息,这种信息可以被企业员工作为默会知识来理解,但一般不会被结构化的,我们称之为企业文化。因此企业文化也属于企业知识资源的一部分

资料来源:赵道致、孙建勇,MICK-4FI资源运营模式研究

　　根据资源的定义,企业首先要依据供应链系统的需求辨识自有资源及需要撬动的外部资源,并对自身资源及外部资源的"重量"进行评估。这里我们运用基于MICK-4FI的QFD工具框架进行分析。

　　我们首先将供应链系统提供的产品或服务分解为MICK资源,并加以细分;其次在主矩阵左侧将提供的产品或服务所需的功能要求和战略要求进行分解,

并各自赋予权数;再次我们根据主矩阵右侧列明的评价指标对分解了的 MICK 资源按照主矩阵左侧的各项要求利用 Delphi 法打分;最后我们将打分结果在主矩阵下方汇总,以明确企业应拥有哪些资源,应撬动哪些外部资源。见图 4-19。其中每个功能要求和战略要求指标都分为三级,强=9 分、中=6 分、弱=3 分。

MICK资源的相关性

权重				M			I			C			K		
				M_1	M_2	M_3	I_1	I_2	I_3	C_1	C_2	C_3	K_1	K_2	K_3
功能要求 FR	SR_1	0.6	0.4										9		
	SR_2	0.3											1		
	SR_3	0.1											3		
功能评分													2.32		
战略要求 SR	SR_1	0 4	0.6										9		
	SR_2	0.2											9		
	SR_3	0.2											3		
	SR_4	0.2											9		
战略评分													4.68		
评分				8.3	5.7	2.9	4.7	3.1	4.9	4.3	7.8	5.6	7.0	4.6	8.3
由自身提供的资源				V							V		V		V

评价指标

资源功能等级

图 4-19　资源识别及评价

资料来源:赵道致、孙建勇,MICK-4FI 资源运营模式研究

在主矩阵 1 上方列出了供应链系统提供产品或服务过程中所需的具体 MICK 资源。企业要依据实际情况分解 MICK 资源,此例中分别设各种资源为 M1-M3、I1-I3、C1-C3、K1-K3。

依据已经理解的需求信息将市场需要的产品的主要功能列在主矩阵 1 左侧,左侧矩阵中的 FR1-FR3 表示产品三种功能,并通过专家打分法确定市场对各项功能的主要性程度赋予权重,权重之和为 1,将其填入权重一栏中的左列。此例中假设有三种功能,分别赋予权重为 0.6、0.3 和 0.1。为明确何种 MICK 资源为必须自有,还需在主矩阵 1 的左侧矩阵中列出各项影响资源来源的其他主要战略因素。这些战略因素包括资源对形成核心竞争力的影响,资源特有性

程度、资源增值能力和资源标准化程度等评价指标。左侧矩阵中的 SR1—SR4 表示对产品影响的四种战略因素。企业依据以产品制造过程中各因素对 MICK 资源影响程度,对各个影响资源的因素赋予权重,权重之和为 1。要注意的是,企业设定的这些权重具有时效性和特殊性,不能概而论之。

利用事先确定的评价标准衡量各个资源对实现各项功能的影响。例如:假设 K1 与 FR1 的功能存在强相关关系,则在主矩阵 1 的相应位置根据 Delphi 法打分,依照这种方法分析具体资源与功能之间的相关关系,根据主矩阵 1 右侧的评价标准依次为主矩阵 1 中资源与功能对应的各单元打分。同样企业还需对战略因素对资源的影响程度打分。

主矩阵右端列示的评价标准为,将资源和各功能以及战略影响因素(核心竞争力、资源独特性、增值能力及非标准化程度等)的关系分为强、中、弱三等。强 = 9 分、中 = 3 分、弱 = 1 分。

根据资源对功能和战略的影响程度不同,也分别赋予权重,权重之和为 1。在将主矩阵 1 中各单元打分完毕后,首先计算各个资源与功能实现之间的关系值,即每种资源对各项功能实现的影响累积值。以 K1 资源为例,K1 资源对实现三项功能的影响程度度量值为 $2.4 = (0.6 \times 9 + 0.3 \times 1 + 0.1 \times 3) \times 0.4$。其次计算从战略上影响资源的主要因素的评价值,K1 资源对实现四项战略因素的影响程度度量值为 $4.68 = (0.4 \times 9 + 0.2 \times 9 + 0.2 \times 3 + 0.2 \times 9) \times 0.6$。最后将资源—功能评价值和资源—战略因素评价值加总。以 K1 资源为例,将体现在 K1 资源上的对各个影响因素的评价值进行累加,将数值列在图中下方的相应栏中,比如 K1 资源的评价值为 7 分($7 = 2.32 + 4.68$),作为判断资源是否必须自有的衡量标准之一。

在根据专家意见确定评价标准后。依据上一步得出的数据,评价哪些资源为企业必须自有的 MICK 资源,在本例中企业认为评价值在 7 分以上的资源必须自有,则以 $\sqrt{}$ 表示。企业通过各种途径了解与竞争对手相比在资源利用能力上的差异。

综上所述,我们根据分析结果得出的结论如下:

在选择资源方面:M1、C2、K1、K3 资源为企业必须自有的资源,其他资源可以选择从外部集成也可以选择企业自有,这里我们将其确认为外部资源。

现在,我们已经识别了自有资源和外部资源,下面我们对它们的"重量"进行定义和评估。

在对资源进行识别时,我们对各类资源的功能等级做出了评价,即各类资源对系统产品和服务的输出的重要程度及作用,我们将其定义为资源的重量。虽然我们分别对各类资源做出了评价,但目前为止还没有比较科学、系统的方法能够对各类资源做出综合评价。在杠杆机制中有一个重要的原理,即 F1/F2 =L2/L1,这使我们的问题得到了简化。不需要评价自有资源及外部资源的绝对值,只需对他们的相对值进行比较就可以了。在图 4-18 中可以看出,当杠杆力臂长度一定时,自有资源与外部资源的相对值越大,自有资源所撬动的外部资源就越多,供应链系统中运营的资源就越多。

(二)资源运营能力——杠杆力臂

杠杆的力臂即资源运营能力是企业发展的一个非常重要的因素,当一个企业拥有的资源有限时,想要撬动更多的资源,就要靠调整力臂的长度来实现,即提高企业的资源运营能力。资源运营能力是企业利用、整合资源的综合能力,包括很多方面。企业的核心竞争力是企业运营、整合其他企业资源的一个重要指标,核心竞争力越强,撬动外部资源的能力就越强,即杠杆力臂越长。企业核心竞争力的内在反应即是如何根据内部资源的特点,去发现、选择、利用外部资源,在供应链商业生态系统中,企业要根据自身的特点,在某一领域形成自己的核心竞争力,然后利用核心竞争力去整合其他的企业的资源去完成该领域非核心的业务,如业务外包,就是利用外部企业的生产设备、生产资源辅助核心企业完成工作。

一个企业拥有的核心竞争能力应该是企业独一无二的,即其他企业所不具备的(至少暂时不具备),是企业成功运营外部资源的关键因素。核心竞争能力的异质性决定了企业之间的异质性和效率差异性,是在企业成长期的生产经营活动中积累形成的,其他企业难以模仿。由于核心竞争能力具有难以模仿的特点,因而依靠这种能力生产出来的产品(包括服务)在市场上也不会轻易被其他产品所代替。核心竞争能力是企业独特的竞争力,有利于企业效率的提高,能够使企业在创造价值和降低成本方面比竞争对手更优秀。而尤为重要的是,它能够给消费者带来独特的价值和利益。企业核心竞争能力可有力支持企业向更有生命力的新事业领域延伸。企业核心能力是一种基础性的能力,是一个坚实的"平台",是企业其他各种能力的统领。企业核心能力的延展性保证了企业多元化发展战略的成功。一般情况下,它是企业内部不同能力的集成组合,很少有企业的单一能力,能够成为该企业的核心能力。它是企业跨部门人员不断学习、获得知识、共享知识和运用知识而形成的知识和整合技能。这也是为什么一家企业的核心竞争力,不容易被其竞争对手模仿或复制的原因。核心竞争力并非"与生俱来"或意外获得,它是通过企业成员内部与企业间的学习过程逐步积累起来的,不断学习的过程就是核心能力不断培育的过程。核心能力要与不断发展变化的市场相适应,它的发展自然是一个明显的动态过程。随着时间的推移,企业的核心能力必然发生动态的演变,也要经历产生、成长、成熟、衰亡等阶段。因此,企业核心竞争力在形成以后,就面临着再培育和提升的问题,否则,随着市场竞争的加剧和科学技术的发展,核心竞争力也会丧失其竞争优势,沦为一般竞争力,甚至完全丧失竞争优势。

影响企业资源运营能力的因素有很多,有待进一步研究细化,并构建完善的评价体系。虽然这里没有对其进行量化研究,但在以后研究中可以依据杠杆原理将量化研究进行简化,即对自有资源与外部资源的资源运营能力——杠杆力臂做相对量化。

五、直播电商供应链与商业生态系统的协同演化机理

直播电商供应链商业生态系统是一个有机整体,具有多样性和复杂性,这不仅体现在企业个体组织上的差异,也体现在企业间关系及系统与环境的互动方面。在研究其演化过程中,不能只考虑个体的,即单个种群的演化,要将供应链系统中不同企业之间相互作用及系统与环境的互动有机结合起来,研究其协同演化的机理。

(一)组织演化研究

西方组织生态学的研究具有深度和广度两个方面的特点。除去早期马歇尔、阿尔奇安、纳尔逊、温特等在经济进化方面的研究,20世纪70年代以后,以Hannan和Freeman为代表的组织生态理论的研究日益精细化,提出了完整的组织生态概念和研究框架,建立了可以衡量企业个体成长、变迁和演替的数学模型,甚至将研究深入至种群密度、企业死亡率等具体问题。

Hannan, M. T. 等人建立了组织生态学,他们将行业的种群演化过程视为合法化和竞争两个生态过程,通过研究两个生态过程对企业种群在不同演化阶段种群密度的影响建立了种群密度依赖公式,用于解释某个企业种群的演化过程,并已在酿酒业、汽车、水泥、电信、家电、计算机、工会等行业或者组织种群演化过程中得到验证。olav Sovenson 在组织生态学的两个生态学过程的基础上又提出选择和组织学习两个生态过程。通过选择可以淘汰小于平均适应度的企

业个体,而组织的学习可提高种群的平均适应度,在合法化与竞争之间插入两个生态过程可以更好地解释企业种群的演化过程。企业种群的演化除上述四个生态过程之外还会受到其他因素的影响。例如地理环境,地区的资源、技术,社会政治、经济、法律法规、种族、人口结构、文化、习俗等因素的影响。Hannan,M. T 等人和 LydaS. Bigelow 等人分别研究欧洲和美国的汽车种群的演化过程。他们都证明地理环境对种群的合法化和竞争有不同的影响,其研究成果可以很好地解释行业种群演化的地区不平衡和产业分布的不均衡等问题。此外,MurrayB. Low 等人研究企业种群的起源和企业个体在企业种群演化的不同阶段进入企业种群的问题;P. A. Geroski 分别就美国汽车行业种群演化的动力学问题对市场依赖模型、负反馈模型、密度依赖模型和传染病模型进行了实证研究,他证明企业种群的演化动力主要源于企业间的传染和决策者的非理性行为。因此,也需要将组织生态学理论与非理性决策结合起来共同解释企业种群的演化规律。以上研究均是在组织生态学理论基础上开展的,大部分的理论研究和实证结果支持组织生态学理论。

(二)直播电商供应链商业生态系统中企业间协同演化机理

协同演化在生态学中的定义一般是指两个相互作用的物种在进化过程中发展的相互适应的共同进化。从广义的概念来理解,协同进化又可以指生物与生物,生物与环境之间在长期相互适应过程中的共同进化或演化。一个物种的某一特性由于回应另一物种的某一特性而进化,而后者的该特性也同样由于回应前者的特性而进化。可以说,协同进化概念本身就是研究进化论的一个有力工具,因为它提出了物种之间相互作用的思想。当然,这一概念以及由它衍生出的其他概念必须是在描述相互作用的双方都发生进化的情况下才可以使用。协同进化论与普通进化论看问题的着眼点不同。在普通进化论或种群遗传学中,一个物种往往被孤立地看待,环境以及其他相关物种被视为一成不变的背景。而协同进化论则强调基因的变化可能同时发生在相互作用的物种间。因此,协同进化更强调物种之间的相互作用。

在前面的研究中,我们类比生态系统中的种群关系对供应链商业生态中的企业间关系进行了描述,主要有共生、竞争、捕食等关系,这些关系都可以使企业相互作用,协同演化,我们也将主要对这三种关系产生的协同演化进行分析。

1. 竞争协同

竞争是企业之间一种重要的相互关系,由于资源的稀缺性,市场容量的限制等因素使得竞争的存在成为必然。但是竞争的存在会同时引起参与竞争的企业之间的互动，竞争中的一个企业为赢得竞争必须不断改进自身，使企业更加适应经济发展的需求，另一个为保障自己的生存也要及时做出相应的调整，否则就会遭到市场的淘汰，这就促使这两个或更多的企业共同发展，协同进化。

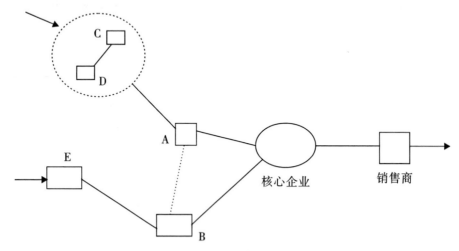

图 4-20　直播电商供应链商业生态系统结构示意图

在直播电商供应链商业生态系统的结构模式中，如图 4-20 所示，我们可以看到，企业 C、D 面对相同的客户，提供相同的产品或服务，而在特定时期、特定环境下，这种需求是有限的，企业为了赢得更多的订单，必然要相互竞争。而企业 A、B，他们虽然面临相同的客户，却提供不同的产品，他们在一定程度上也存在着竞争的关系。为了深入分析企业间的竞争关系，引入生态位的概念，在此基础上揭示竞争协同演化的机理。

生态位是现代生态学中一个重要而又抽象的概念，目前被认为比较科学而且被广为接受的解释是 Putman 等提出的：生态位是指每个物种在群落中的时间、空间位置及其机理关系，或者说群落内一个物种与其他物种的相对位置。这个定义既考虑到了生态位的时空结构和功能关系，也包含了生态位的相对性。显然，每一种生物在自然界中都有其特定的生态位，这是其生存和发展的资源与环境基础。

与自然生物物种相类似，企业也处于自然、经济、社会、文化等因素构成的生态环境里。企业生态位是指企业在特定时期特定生态环境里能动地与环境及其他企业相互作用过程中所形成的相对地位与功能作用。企业生态位既反映企业在特定时期、特定环境中的生存位置,也反映企业在该环境中的自然资源、社会资源、经济资源等企业生态因子所形成的梯度上的位置,还反映企业在生存空间中的物质、资金、人力、技术和信息流动过程中扮演的角色。

生态位理论有两点重要启示:首先,它强调的是一种趋异性进化。物种与其在同一区域相互争夺有限资源,不如通过改变自身来开拓广泛的资源空间,去利用尚未开发的资源。在生态位分化过程中,各物种在时间、空间、资源的利用以及相互关系方面,都倾向于用相互补充来代替直接竞争,从而使由多个物种组成的生物群落更有效地利用环境资源。企业在经营过程中也离不开这一基本理念。其次,生态位理论强调的是个体自身不断进化,通过进化来提高自身生存能力。这对企业来说非常重要,只有自身的生存能力增强,才能很好地应对外部环境变化。

在直播电商供应链商业生态系统中,我们将企业的生态位定义为在系统的时域中,企业在供应链结构中所处的相对位置。这里我们不再讨论企业的地理位置、占有的资源、提供的产品或服务等因素,因为在供应链系统中,一旦确定了它在结构中的相对位置就可以相应确定其他因素。

在自然界,生态位发生重叠是导致竞争的一个必要条件,也就是说生态位发生重叠并不必然引发竞争。比如,同样是食草的动物是可以在同一个环境下和平共处的,通过这些方法来实现:①不同的食草动物吃不同的植物;②不同的食草动物吃同一植物的不同部位;③不同的食草动物在距离地面的不同高度上取食;④不同的食草动物在同一区域活动的时间和季节不同。或者,资源很丰富,两种生物就可以共同利用同一资源而彼此不会给对方造成损害。

在直播电商供应链商业生态系统中,企业 A、B 虽然在生态位上发生部分重叠,但他们通过为同一客户(指企业 A、B 共同面对的供应链上的上游或下游企业)提供不同的产品或服务,有效分割资源,使得他们能够充分地利用同一资源,而不给对方造成损失。这样他们之间似乎就消除了竞争,能够在各自分得的领地内自由发展,但实际上他们之间仍然存在着一种竞争关系。这就是我们在上文提到的似然竞争,它指的是一个种群个体数量的增加将会导致捕食者种群个体数量增加,从而加重对另一物种的捕食(妨碍)作用,反之亦然。企业 A、B 之间通过共同面对的客户发生相互作用关系,当企业 A 通过技术创新、组织学习等方式获得较大发展,能够为客户提供更多或更低价格的产品时,客户由于获得了充足的供应,降低了成本,加快了企业的发展。当客户不断发展壮大时,它就会需要更多的企业 B 的产品,这样,企业 B 也会获得更多的订单,使企业获得发展。这样企业 A、B 与客户,共同发展,达到竞争协同演化。这对供应链上的企业具有重要指导意义,供应链竞争力的整体提升,不仅需要依靠核心企业拉动供应商及销售商共同发展,供应商之间也应注意要协同发展,共同演进。

在直播电商供应链商业生态系统中企业 C、D 的生态位完全重叠,即面对相同客户,又要提供相同的产品或服务,它们之间存在着必然的竞争关系。"物竞天择,适者生存",激烈的竞争是促进物种进化发展的基本动力,企业 C 与 D 都面临着竞争的挑战,只有不断提高企业的竞争能力才能获得生存和发展的机会。当一个企业获得发展时,另一个如果还留在原地,就会失去竞争的能力,等待它的只有衰亡,想要继续生存下去就只有发展自己,达到或超过其他企业的竞争能力。这样,企业 C、D 在竞争机制的作用下,协同发展演化。不可忽视的是,竞争的结果必然会导致一些企业的退出或衰亡,这与资源的限制有关。

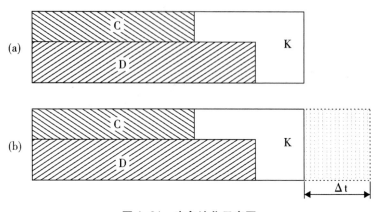

图 4-21　竞争演化示意图

如图 4-21(a)所示,假设企业 C、D 的客户需求上限为 k,在企业 C、D 提供的产品未达到 K 时,一个企业的发展与另一个企业的发展是正相关的,他们是协同演化的。但当企业 C、D 提供的产品达到 K 时,激烈的竞争就会导致某些企业的退出或衰亡。图 4-21(b)是客户需求上限随时间变化的情况,这是企业与客户协同演化的简单示意。

2. 捕食协同

捕食者必须捕获猎物才能生存,而猎物只有避开捕食者才能存活。关于捕食者与被捕食者之间协同进化的问题,达尔文《物种起源》一书中就曾给出这样的推论:假设一种狼捕食许多种动物,其中不同个体的捕食策略不同,有的依靠狡猾的办法,有的依靠力量,有的依靠快速奔跑;再假设奔跑速度最快的猎物,比如鹿,在狼猎取食物最艰难的季节里数量由于某些原因增加了,或者其他猎物的数量减少了。那么在这种情况下,奔跑速度最快的鹿最有可能存活下来。如果鹿长时间地保持这种状态,奔跑速度快的狼就会被自然选择保留下来。

在供应链商业系统中,企业只有获得资源,才能得到生存和发展。获得资源能力强的企业就成为捕食者,他们能够从企业(群)里获得足够的资源维持自己的发展,而获得资源能力弱的企业则会不断被捕食者剥夺生存资源。这里获得资源的能力不是一个绝对值,而是指获得相当的资源与自身所要付出的代价的相对值,这个值越大则说明获得资源的能力越大,反之亦然。可以看出,核心企业(群)在供应链中占据着捕食者的位置。其他上下游企业(群)之间的捕食关系则是相对的,核心竞争力强大、议价能力强的企业成为捕食者,占据着价值链上的主动位置,能够相对决定被捕食者的价值空间、生存空间。

核心企业通过捕食其他企业的资源来赢得自身的发展,它获得的资源越多,则发展越快,进而获得资源的能力也不断增强。核心企业不断提高捕食能力来捕获更多的猎物,而作为被捕食企业,为了维持生存和发展,就要不断与核心企业进行抗争,他们需要随着核心企业的发展做出相应的调整,同时也提高自身的捕食能力,来获得资源,赢得生存和发展的空间。这样捕食者与被捕食者相互作用、相互影响,协同进化。同样的,在其他上下游企业间也存在着这样的协同演化,如企业 B、E,虽然二者均不是核心企业,但它们之间也存在着捕食与被捕食的关系。如果企业 E 具有获得企业 F 的供应的议价主动权,则成为二者中的捕食者,它决定了企业 F 所能获得的利润,直接影响着企业 F 的生存和发展。企业 E 为了自身的发展,会尽量以最低的成本获得企业 F 的供应,而企业 F 则是为了获得更多的利润而尽量将供应的价格提高,二者之间的矛盾促使两个企业都要增强自身的议价能力,一方能力的增强势必引起另一方利润的减少,因此双方都要随着对方的发展而发展,这样才能维持生存和发展。同时,两企业都会大力发展自身企业的竞争能力来争取捕食者的位置,占据利益分配的主动位置。这样捕食者与被捕食者也会相互作用,协同演化。

在研究捕食协同时需要注意两个问题。第一,捕食者与被捕食者的角色在进化过程中是可能发生变化的。在直播电商供应链商业生态系统中,核心企业可以是传统的制造企业,也可以是供应链的末端销售商。这方面的例子有很多,沃尔玛就是一个较为成功的转换角色的例子。

第二,捕食作用产生的协同演化具有条件限制。捕食者对被捕食者的过分掠夺可能会导致被捕食者的大量减少甚至消失。这样捕食者就会失去生存的来源，他们或者寻找新的猎物，或者等待灭亡。尤其是核心企业面临这样的问题时，直播电商供应链商业生态系统就会变得不稳定，核心企业的生存将面临严峻考验，系统内的其他企业将受到更严重的影响，这一问题我们在上文讨论供应链的结构时就注意到了，所以建立了具有拓展结构的供应链，企业如果能够有效整合其他供应链或企业的资源，即捕食企业与被捕食企业都能找到相应的替代对象，这不仅使供应链的稳定性增加，他们也将获得更大的进化空间。但是，只有保持适量的捕食，既保障获得自身发展的资源，同时保障被捕食群体的一定的规模，两者才能相互协同演化。

3. 共生协同

在直播电商供应链商业生态系统中，所有的企业种群共同面临同一系统环境，他们有目的、有系统地组织物质、资金、知识、信息等各类资源形成供应链系统的核心竞争优势，获得生存和发展。他们相互依赖、取长补短，有效地增强系统整体的竞争能力，他们互相促进，共同发展演化。

生物的共生是在长期进化过程中，逐渐与其他生物走向联合，彼此取长补短、互通有无，共同适应复杂多变的环境。生物间这种共生关系可以有效地增强共生伙伴在自然界中生存斗争的能力，并推动生物的不断发展和进化。

回顾供应链管理模式的产生、发展过程，不难发现共生机制在其中的作用。随着技术进步及经济快速发展，加上政治、社会环境的巨大变化，使得需求的不确定性大大增加，需求日益多样化、个性化，企业面对一个变化迅速且无法预测的买方市场，传统的生产与经营模式对市场变化的响应越来越迟缓和被动。为了摆脱困境，企业采取了许多先进的单项制造技术和管理方法，如柔性制造、CIMS 等，但这些仍不足以满足需求。总结经验发现，单个企业依靠自己的资源进行调整已经赶不上市场变化的速度，由此提出企业需要整合资源，共同面对挑战的供应链模式。可见，共生是直播电商供应链商业生态系统构建的基础关系，普遍存在于供应链商业生态系统中的企业（群）之间。

共生关系可以有力促进共生企业的发展和共生系统的发展，增强系统整体的环境适应能力。首先共生企业在资源上互相补偿。核心企业在市场需求的指导下，组织供应商供应原材料进行生产，通过销售商将产品推进市场，获得经济利益，资源的有效整合，使得整个系统能够快速响应市场需求，适应市场的变化，使得系统能够不断地演进，带动系统中的各个共生企业（群）协同演化。其次，共生关系构建了一个适宜企业发展的有机整体，即直播电商供应链商业生态系统,使得企业能够与共生体共同发展、演化。

（三）直播电商供应链商业生态系统与环境的协同演化

直播电商供应链商业生态系统是一个开放的系统,它时刻与环境进行着物质、信息、技术等的交流。商业生态系统理论对于环境的影响和作用投入了更多的关注日光,穆尔(Moore)指出,商业生态系统超出了传统的产业概念,其范围广阔,比如从提供组织职能外包服务的公司、提供融资的机构、提供组织运作所必需的技术的公司,到与公司产品配合使用的互补产品制造商、公司的竞争对手和客户,甚至监管机构和媒体也包括在内。在商业生态系统内部,不同的组织和机构围绕新的创新共同进化:既竞争又合作地支持新产品、满足客户需求,并最终迎接新一轮的创新。它突出了这样的思想:组织要想在新经济中发展壮大,就必须密切关注并理解相关的经济环境以及影响其进化的其他组织,想办法在其中作出独特的贡献。商业生态系统理论从更宏观的层面考察了组织环境自身的演变,同时也强调了组织在商业生态系统生命周期中的主观能动性。在有关文献中,艾安斯迪和利维恩提出了衡量商业生态系统相对健康状况的三大标准,以及商业生态系统中处于不同地位组织的权变战略选择模式,进一步丰富了该理论。在商业生态系统理论中,组织与环境关系的基调是合作互利的,并达到了相互交融、兴衰与共的程度。它表明,一个成功的组织应当拥有一个有效的网络并在其中居于优势地位。同样,一个直播电商供应链商业生态系统要想获得成功,就要充分做到与系统环境的相互融合与作用,及时响应环境的需求与变化,并将自身的调整,有力的进化回馈到环境当中,使系统与环境形成良性互动,相互协同演化。

直播电商供应链商业生态系统的环境包含着很多因素,政治、文化、经济等对商业活动有影响的因素都需要考虑在内,但主要根据系统的战略目标而限定。系统与环境的交互作用体现在两个方面。

第一,环境对系统的自然选择作用。自然选择作用的本质是从众多可行的方案中选出合适的方案。从 19 世纪中叶达尔文在《物种起源》中提出的自然选择学说,到 1971 年比得·科宁提出的社会选择学说,自然界和人类社会处处都存在着激烈竞争环境的选择问题,适者生存。环境对系统进行自然选择的主要特点是:系统和环境之间存在着激烈的竞争,由于系统存在着差异性,由环境来选择系统,只有适应环境的系统才能生存和发展,不适应环境的系统就会被淘汰。系统形式和环境特征之间的相容性是系统生存的基础。环境是复杂而不确定的,对系统的影响非常强烈,环境条件决定了系统的生存和发展,系统的适应性取决于系统与环境需求之间的匹配程度。同时,应该注意到由于资源是稀缺的,没有任何一个系统可以自给自足,为了生存,必须与外界环境进行交换。只有系统获得了有价值和难以模仿的资源,形成了竞争优势的基础,面对环境的变化才不会无所适从而被环境所淘汰。因此,为了适应环境,在制定战略时,系统需要更多地关注外部的环境。环境系统必须对不同的环境做出不同的反应,在自然选择过程中尽量降低交易的成本,获得被环境所选择的机会。

第二,系统对环境的适应作用。每个直播电商供应链商业生态系统都具有自己的战略目标或共同愿景,合适的战略愿景超出现有的能力和目前的环境,它是一个要求综合内部和外部环境的各种资源、面向未来进行创造性活动的长期过程。适应能力强的系统一般都是学习能力很强的组织,这些系统根据共同愿景,本着全球化和本土化有机结合的原则,把相互关联的不同组织联系在一起,彼此适应、相互学习、共同进化。在制定战略时,不仅关注外部环境,而且更注重内部特点来选择制定战略,是一个理性适应环境的过程。在制定战略时,从系统整体出发,使系统内各成员按照自相似、自组织、自学习和动态进化的原则来制定发展战略。

直播电商供应链商业生态系统与环境通过自然选择作用与适应作用,相互产生影响。环境的选择促使系统需要不断提高自身的适应能力,而系统适应了环境之后,又会给环境带来相应的促进作用,二者之间交互作用,协同演化。

第五节 县域农产品直播电商生态系统的
内构成与功能

一、县域农产品直播电商生态系统内涵

县域农产品直播电商是指基于县域地区经济环境,由农产品生产者、供应商、直播消费者、网络主播、直播平台、网红孵化机构、电商平台、供应链服务商、直播技术服务商、政府、外部保障环境等共同构成,以互联网为纽带、虚拟直播间为交易场所,以实现农产品有序流动、价值增值和信息有效传递为目标的多主体构成的有机系统。县域农产品直播电商生态系统的商业主体为县域内从事电商平台直播带货活动组织的统称,商业主体由系统内参与直播电商活动的

个体构成,按照生态层次可划分为个体、种群和群落等类型。其中,个体为县域农产品直播电商生态系统主体的基本构成单元,任一参与直播电商活动的组织机构、物流单位,均可理解为参与农产品直播电商活动的个体;种群为一定时间内占据特定地理空间同类个体的集合;群落为在一定时间、一定区域范围内存在相互联系、相互作用关系的所有种群的集合。非生物环境是指对商业主体开展的直播电商活动有直接或间接影响的非主体事物总和,包括与直播电商活动相关的资金保障、监管服务保障、基础设施保障、发展氛围保障和人才保障等。其中,人才保障是指为该生态系统培育和输送新农人主播,加速培养本地直播人才以保障县域农产品直播电商活动顺利开展。资金保障是指政府及其他金融机构为该生态系统提供多元化、多渠道融资支持,最大限度地推动系统发展。基础设施保障是指县域地区直播电商园区(基地)的建设,完善的直播基础设施可以为该生态系统顺利运行提供保障。监管服务保障是指市场对直播平台、主播等商业主体行为建立相应的管理、奖惩机制,良好的监管服务能减少商业主体虚假宣传、恶意竞争等行为发生,促进系统良性发展。发展氛围保障是指行业协会打造积极的营商氛围,增强商业主体活力,为县域农产品直播电商生态系统高质量发展提供重要的环境保障(见表4-3)。

表4-3 县域农产品直播电商生态系统中的生态学隐喻

生态系统概念	自然生态系统中的基本内涵	农产品直播电商生态系统中的基本内涵
个体	某一特定生物个体	从事农产品直播电商活动的相关主体,如主播、网红孵化机构、农产品供应商、直播技术服务商等
种群	一定时间、区域内同种生物个体的集合	一定时间内占据特定地理空间的同类个体集合,如某一县域内所有电商平台集合构成一个种群
群落	一定时间、区域内不同生物种群的集合	一定时间、一定区域范围内存在相互联系、相互作用关系的所有农产品直播电商种群的集合
非生物环境	水、阳光、温度、空气等	农产品直播电商发展所需的资金、基础设施、监管服务、发展氛围保障等

二、县域农产品直播电商生态系统构成

根据系统中种群职能,笔者将县域农产品直播电商生态系统分解为农产品供给子系统、电商平台子系统、直播带货子系统、消费子系统、供应链服务子系统、直播技术服务子系统和外部保障环境子系统(见图4-22)。

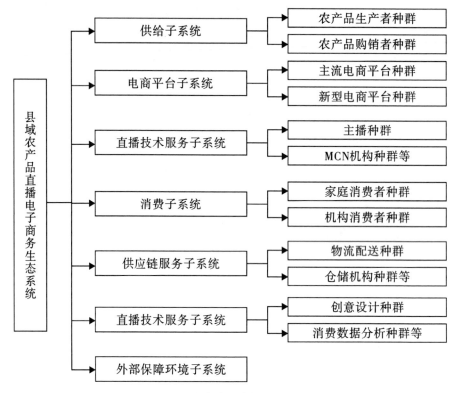

图4-22 县域农产品直播电商生态系统

供给子系统负责对接入驻电商平台的品牌方或直播平台的主播,向其提供农产品货源,并确定主播的直播内容,包括农产品生产者种群、农产品购销者种群等。电商平台子系统为主播或网红孵化机构提供直播平台和销售渠道等资源,制定交易规则,提供监管服务,收入模式主要为打赏分成、抽佣分成和营销推广,包括主流电商平台种群和新型电商平台种群。直播带货子系统负责与供给子系统对接,确定直播内容,在平台进行内容输出,链接农产品直播产业链中供给端和消费端,其功能主要是分析消费者偏好,优化供应商产品、确定产品数量等,是关键子系统。消费者子系统是直播带货子系统的营销对象。直播带货

子系统吸引消费者在电商平台或内容平台消费,实现流量变现转化,主要包括家庭消费者种群和企业消费者种群。供应链服务子系统为主播种群和电商平台种群提供供应链服务,如产品开发与定制、配送、仓储等服务。直播技术服务子系统为直播平台子系统提供直播技术支持服务,包括创意设计种群、视频制作种群、消费数据分析种群、第三方支付种群等。外部保障环境子系统对县域农产品直播电商生态系统中其他子系统的生存发展有重要影响,主要包括人才、资金、基础设施、监管服务和发展氛围保障环境。

三、县域农产品直播电商生态系统种群关系分析

笔者借鉴生态种群关系理论,进一步对县域农产品直播电商生态系统中种群内部及种群之间的关系进行辨析。

（一）种群内部关系

种群内部关系是指同种生物种群内部个体之间的相互关系,县域农产品直播电商生态系统中种群内部存在互助和竞争关系。自然生态系统中,种群内部互助关系表现为同种生物生活在一起,通力合作,维护群体生存。在县域农产品直播电商生态系统中,种群内部互助关系表现为种群内部个体之间基于共同的目标,利用彼此的核心优势来提高自身竞争力,使双方共同受益。如电商平台种群中,电商平台相继发布"人才共享"计划;主播种群中,各主播为了增加关注度和粉丝黏性,以主播个人直播间为互助平台,采用直播连线的方式达到相互涨粉的目的;供应链服务商种群中,企业携手打造"绿色回收"活动,发展绿色物流。

自然生态系统中,种群内部竞争关系表现为同种生物个体之间由于食物、栖所、配偶等矛盾而发生斗争的现象。在县域农产品直播电商生态系统中,种群内部竞争关系表现为种群内部个体之间对货物资源、市场需求等进行争夺和分流。如电商平台种群中,平台在客户、平台占有率和市场成交额等方面存在激烈竞争;主播种群中,头部主播、腰部主播带货能力差距大,直播行业的马太效应加速固化,腰部主播的发展面临巨大挑战;网红孵化机构种群中,机构面临白热化的市场竞争,行业内"二八定律"效应明显,即20%的头部红人获得市场80%的关注度,赚取80%的利润;供应链服务商种群中,各物流企业生存空间高度重叠,有限的资源导致物流企业之间竞争激烈。

（二）种群间关系

种群间的竞争关系表现为两个种群为争夺相同资源而产生的斗争。在县

域农产品直播电商生态系统中,竞争关系指商业主体在市场上为实现自身利益最大化而不断较量。这种较量主要存在于不同产业链。

竞争偏利共生关系指在两个种群的相互关系中,一个种群受益,另一个种群不受影响。在县域农产品直播电商生态系统中,电商平台种群为农产品生产者种群提供消费群体,为消费者种群提供农产品购买渠道,此时,电商平台种群没有获得利润。电商平台种群与农产品生产者种群、消费者种群之间存在偏利关系,仅对农产品生产者种群、消费者种群有利。三者之间的偏利关系不是一成不变的,随着县域农产品直播电商的发展,三者之间的关系将逐渐朝着互利共生方向发展。

互利共生关系指两个种群相互依存,种群之间可以通过资源整合、信息流转等方式合作,从而实现共同利益,形成互利共存关系。在县域农产品直播电商生态系统中种群间的互利关系典型代表为电商平台种群为主播种群或网红孵化机构种群提供直播平台、分发流量和提供下单渠道,主播种群和网红孵化机构种群入驻电商平台,生产并输出内容,为电商平台种群带来流量。主播种群或网红孵化机构种群利用自身口碑为商品背书,降低消费者种群购物过程中的信息获取成本和购物决策难度,消费者种群对主播的关注也增加了主播、网红孵化机构种群的流量。网红孵化机构种群为主播种群提供运营服务,进行商业赋能,主播种群则为网红孵化机构种群分佣带货收入。

寄生关系指一个种群必须依赖其他种群的信息或能量的传递维持生存,且其他种群为其提供相应的信息和能量。在县域农产品直播电商生态系统中,寄生关系主要存在于直播技术服务商种群和主播种群、网红孵化机构种群之间。直播技术服务商种群专门为主播种群或网红孵化机构种群提供直播营销服务和直播技术支持。随着直播电商的兴起,带动了一批专门针对直播电商领域的直播消费数据分析机构、直播内容开发机构等直播技术服务商。直播技术服务商种群的生存依赖直播种群、网红孵化机构种群,表现出较强的宿主专一性。

四、县域农产品直播电商生态系统功能

(一)农产品价值增值功能

农产品价值增值指依托各个商业主体间的互动实现农产品价值的创造和增加。农产品直播电商生态系统运作模式解决了传统电商生态系统运作模式下存在的农产品供给者和电商平台企业之间合作不充分、资源和利益分配不

均、信息不对称等问题,增大了系统整体价值增值幅度。在县域农产品直播电商生态系统中,农产品价值增值功能表现为系统主体依靠信息化技术,优化资源配置,快速响应市场需求,压缩农产品流通环节,帮助农户、农产品生产企业提高工作效率,降低企业成本,优化产业链结构。

（二）农产品实体物流功能

农产品实体物流指物质实体的物理流动过程,包括运输、储存、配送、装卸、保管、信息管理等活动。在传统电商模式下,物流企业为核心电商平台企业完成交易提供仓储、运输、配送等物流支撑服务,实现商品由卖方向买方的空间流动。随着县域农产品直播电商的快速发展,其带来的集中爆发的碎片化、个性化订单为传统物流企业的转型提供新的发展机遇。在县域农产品直播电商生态系统中,农产品实体物流功能主要表现为物流企业通过提升直播电商末端农产品配送的服务质量,发展逆向物流、冷链物流,为消费者带来更好的购物体验,提高农产品交易额和复购率,通过加强"仓+配"能力,提升配送效率,降低各环节成本,提高企业运营效益。

（三）农产品信息传递功能

农产品信息传递是指商业主体借助互联网传递农产品供需信息。农产品信息传递功能是该系统的基本功能,也是系统其他功能的重要支撑,更是该系统相对于传统农产品流通系统、电商生态系统的优势所在。在县域农产品直播电商生态系统中,农产品信息传递功能表现在商业主体根据市场需求的变化,更充分、及时、准确地掌握用户需求信息、农产品供给信息、物流信息等,进而促进系统商业主体之间有效沟通,提升彼此工作效率,促使生态系统向着多层次、多角度方向发展。

（四）农产品资源配置功能

资源具有稀缺性,任何可以利用的商业资源都是有限的、分散的。在县域农产品直播电商生态系统中,农产品资源配置功能的价值表现为核心电商平台企业、头部主播或网红孵化机构等主体能借助自身力量组织、协调和聚集各种互补性资源,合理配置农产品资源、直播技术资源、直播人才资源等,加强彼此的协作,提升系统运营能力。

第五章 | 直播电商生态系统形成机理分析与概念模型构建

　　科技进步与数字化转型是推动农产品跨境直播发展的主要因素。随着互联网和移动技术的迅猛普及,农业产业逐渐迈入数字化时代。云计算、大数据分析和人工智能等技术的广泛应用使农产品生产、销售和流通更加高效和智能。农产品跨境直播充分利用这些科技手段,通过互联网平台为农产品提供了全新的推广和销售渠道。全球化趋势也在推动农产品跨境直播的兴起。随着国际贸易的不断加强,农产品的国际市场需求逐渐增加。跨境直播成为农产品直接触达国际市场的有效途径。农产品生产者通过直播平台展示产品特色,吸引国际消费者的关注,实现农产品的全球销售。消费者需求的变化是另一个推动力。现代消费者更注重产品的品质、健康和可追溯性。农产品跨境直播通过实时视频展示、介绍农业生产过程等方式,满足了消费者对产品信息的追求。这种直观的展示方式提高了产品的透明度,增加了消费者的信任感。农产品品牌推广需求也在促使农产品跨境直播的发展。通过直播平台,农产品生产者能够展示品牌形象、传递核心价值观,吸引更多消费者对自家品牌的认知和选择。新冠疫情的暴发更加强调了线上销售的重要性。由于疫情影响,线下销售受到限制,而农产品跨境直播作为一种线上销售手段逐渐崭露头角。在这一背景下,跨境直播成为农产品生产者绕过线下交流受限的有效途径,也更好地适应了社会对于远程消费方式的需求。这些因素共同作用,推动着农产品跨境直播的发展,使其成为农业产业链上的创新形式,为农产品的推广、销售和品牌建设提供了全新的可能性。

　　以直播模式为核心研究商业生态系统的形成机理,需要先确定直播模式的商业生态圈。根据对直播模式及商业生态系统界定的分析,直播模式商业生态圈主要包含以下企业、组织单位:直播平台、消费者、原材料供应商、中间产品供应商、产成品供应商、物流企业、支付平台、金融机构、通信企业、基础设施服务企业、政府、高校、行业协会、培训机构(语言类、管理类、信息技术类、品牌营销类、专业技术类)、科研机构、产业园区。对于直播模式商业生态圈进行进一步的结构、关系、功能形成机理分析以及种群分析,从而构建出直播模式商业生态系统概念模型。

第一节　结构形成机理分析

系统科学认为,系统结构是指系统内部各个要素及其相互关联所形成的整体配置。

系统科学认为系统结构是指系统内包含的要素总和与各要素之间存在关联的整合。商业生态系统是由不同领域的经济群落、组织、个体以相互作用、相互依赖、互利共生的关系构成的动态网络系统,并逐渐发展成为以一个或多个核心企业为主的网络价值系统。商业生态系统的具体结构主要包括:生产者单元集群、市场单元集群、要素市场单元集群、消费者单元集群、废品市场单元集群、分解者单元集群。

生产者单元主要是为商业生态系统内部生产核心产品而做出努力的企业集群,主要包括原材料供应商、产品加工制造商、产品包装制造商等处于生产链条上的企业。消费者单元主要是指购买核心产品的终端消费者或者企业的集合。每个单元所包含的企业、组织单元类型,如表5-1所示。

表5-1　B2C 跨境直播模式商业生态系统结构分析

单元类型	包含企业、组织类型
生产者单元	产品加工制造企业集合、包装企业制造商
消费者单元	境外消费者集合
产品市场单元	跨境直播平台集合
要素市场单元	自然要素、技术要素、经济要素、社会环境要素、政策法律要素
废品市场单元	废料回收企业、废水回收企业
分解者单元	废料、废水加工制造企业

产品市场单元是指核心产品的销售市场,对于多级销售渠道来说,上游销售渠道是下游销售渠道的销售市场,而核心产品到达终端消费者之前的多层

级、多方式的销售渠道对于终端消费者来说是销售市场。例如经销商、代购商、零售商等都属于产品市场单元。要素市场单元是指生产核心产品所需要的各种实物或者非实物的要素集合，包括自然要素、政策法律要素、经济要素、科学技术要素、社会文化要素等要素的集合以及生产中间产品、核心产品所需要的各种原材料的来源；政府关于生产中间产品、核心产品所规定的法律政策；生产中间产品、核心产品的国家的经济环境是健康还是恶劣；生产中间产品、核心产品的机器设备和线上销售平台的互联网技术环境是否先进；终端消费者对核心产品的接受度、认可度和喜爱程度；影响整个市场走向的社会需求。废品市场单元主要是指在核心产品加工制造过程中产生的废料、废水资源的买卖交易市场，以及终端消费者无意或有意损坏所购买的核心产品而导致核心产品功能损失不可继续使用而进行废品买卖交易的市场。分解者单元是指从废品市场购买废料、废水、损坏的核心产品等资源的消费者或者企业的集合或将这些废弃资源进行二次加工利用的企业、组织。

对于商业生态系统来说，整个系统的内部结构是环环相扣的，资源的开发、加工、利用、销售、购买、分解是一整套流程，缺一不可。流程的顺利进行，倚仗于结构的完整，而商业目标最终的达成，更需要流程的无障碍运行。每一个节点企业不仅仅是为赚取利益而存在，更是为实现系统整体价值利益目标而努力。商业生态系统不能良好地运行不仅仅在于系统内部各个组织结构并未充分创造价值，更在于商业生态系统内部构成的缺失。系统结构的缺失是商业生态系统不完整性的体现，系统内部结构并未充分创造价值是商业生态系统不完善性的体现，只有当商业生态系统既完整又完善才能更好地促进商业生态系统的稳态发展。

第二节　关系形成机理分析

商业生态系统中最重要生存法则为共生，自 20 世纪 80 年代以来，西方学者在商业战略领域中重点关注的是"生存竞争"，这主要源于生态学概念中的"物竞天择，适者生存"，各个物种之间积极与消极共存模式隐喻着"捕食共生"的商业环境。20 世纪 90 年代，生态学中物种之间积极的共生关系所隐喻出的"互利共生"状态吸引了不少学者的目光。有学者逐步开始关注共生。共生是指两种或多种生物互相合作，以提高自身的生存能力。对于新型企业来说，寻求双赢共生关系不仅是时代的要求,更是经济创新的要求,需要企业能够在合作中竞争,又在竞争中合作。在全球经济多元化、一体化的时代背景下,以核心企业为首主导的竞争与合作的商业模式已完全地转变为以核心企业为主的商业生态系统共荣共损的发展模式。共生关系可以有力促进共生企业的发展和共生系统的发展,增强系统整体的环境应变能力和适应能力,生态位分离的企业以互利共生存,生态位重叠的企业以捕食竞争。

广义的共生一般包括物种之间以任何形式、方式相互作用的生存法则,狭义上的共生可以理解为"互利共生",即物种之间相辅相成。Frank采用了"共生"一词来描述两种生物相互共存依存或者一种生物寄生在另一种生物中的现象。郝喜玲更是实证了商业生态系统中存在的三种共生关系:寄生、偏利和互利。所谓寄生关系在生物学上理解为:两种共存的生物之间存在着受益方和受害者方。一般来说,受益方被称为寄生者,受害方被称为寄主。寄生关系在商业生态系统中表现为商业生态系统中的企业从其他企业榨取更多能量或价值。所谓偏利共生关系在生物学领域,可以理解为两种共存物种,一个物种受益,但是另外一个物种并不受到伤害。偏利共生关系在商业生态系统中表现为,系统内产生的新的能量或新的价值更多地输送到某个企业、组织当中。互利共生关系在生物学上表现为两种生物共同生存、相互依赖并且相互受益。在商业生态系统中表现为企业互相输送价值能量以创造新的价值、能量,并且循环往复,相伴相生。

商业生态系统中的企业、组织成员可以按照生态位的不同分为骨干型企业、主宰型企业、缝隙型企业和辅助组织四种。骨干型企业是商业生态系统中的核心企业,凭借稳定的、可预测的资源共享机制,向系统内部的其他企业创造一个为其生产所需产品的平台,来促进商业生态系统的发展。核心企业是指为相互协作或提供互补产品的供应商、生产商、零售商、消费者提供平台,以生产、经营、消费、购买等活动为主的中心企业。所以骨干型企业扮演着利益价值共享的角色,合理分配商业生态系统中成员的资源价值。

主宰型企业在商业生态系统中位于关键位置,多指一级供应商、零售商、货物代理商等,主要为骨干型企业提供中间产品、产成品。主宰型企业无论其对商业生态系统内部的资产控制力如何,都追求价值、资源、利益的最大化获取。但是也会参与到骨干型企业的共享机制之中,通过改善价值机制或创造新的价值机制来进行价值共享,促进商业生态系统的稳步发展。

缝隙型企业是专业性企业,在商业生态系统以填补缝隙空间,寻找适当的生态位。利用骨干型、主宰型企业提供的资源价值共享机制,不断提高、创新和改革专业技术,向商业生态系统内部输送专业性服务。

辅助组织作为实现跨境直播贸易的催化剂,并不参与产品的生产过程以及销售过程,能够增进跨境直播贸易成功率。

四种共生关系之间的区别如表5-2所示,B2C商业生态系统中企业成员类型如表5-3所示。

表5-2 共生关系之间的比较

关系	特征	表现	影响
互利共生	关系双方共同分享新能量或价值	(1)骨干型企业与缝隙型企业; (2)企业与消费者	系统中主要作用机制,是一种稳定有效关系
偏利共生	产生新能量或价值,一方有利,一方无害	系统内企业与辅助组织	对系统有经济促进作用,需建立相应补偿机制
寄生	能量或价值转移	主宰型企业与整个系统	不利于系统长期发展,需转化为偏利、互利共生
竞争	能量或价值的相互争夺	提供相似服务的企业之间的竞争	不利于企业之间能量与价值的交换,有利于推动企业之间的创新

表5-3 B2C跨境直播模式商业生态系统中企业成员类型

组织类型	具体成员
骨干型企业	跨境直播平台
主宰型企业	原材料供应商、中间产品供应商、产成品供应商
缝隙型企业	跨境物流企业、跨境支付平台、境内金融机构、境外金融机构、海关、认证机构、跨境代理服务商、跨境IT服务商、通信企业、基础设施服务企业
辅助组织	政府、高校、行业协会、培训机构(语言类、管理类、信息技术类、品牌营销类、专业技术类)、科研机构、产业园区

对于B2C跨境直播模式商业生态系统而言,跨境直播平台为供应商、生产

商、零售商、消费者提供跨境平台,让生产商生产的产品、供应商供应的产品、零售商销售的产品在跨境直播平台上得以展示和销售,让境外消费者也可以通过此平台购买相应的产品、服务。原材料供应商、中间产品供应商、产成品供应商等为追求商品利益的最大化会不断压榨系统内其他企业的价值,利用跨境直播平台实现境外销售,拓展境外市场。压榨上游企业以降低产品成本、榨取下游利益以获取高额利润,无视系统的共生发展,不断提升自身的价值利益。跨境物流企业、跨境支付平台、境内金融机构、境外金融机构、海关、认证机构、跨境代理服务商、跨境 IT 服务商、通信企业、基础设施服务企业提供各类专业化服务,支撑跨境贸易的运作。辅助组织主要包括政府、大学、研发机构、培训机构等组织。辅助组织通过为商业生态系统内部企业提供政策、技术、语言、管理等方面的指导,合理优化、提升商业生态系统的生产效率和价值资源流动。

第三节　功能形成机理分析

一、生产者及其功能

商业生态系统中的生产者,是生产产品和服务的经济单元。将自然界中的自然资源按照消费者需求进行一系列加工,并且在自然资源变成终端产品的过程当中会经历多元复杂的加工制造过程。从自然资源到终端产品的加工过程中,以任何形态、形式出现的半成品、服务都可以称之为中间产品。在这一加工过程中涉及的所有企业被称之为生产者。B2C 跨境直播模式商业生态系统下的生产者包括以核心产品为导向的加工制造企业集合和产品包装制造商集合,是以核心产品为导向的生产链和以核心产品包装为导向的生产链。

生产者的功能是将自然界中的各类要素、社会人文方面的各类资源要素转变为实物产品、服务产品。生产者的本质特点是转变各类物质形态、提供以消费者需求为导向的各类增值服务,优化提升产品、服务的原有功能,创造产品、服务的新功能和附加价值,提高实物产品、服务产品对消费者的有用性和满意度。在对产品进行优化提升和创新的过程当中,不断更新商业系统内部的技术设备、机械设备、生产流程、工艺水平等,有利于商业生态系统创造更多价值资源。

二、消费者及其功能

在商业生态系统中的消费者,是使用产品、商品和服务的群体,消费者的功能是对企业的产品、服务进行等量的价值交换,为企业生产、创新产品、服务的流程、模式、机制、技术提供一定的资金保障,提高企业的创新能力和为人类的延续性发展做铺垫。消费者一般分为普通居民(家庭或个人)、政府部门、企业部门等。家庭、个人消费者购买、使用产品或服务以延续企业发展、家庭或者个人生存,并提供生产的资金要素和技术创造资源。政府部门购买、使用产品或服务是为企业提供政府组织、管理等服务。企业部门购买、使用产品或服务是为了延续自身发展和提供产品企业的延续发展。B2C跨境直播模式商业生态系统下的消费者为家庭或个人,都是境外消费者,以个人名义进行产品的购买。

消费者是商业生态系统运作的根本动力。消费者作为最终产品的购买者和使用者,以资金给付的方式向销售企业提供货币资金,销售企业再将资金分配给各种供应商或者机构,这就形成了商业生态系统内部的资金流动。商业生态系统内部的运营机制、创新机制需要良性的资金支持,如果消费者不购买产品、停止购买产品或少量购买产品,系统内部的运营机制、创新机制会因为资金链的断裂而面临崩溃。

三、分解者及其功能

在商业生态系统中的分解者,也可以被称作还原者,是回收并加工企业和消费者产生的废品资源的经济单元。以维护人类生态环境的健康,保持自然生态系统的平衡为目标,促进人类社会可持续发展。B2C跨境直播模式商业生态系统下的分解者主要是指废物、废水回收利用企业集合。分解者在商业生态系统中的作用有以下几点:①循环利用资源。一般来说当产品在加工过程中出现废料、废水或因产品生产工艺不当、消费者无意或有意的行为而造成损坏的产品可以通过分解者进行再次加工利用。②合理高效分配、利用资源。加工过程中的废料、废水或者因产品生产工艺不当、消费者无意或有意的行为而造成损坏的产品如果无法循环利用生产本产品的,可以进行合理配置生产其他的产品。③保护环境,维护自然生态平衡。对于分解者来说,在整个系统之中其并不参与商业生态系统内部和新产品的买卖交易,而是通过回收加工利用废料、损坏的半成品、产成品、废水等资源,避免这些资源对整个自然环境产生污染,促进商业生态系统的绿色发展。

四、市场及其功能

市场可分为商品市场、要素市场、废品市场和金融市场。在商业生态系统中的要素市场是生产企业之间交易买卖原材料、中间产品、产成品的场所;金融市场是各类企业、消费者与银行、金融机构进行资金货币运营的场所;商品市场是供应商、零售商、销售商与消费者之间交易买卖商品的场所;废品市场是回收企业与分解者之间进行废料、废水、损毁产品买卖交易的场所。对于 B2C 跨境直播模式商业生态系统来说,商品市场是指从境内将核心产品的买卖交易到境外的场所;要素市场是指境内各种原材料、中间产品、物质资源、服务的交易场所;金融市场是指境内外金融资产、货币等交易场所;废品市场是指境内废料、废水、损毁加工的中间产品和境外损毁的产品的回收交易场所。B2C 跨境直播模式商业生态系统下的市场如表 5-4 所示:

表 5-4　B2C 跨境直播模式商业生态系统内市场

市场类型	功能
商品市场	从境内将核心产品的买卖交易到境外的场所
要素市场	境内各种原材料、中间产品、物质资源、服务的交易场所
金融市场	境内外金融资产、货币等交易场所
废品市场	境内废料、废水、损毁加工的中间产品和境外损毁的产品的回收交易场所

要素市场的功能是为企业生产产品提供各种资源;金融市场的功能是让企业在进行产品生产和要素资源买卖的过程中予以资金的支持,为消费者提供货款支付的服务;商品市场功能是通过交易商品,让消费者购买到所需要的产品,让企业获得资金支持和价值利益;废品市场的功能是为循环利用、有效配置废弃物提供买卖交易场所。要素市场、金融市场以提供实物、非实物的资源价值为商业贸易做出贡献,为商业生态系统力所能及地提供更多有利于系统发展的物质。

第四节　种群分析

商业生态系统中的种群可以分为四种:领导种群、关键种群、支持种群、寄生种群。领导种群是整个商业生态系统中的核心企业,为系统内提供资源共享机制;关键种群是系统内部直接参与跨境货物的买卖双方和卖方的供应商;支持种群是系统内部间接参与的跨境贸易交易、能够支撑跨境交易的企业、机构、平台;寄生种群是能够为系统内部的关键种群和支持种群提供增值服务的机构、平台,即在跨境贸易交易过程中,可以提升跨境贸易交易速度和专业水平、服务水平。

领导种群是指农产品跨境电商平台。跨境电商平台作为整个系统的核心,不仅连接着系统中的关键种群和支持种群,打造一站式服务,还扮演着协调者与沟通者的角色。领导种群通过提供平台与监管等相关服务,整合系统资源,为生态系统的共生、演进提供不可或缺的基础。河南省现有农产品跨境电商平台可分为三类:第一类是专门经营农产品跨境电商交易的垂直型平台,代表企业有一亩田、杨凌农科、谷登电商等平台。第二类是包含农产品类目的跨境电商平台,代表企业有阿里巴巴国际站、速卖通、敦煌网、亚马逊、Ebay、Wish、Shopee、环球资源网、中国制造网等平台。第三类是有一定国际影响力的国内电商平台,代表企业有淘宝、天猫、京东等平台。这类平台在东南亚及港澳台地区拥有众多消费者。但总体来看,农产品垂直跨境电商平台数量较少,有待进一步发展。

关键物种是农产品跨境电商的交易主体。如果缺少关键物种,整个生态系统都无法正常运转。关键物种包含了农作物生产人员、农产品加工企业、供应商、批发商、零售商及农产品消费者等。根据贸易进出口方式不同又可分为农产品出口跨境电商和农产品进口跨境电商。农产品出口跨境电商是指将境内农产品销往境外,农产品进口跨境电商则是指将境外农产品进口至国内进行销售。

根据参与跨境电商交易主体不同可以分为 B2C 模式、B2B 模式和 C2C 模式。以出口为例,在农产品跨境电商 B2C 模式下,卖方为农产品生产或销售企业,买方为境外个人消费者,双方通过 B2C 农产品跨境电商平台进行线上交易;在农产品跨境电商 B2B 模式下,卖方为农产品供应商,买方为境外农产品批发商或零售商,双方通过 B2B 跨境电商平台进行交易;在农产品跨境电商 C2C 模式下,卖方为从事农产品生产、加工或销售的个人,买方为境外个人消费者,双方通过农产品跨境电商 C2C 平台进行交易。表 5-5 为河南省农产品跨境电商模式发展现状分析。

表5-5　河南省农产品跨境电商模式发展现状分析

农产品跨境电商模式	进口方面	出口方面
B2C 模式	处于平稳增长期,目前国内进口跨境电商平台众多,如天猫国际、考拉海购、京东国际等	处于起步阶段,受制于河南省农产品出口供应链服务水平较低,可出口的品类受限,阿里巴巴、速卖通等平台上有少量的农产品品类
B2B 模式	处于数字化转型时期,由提供交易撮合服务逐步向数字化平台转型,借助招商直播、视频展播、直播采购等方式,重构撮合交易场景,全球线上线下同步直播高效推动数字化展示和对接交易,进一步降低信息不对称,极大提高农产品交易成功率	处于增长期,整体呈现规模小、平台少、发展慢、潜力大等特点
C2C 模式	成为行业发展新的增长点。农产品跨境交易与一般贸易、新零售融合创新的步伐不断加快,海外农产品 C2C 全渠道新零售迅速崛起,海外农产品进口在线上与社交、短视频及直播产业合力发展,在线下与实体零售、社区电商及物流到家产业叠加创新,实现线上线下全渠道场景化	以海外仓为核心,为农产品企业开拓海外市场提供产地直采、直邮、数字营销、海外接洽、大数据选品、展示宣传、本土化运营等复合型多元化的服务,大大提升了农产品跨境电商出口的便利化水平

在河南省农产品跨境电商生态系统中各关键物种的发展存在诸多问题。农户自主经营的农场出现生产规模小、集中程度低、地理位置分散等特点,且农业生产、加工过程中缺乏组织性与计划性,农产品的质量也缺乏统一衡量标准。此外,这些小型农场生产、加工技术含量低,生产的农产品主要为初级加工产品,没有品牌溢价产品附加值低,对消费者缺乏吸引力。更重要的是这些农户虽然部分具有国内电商销售经历,但大多缺乏跨境电商运营经验,这制约了其在农产品跨境平台进行销售、推广,不利于农产品跨境电商生态系统的发展与优化。

支持物种为整个农产品跨境电商生态系统中贸易流、资金流、信息流和物流提供支持服务。虽然支持种群围绕核心种群与关键种群开展活动并提供支持，但不同于寄生种群，支持种群并非依赖生态系统而生存。支持种群可以独立生存，但依靠生态系统，它可以获取远超自己竞争力所得利益。河南省农产品跨境电商生态系统中的支持种群包括：物流企业、金融机构、跨境电商综合试验区、政府机构等。

从天眼查平台查询到：截至 2022 年 6 月，河南省从事跨境电商的相关企业共 839 家，其中跨境物流企业 172 家，跨境支付企业 14 家。目前，河南省跨境物流方式分为国际邮政物流、国际商业快递、国际专线物流和海外仓，其中 60% 以上包裹通过国际邮政物流投递。中国邮政旗下的邮政速递物流跨境电商产品——国际 e 邮宝。国际 e 邮宝运费相比于商业快递更加经济实惠，运送时效快于邮政小包且清关能力强，是众多跨境电商卖家首选的物流方式之一。跨境支付方式方面，除了银行间国际结算汇款、专业汇款公司等传统支付方式，近年来第三方跨境支付随着跨境电商的发展应运而生。作为新型跨境支付方式，第三方跨境支付可以解决传统支付方式的痛点。不同于传统贸易交易大额、低频、费用高的特点，跨境电商交易需求是小额、高频、费用低，这就要求第三方跨境支付提高支付效率的同时降低支付成本。我国境内的第三方跨境支付企业需持有外汇管理局下发的跨境外汇支付牌照，代表性的支付企业有易付宝、支付宝、联动优势、连连支付等。

河南省作为经济大省，工业发展水平在全国处于领先地位，其支持种群的发展已相对较成熟。但由于农产品与工业产品在生产、加工、运输等方面有很大区别，适应工业品跨境电商生态系统不一定适应农产品跨境电商，农产品跨境电商生态系统还需不断完善。

寄生种群是为跨境电商生态系统提供辅助服务的企业，包括运营服务商、网络营销服务商、电子商务咨询服务商、翻译公司、法律机构等。这些种群寄生于跨境电商生态系统上，并与生态系统共存亡。目前，由于河南省农产品跨境电商发展仍处于起步阶段，交易规模小，相对为之提供服务的相关企业数量也较少，未来还有很大发展空间。

B2C 跨境直播模式商业生态系统种群分析如表 5-6 所示：

表 5-6　B2C 跨境直播模式商业生态系统种群分析

种群类型	企业、组织、个人单元
领导种群	跨境直播平台
关键种群	境内原材料供应商、境内中间产品供应商、境内产成品供应商、境外消费者
支持种群	跨境物流企业、跨境支付平台、金融机构(境内金融机构、境外金融机构、跨境金融机构)、海关、认证机构、跨境代理服务商、跨境 IT 服务商、基础设施服务企业
寄生种群	政府、高校、行业协会、培训机构(语言类、管理类、信息技术类、品牌营销类、专业技术类)、科研机构、产业园区、广告营销公司、公关公司、废料废水加工回收利用企业

跨境直播平台为境内销售企业和境外消费者提供核心产品跨境交易的平台,买方可以通过与跨境直播中主播的互动和内容讲述,直观、具体的了解境内销售企业的信息和所销售的产品价格、品质、功能、售后服务等相关的信息,不需要花费大量时间精力去寻找产品各方面信息,有利于减少买方的购买成本和时间成本。卖方可以通过跨境直播来进行跨境货物的销售,有利于减少线上或者实体跨境销售的销售成本、时间成本。跨境主播不需要卖方花费时间、资金、资源去寻找大规模的消费市场。买卖双方可以通过跨境直播实现信息资源的共享,并在一定程度上减少了买卖双方的成本,所以跨境直播平台作为领导种群,通过资源共享领导整个商业生态系统的运转。

境内销售企业指以销售业务为主的企业。境内原材料供应商、境内中间产品供应商、境内产成品供应商形成以核心产品为导向的生产链,原材料经过中间产品供应商的加工,制作出各种中间产品,中间产品经过产成品供应商的加工,最终制作出核心产品。产成品供应商将核心产品出售给境内销售企业,境内销售企业通过跨境直播将产品售卖给境外消费者。整个跨境买卖交易最核心的物品是产品,所以产品是根本,贸易交易双方是关键,涉及产品生产的企业方就尤为重要。境内销售企业、境外消费者、境内中间产品供应商、境内原材料供应商、境内产成品供应商作为关键种群,在商业生态系统内部为实现跨境贸易交易发挥着中流砥柱的作用。

境内原材料供应商将原材料提供给中间产品供应商进行加工制作,再由境内中间产品供应商将中间产品提供给境内核心产品供应商进行加工制作,最终境内核心产品供应商通过 B2C 跨境直播平台进行跨境直播销售给境外消费者。

原材料供应商将原材料提供给中间产品供应商进行加工制作,再由境内中间产品供应商通过 B2C 跨境直播平台进行跨境直播销售给境外消费者。原材料供应商将原材料通过 B2C 跨境直播平台进行跨境直播销售给境外消费者。

跨境物流企业提供跨境物流运输、跨境快递的服务;跨境支付平台提供跨境资金收付服务;境内金融机构为企业经营活动提供资金、帮助企业收回资金;境外金融机构为境外消费者购货贷款、资金转账、信用卡等服务;海关进行报关检查和核对;认证机构提供产品检测服务;跨境 IT 服务商提供云计算、大数据、人工智能、网络安全等服务;通信企业为各企业之间信息交流提供平台;基础设施服务企业提供网络接入、信息传输、数据存储等软硬件设施;主播培训机构主要为跨境直播平台提供专业化的主播。这些服务企业或组织机构作为支持种群,提供的服务都不直接参与跨境货物的交易,但是他们在实现跨境交易的过程中又扮演着不可或缺的角色。

跨境代理服务商提供广告、咨询、运营、翻译、通关、退税、保险等代理服务,适用于大宗货物跨境交易的情况,B2C 是企业对消费者,涉及的货物量较少,但不排除单个消费者购买量较大的情况,所以跨境代理服务商几乎不参与 B2C 跨境交易;政府通过颁布跨国贸易交易优惠政策、资金补贴、退税等来推动跨国贸易的发展;高校向企业输送各研究领域的理论人才、专业人才、高质量人才;行业协会向行业内企业提供资源共享服务和监督控制行业发展;培训机构(语言类、管理类、信息技术类、品牌营销类、专业技术类)对企业员工、社会人员进行各种专业化的培训;科研机构拓展研究核心产品、中间产品、原材料的新功能、加工制造技术;产业园区聚集共享行业资源,研究创新新兴产品,带动关联产品发展;广告营销公司对企业产品进行营销推广,提高品牌知名度;公关公司处理企业面临的棘手问题。作为寄生种群,这些企业和机构组织并不参与整个跨境贸易交易活动,通过增加各种服务侧面影响和推进跨境贸易交易的实现,发挥画龙点睛的作用。

第五节　概念模型构建

B2C 跨境直播是消费者通过跨境直播平台与企业进行跨境货物交易买卖,并通过跨境收付平台支付货款的线上销售方式。也就是说,对于 B2C 跨境直播商业生态系统来说,它不仅仅是一个电子商务生态系统,更是一个以平台为核心的商业生态系统。B2C 跨境直播的受众群体是消费者而非企业,即以个人名义进行跨境交易的贸易活动。领导种群与关键种群位于 B2C 跨境直播模式商业生态系统的核心层,支持种群位于扩展层,寄生种群位于相关层,外部层包括自然环境、经济环境、政策法律环境、技术环境、社会文化环境。

中间产品供应商和原材料供应商将支撑核心产品生产的资源提供给产成品供应商(加工与零售的产成品供应商、纯零售产成品供应商),产成品供应商将核心产品通过跨境直播平台销售给境外消费者。境外消费者通过跨境支付平台支付货款,跨境物流企业将产品运送给境外消费者,境外消费者接收到货物之后将货物的情况反馈给产成品供应商。支持种群内的其他企业在 B2C 跨境直播贸易实现的流程节点上发挥着重要的功能,决定核心产品能否到达境外消费者手中;寄生种群中的企业是实现 B2C 跨境直播贸易的润滑剂和催化剂,进一步保障、支撑、提升 B2C 跨境直播贸易流程的畅通无阻。

境内境外的自然环境造就核心产品生产加工,境内经济环境保障生产加工资金链环节,境内的技术环境支撑生产加工创新机制的升级,境内政策法律环境保护并规范生产加工、产品零售的可持续性、有序性,境内社会文化环境辅助核心产品生产的顺利进行。境外的经济环境是境外消费者购买核心产品的有力支撑,境外技术环境是互联网核心产品接触消费者的重要保障,境外政策法律环境是核心产品跨国贸易交易实现的基础,境外社会文化环境是境外消费者购买核心产品的重要影响因素。

第六章 基于系统动力学农产品电商生态系统仿真研究

第一节 农产品电商生态系统动力源分析

一、农产品电商生态系统动力源探讨的必要性

(一)系统化认知农产品电商生态系统动力机制

通过前面分析已经得出农产品电商生态系统动力机制具有系统特征,剥离系统观的传统研究方法是有局限性的,而目前系统观下的相关研究较为薄弱,还有待于进一步研究深化,因此系统化认知农产品电商生态系统动力机制非常有必要,这对于较为准确地把握农产品电商生态系统运动规律,并尝试利用建模仿真等方法辅助理论研究、指导管理实践具有重要意义。农产品电商生态系统动力源是整个系统发展变化的动力,是该生态系统运行机制的重要组成部分。

(二)农产品电商生态系统动力多源特征

根据本部分的内涵界定,农产品电商生态系统包括农业生产者、销售商、加工企业、批发商、电子商务企业、流通企业、经销商、消费者,以及许多其他直接的利益相关者,还涉及农业、材料供应商、推广农业技术的研究单位、农产品检验检疫,以及许多其他的间接利益集团,这些成员联系广泛、共栖共荣并与包括政府、竞争者、社会环境、自然环境、其他相关组织在内的环境密切相关,农产品电商生态系统的发展是这些成员相互作用的结果。因此,农产品电商生态系统的动力来源是多方面的,具有多源特征。

(三)分析研究便利

农产品电商生态系统存在着许多动态因素以及因素之间的动态关系较为

复杂,枚举式考察显然难以理清变量之间错综复杂的关系,导致分析缺乏逻辑性,进而影响到分析、研究的完备性,农产品电商生态系统动力源分析凸显必要性。

二、农产品电商生态系统动力源提出依据

(一)现有研究的启示

主要体现在三个方面:①农产品电商生态系统动力源可分为劳动分工和规模经济,市场竞争,企业自身资源、能力与知识,政治、经济环境与制度,网络化成长,技术创新等六个方面,然而这些并不宜直接作为动力源,原因在于有关文献研究视角往往不同,这些类别动力之间存在交叉、类别之和并非一个统一体,因此必须重新进行整合,进一步条理化。②划分内、外动力机制是有帮助的。③企业职能划分有关研究成果。

(二)农产品电商生态系统内涵界定与农产品电商生态系统构成分析

农产品电商生态系统的内涵界定和构成分析有助于明确农产品电商生态系统动力来源:农产品电商生态系统动力学必须确定主体参与,所以农产品电商生态系统的主体定义并产生系统动态结构分析,给定了系统分析的研究方向。

三、农产品电商生态系统动力源构成

在前面分析的基础上,本部分提出,农产品电商生态系统的动力来源主要包括农产品电商生态系统经济发展子系统动力、市场需求子系统动力、产业环境子系统动力、技术进步子系统动力。四个子系统相互依存、相互协调,如图6-1所示。

科研机构和科研人员技术的研发可以促进技术的创新发展,同时大量资金的投入也会推进技术研发的开展,这就需要经济增长为技术研发提供足够的资金支持,从而使得电子商务企业技术创新能力提升;反过来,电子商务企业掌握了新技术,在市场竞争中以自身的优势获得高利润,促进企业自身发展的同时也会带动经济的增长;政府在系统中的作用主要体现在营造良好的系统发展外部环境,通过制定相应的扶持政策,完善相关法律法规,加大科技投入和教育投入,促进整体体系健康发展。总之,农产品电商生态系统各动力源组成是一个有机整体,通过公共变量把系统中各动力源连接起来。

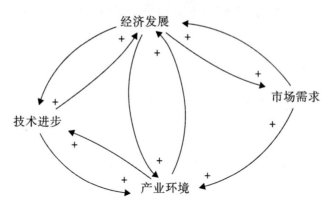

图6-1　农产品电商生态系统运行机理

第二节　农产品电商生态系统动力学模型构建

一、农产品电商生态系统动力学模型构建基础

(一)农产品电商生态系统动力学模型构建思路

从系统动力学角度来看,研究农产品电商生态系统中的问题,其本质就是要研究系统中主要因素对农产品电商产业发展的影响程度。为此,需要按照系统的观点分析各个因素间存在的复杂因果作用关系,建立相关变量之间的系统动力方程,构建农产品电商生态仿真系统,进行实例分析,模拟政策引导、物流技术、技术进步与农产品电商产值之间的直接结果,从而识别出主导影响变量,分析各个变量对农产品电商产值的影响程度,模拟比较初始状态与调整变量后所带来的不同动态结果,评估其影响力度,在此基础上,探讨了发展农产品电商生态系统的对策。

因此,本系统的建立思路:在分析子系统运行动力机制的基础上,确定系统边界及内部结构,进而建立农产品电商生态系统动力学仿真系统,根据实例数据对系统模型进行初始化,调整不同变量值,分析在既定时间段内农产品电商产值水平变化趋势,确定产业发展最具影响力的因素,以便对今后的产业发展进行引导。

（二）农产品电商生态系统边界确定

农产品电商生态系统模型建立的目的是运用系统动力学原理和方法识别某段时间内对农产品电子商务产值起决定作用的影响因素，从而为企业制定相关政策提供可行性建议。

在复杂环境下对农产品电商生态系统展开研究时，为了尽量减少外部因素对农产品电商生态系统的干扰，所以在使用系统动力学建模之前需要划定系统边界：本书研究对象主要是农产品电商产业发展的外部环境，限定为产业环境、经济发展、技术进步、市场需求。

农产品电商生态系统动力学是一个复杂的动态管理过程系统，在建模过程中适当地进行了一些假设，所构建的模型能够更好地描述实际情况，而不会导致因为某些细节过于复杂而增加工作量，影响仿真的精度。因此，为了便于研究，本研究做出以下假设条件：

（1）在合理控制模型精度的前提下，简化模型，考虑政策导向、物流水平、信息技术等相关因素对农产品电商产值的影响，其他变化影响不在研究范围之内。

（2）模拟中使用的统计年鉴数据是真实有效的，允许合理的范围误差，而在此期间发生的经济环境和政策环境变化，该系统忽略不计。

（三）农产品电商生态系统动力学模型构建步骤

1. 系统总体分析

理清农产品电商生态系统构建的目的及需要解决的问题，并在此基础上确定系统边界，区分主要因素与变量、流量和存量。

2. 系统结构分析

确定系统的层次关系，理清系统中各部分之间的关系，将系统层次划分为多个子系统，分析各变量之间的反馈关系和因果关系。

3. 系统定量分析

建立模型中各变量之间的关系，建立动态方程，使变量能集成到一个有机系统中。

4. 系统模拟与有效性检验

在模拟和分析的基础上，深入研究系统的发展趋势，寻求发展的最优方案，并对系统进行有效性检验，以保障模型结构及参数的正确性，确保模拟分析与结构的可靠性。

二、农产品电商生态系统动力学模型构建

(一)农产品电商生态系统子系统因果关系分析

农产品电商生态系统作为电商生态系统的一个子系统,众多因素影响其发展,如何更有着力点地采取措施,就需要寻求影响因素中的主导因素,即对产业发展影响程度较大的因素,从而构成一个闭合的、达到研究目标的系统,抓住主要变量是系统动力学遵循的建模思想。基于农产品电商生态系统动力源的提出,本部分将农产品电商生态系统分为技术进步、市场需求、经济发展、产业环境4个子系统,利用因果关系图对各子系统之间的关系进行定性描述。

1. 技术进步子系统

技术进步子系统的主要内容包含网络支付技术、物流技术、发展模式创新等方面,是电子商务产业发展的核心动力,同样也是推动农产品电商生态系统发展的动力。该子系统的因果关系如图6-2所示。

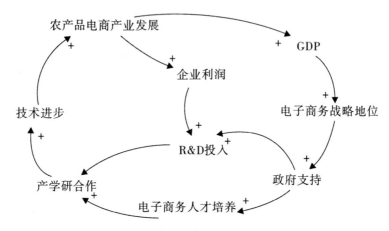

图6-2 技术进步子系统因果关系

由图6-2可知,本系统因果关系图中包含的反馈环路见图6-3。

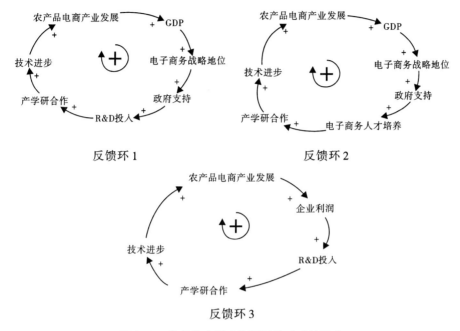

图 6-3　技术进步子系统因果关系反馈回路

上述 3 个反馈环反映了电子商务技术进步可以促进农产品电子商务产业发展。好的用户体验来自优良的技术。技术应用于电子商务活动的各个环节，无论是电子商务网站的维护、人机交互，还是物流配送冷链物流技术的提高都需要技术的支持。技术是产业发展的基石，精细化的管理也需要技术的支持，农产品电子商务活动的各方面都需要技术的支持；农产品电子商务产业的发展将反过来促进经济增长，鼓励政府加大对农产品的投资力度，如资金投入、电商人才培养、配套设施建设等；同时，农产品电商企业也会随着利润的增加，加大对技术研发的投入，实现产学研合作。

2. 市场需求子系统

随着居民收入水平的提升，电子商务消费也随之增多，对农产品的消费也不例外。农产品电子商务的市场广阔，这主要得益于两个方面：第一，电子商务既方便又省时，受到消费者的青睐；第二，网络技术的进步，互联网用户的增长，越来越多的人热衷于使用手机和电脑购物，而电子商务的普及率在不断提高。同时，政府在农产品电子商务发展过程中起到了支持作用，鼓励政府相关部门实施网上采购，构建具有区域特色的农产品电商平台，扩大农产品市场需求。该子系统的因果关系如图 6-4 所示。

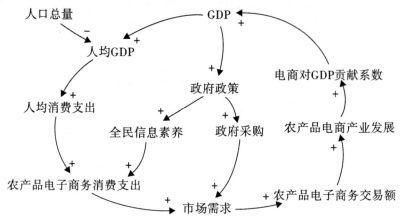

图6-4　市场需求子系统因果关系

由图6-4可知,本系统因果关系图中包含以下几个反馈环,见图6-5。

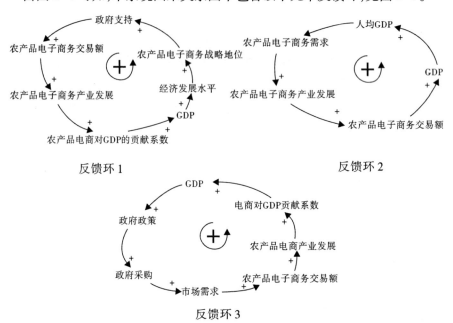

图6-5　市场需求子系统因果关系反馈环

由图6-5的3个反馈环可知,反馈环1反映了居民收入的增加受经济发展的影响,居民收入增加会扩大消费者需求,在一定程度上将带动农产品电商交易额,促进农产品电商产业发展,提高整个社会经济水平,反过来刺激市场需求。反馈环2反映了经济水平与社会信息化水平两者之间的关系,政府可以通过一些手段比如加强信息宣传、教育,提高居民信息素养,使得互联网用户数量不断增加,互联网普及率不断提高,网民规模随之扩大,从而推动农产品电商市场需求,促进产业发展,从而提高社会经济水平。反馈环3反映了通过鼓励有关部门利用网络实现采购物资,扩大市场需求,体现了政府为促进产业发展、提高经济整体发展水平的出发点和落脚点。

3.经济发展子系统

电子商务对社会经济的增长主要是通过对GDP的贡献率这一指标表现出来的,随着电子商务产业的不断壮大,其日渐成为推动经济增长的新动力。社会经济的发展将带动居民收入的增长,促进居民电子商务的消费,扩大电子商务市场消费需求;农产品反过来又成为电商产业发展新的经济增长极,经济贡献率不断提高,政府加大对农村电子商务的支持力度,从而促进农产品电商产业发展,促进经济发展循环,该子系统的因果关系如图6-6所示。

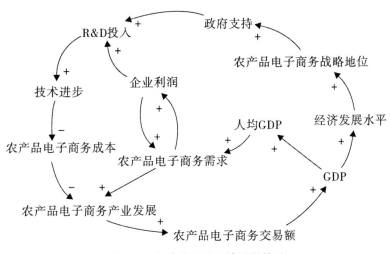

图6-6　经济发展子系统因果关系

由图6-6可知,本系统因果关系图中包含以下几个重要反馈环,见图6-7。

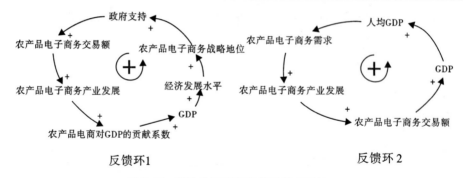

反馈环1   反馈环2

图6-7   经济发展子系统因果关系反馈环

这两个反馈环反映了经济发展和农产品电商产业发展之间相互促进的关系,农产品电商产业发展满足了人们的消费需求,改变了就业方式,电子商务从业人员不断增加,拓宽了农村经济发展的渠道,形成了新的增长动力,提高电商在经济发展特别是农村经济发展中的战略地位,将有利于政府为电子商务产业发展创造良好的环境,推进农业政策扶持,发挥农产品电商创新发展的最大效能,调整经济结构,实现经济提质增效升级,推动供给侧结构性改革,促进农民收入增加。

4.产业环境子系统

产业环境系统影响处在一定产业内的企业及与企业有关联的业务活动,包括促进产业发展的政策、法律法规,提供人才、资金等资源的支持。产业环境系统中的资金、物流服务以及人才直接或间接地影响电子商务产业的发展,产业政策、法律法规、资金、电商人才是产业环境中影响电子商务产业发展的主要因素。产业环境子系统的因果关系,如图6-8所示。

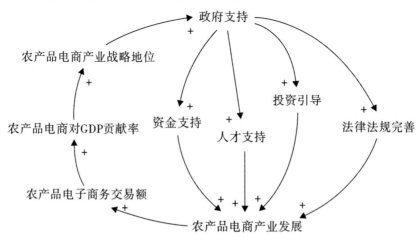

图6-8   产业环境子系统因果关系

由图6-8可知,产业环境子系统因果关系图中包含4个反馈环,见图6-9。

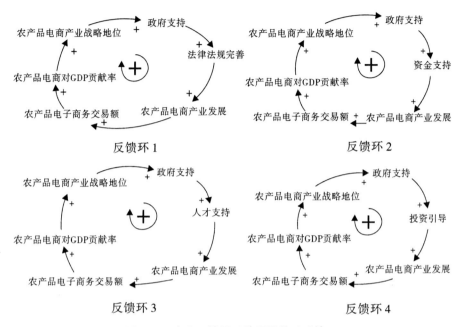

图6-9　产业环境子系统因果关系反馈环

图6-9的4个反馈环反映了政府促进农产品电子商务产业发展的路径,主要有完善法律法规、提供充足的资金支持、提供人才支持、引进投资等,为产业发展创造良好的外部环境,提高消费者对网上购物的依赖性,增强电商交易活动双方之间的信任程度,进而促进农产品电子商务交易活动愈加频繁,提高农产品电商交易额,农产品电商对农业经济的贡献率也随之提高。

(二)农产品电商生态系统动力学模型构建

因果关系图是对系统各影响因素之间因果关系的描述方式,是一种定性分析,但对不同性质的变量却不能很清晰地区分。存量流量图的构建是建立在因果关系图的基础上,对系统中各变量之间的因果关系用数学公式的形式表达,并将其变量按照性质分为存量、流量以及辅助变量。流量的大小反映了存量随时间积累的变化量,在一定时间内,存量的变化量等于流入量减去流出量的差值,存量仅仅受到流量的影响。农产品电商生态系统 SD 流程图如图 6-10 所示。

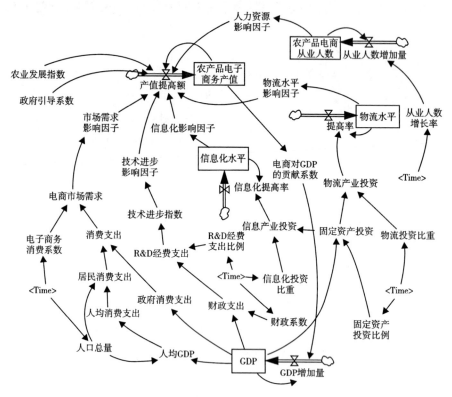

图6-10 农产品电商生态系统SD

由于农产品电商生态系统的影响因素众多,这就决定了该系统变量之间的关系较为复杂。本书借鉴已有研究成果对农产品电商影响因素的分析,在前文对系统动力源分析的基础上,选取了一些主要的因素,如以农产品电子商务产值水平衡量农产品电商的规模和经济发展程度,并在此基础上结合农产品电商的特点引入政府引导指数和农业发展指数,综合考虑模型的结构关系和评价指标的输出需要,本模型把农产品电子商务产值作为因变量,共选择了物流水平、信息化水平、农产品电子商务产值5个流位变量,共32个流率变量、辅助变量构成。同时,考虑到系统中较多变量会受到时间因素的影响,所以在建立模型的过程中选取了Time作为外生变量,表示变量随时间的推移而改变的特性。

1.系统中确定参数的主要方法

(1)收集整理现有的数据。

(2)根据搜集统计历史数据资料,选取变量既定时间段的平均值确定参数值。如物流投资比重、信息化投资比重、电子商务消费系数等。

（3）通过系统动力学表函数的方式，输入变量表函数的值确定参数值。如建立农产品电商从业人数表函数来确定从业人数和从业人数增加量的关系。

（4）关于模型中还没有被定义的变量，需要基于现实情况，对参数进行合理估计。

关于模型中参数设置的精确程度对系统动力学模型构建不是关键，动力学模型更强调的是变量发展的趋势，表现的是模型总体的结构。然而为了提高模型的有效性、真实性，需要对涉及的参数变量进行量化，必要时可以对其进行合理估计。

2. 模型主要变量的说明

模型中主要状态变量：GDP，信息化水平，农产品电子商务产值，农产品电商从业人数，物流水平。

模型中的主要速率变量：GDP 增长量是状态变量 GDP 的速率变量；产值提高额是农产品电子商务产值的速率变量；信息化提高率是信息化水平的速率变量；物流水平提高率是物流水平的速率变量；从业人数增加量是农产品电商从业人数的速率变量。

模型中的辅助变量：固定资产投资，技术进步影响因子，电商市场需求等。

模型中常量：政府引导系数，农业发展指数等。

3. 该系统模型包含的主要变量之间的关系

GDP 增加量＝GDP×电商对 GDP 的贡献系数

人均 GDP＝GDP/人口总量

居民消费支出＝人均消费支出×人口总量

消费支出＝居民消费支出＋政府消费支出

电商市场需求＝消费支出×电子商务消费指数

产值提高额＝市场需求影响因子×物流水平影响因子×人力资源影响因子×政府引导系数×技术进步影响因子×信息化影响因子×农业发展指数×电子商务产值

R&D 经费支出＝财政支出×R&D 经费支出比例

财政支出＝GDP×财政系数

信息产业投资＝固定资产投资×信息化投资比重

信息化提高率＝信息化水平/信息产业投资

物流产业投资＝固定资产投资×物流投资比重

固定资产投资＝GDP×固定资产投资比例

提高率＝物流水平／物流产业投资

从业人数增加量＝从业人数增长率×农产品电商从业人数

(三)农产品电商生态系统动力学模型有效性检验

1. 单位检验

本模型涉及状态量、速率变量、常数量和辅助变量,因此其所代表的意义也不尽相同,通过对每个变量单位的设定最终通过 Vensim–PLE 的 Units Check。整个模型的单位一致化为模型的仿真成功运算奠定基础。

2. 模型检验

本部分构建的模型变量较多,各个变量之间的关系复杂,无法实现精准的表述每个变量之间的关系,因此,建立的模型具有一定的误差,系统动力学软件可以检验模型方程是否正确,变量的不匹配以及函数调用不当的问题。该模型经过不断修改,已经顺利通过模型检验。

第三节 河南省农产品电商生态系统仿真分析

一、河南省农产品电商发展环境

(一)发展基础

"十三五"期间,河南省电子商务保持高速增长态势,电子商务成为河南经济发展新亮点。全省电子商务交易额达 3.8 万亿元,年均增长 19.4%;网络零售额达 0.97 万亿元,年均增长 33.1%。电子商务成为河南省推进供给侧结构性改革、带动传统产业数字化转型、助力脱贫攻坚、促进消费升级、增加城乡就业、提高开放水平的新动能。

1. 产业生态实现新发展

"十三五"期间,河南省电子商务产业链生态圈不断完善,产业生态实现新发展。一是示范引领成效显著。"十三五"期间,河南省积极创建了 2 个国家电子商务示范城市,4 家国家电子商务示范基地,12 家国家电子商务示范企业和 3 家国家数字商务企业;评选了 76 家省级电子商务示范基地和 272 家省级电子商务示范企业,示范园区和示范企业在引领全省电子商务发展方面发挥出重要带动作用。二是市场主体蓬勃发展。"十三五"期间,河南省累计认定电子商务备案企业 28791 家,网店 60 余万家。其中,阿里巴巴、京东、苏宁、拼多多、考拉海购、唯品会、UPS、DHL、联邦快递等知名企业相继落户并不断扩大业务,世界工厂网、中大门、万国优品、致欧科技等本土电商企业不断壮大,集聚效应初步显现。三是业态创新层出不穷。新零售、直播电商、社交电商、社区电商、绿色电商等各种电商新业态落地河南,发展迅速。

2. 物流通道构筑新优势

"十三五"期间,河南省充分发挥"连接东西、贯通南北"得天独厚的区位优势,"四路协同"大通道地位更加凸显。一是航空货运网络基本形成。以郑州—卢森堡"双枢纽"为主要依托的"空中丝绸之路"越飞越广,开通全货机航线 46 条,基本形成以郑州为中心、"一点连三洲,一线串欧美",覆盖全球主要经济体的航空国际货运网络。二是中欧班列运行成绩斐然。中欧班列(郑州)累计开行 3886 班,累计货值 160.67 亿美元,服务网络遍布 30 多个国家 130 个城市,国内集疏半径超 1500 公里,往返均衡率、计划兑现率、运输安全、业务覆盖范围、市场信息化程度等稳居全国前列。三是多式联运服务体系初步构成。河南省开通直达青岛、宁波等港口的海铁联运班列线路 8 条,实现与东部主要沿海口岸无缝衔接;拥有内河航道 1675 公里,周口港、漯河港、刘湾港、淮滨港通江达海能力不断加强。

3. 产业融合达到新水平

"十三五"期间,河南省优势产业与电子商务进一步融合发展,电子商务驱动实体经济加速数字化转型步伐。一是实现制造业与电子商务高效协同。积极开展制造业与互联网融合发展试点,推进装备制造、电子制造、汽车及零部件、食品、纺织服装等优势制造业与电子商务深度融合,促进制造业转型升级、提质增效。二是商贸流通业线上线下深度融合。深入实施"互联网+流通"行动计划,餐饮、住宿、文旅、教育等行业领域广泛开展电子商务业务,展现出百花齐放的良好局面。全省重点餐饮企业"上线率"超过 80%,餐饮业线上营业额占总额的 10% 以上。

4. 跨境电商成为新名片

"十三五"期间,河南探索出了一条内陆地区开放引领、高质量的跨境电商发展之路,全省累计跨境电商进出口额达到 6408.8 亿元,年均增长 35.3%,培育认定了 28 家省级跨境电商示范园区,12 个跨境电商人才培养暨企业孵化平台,推动 77 家跨境电商企业在 43 个国家和地区设立 183 个海外仓,跨境电商规模、应用水平和跨境电商综合试验区建设水平稳居中西部首位,跨境电商成为河南省的新名片。

一是跨境电商多城市协同发展。截至 2022 年底,河南省已获批设立郑州、洛阳、南阳 3 个国家跨境电商综合试验区,拥有郑州、洛阳、南阳、商丘、开封、焦作、许昌 7 个跨境电商零售进口试点城市,已基本形成以郑州为龙头带动,全省各主要城市快速跟进的跨境电商发展格局。

二是跨境电商进出口双向发展。河南省跨境电商进口先发优势明显。郑州已成为国内最大的进口化妆品、保健品、食品跨境电商交易基地。E 贸易核心功能集聚区集聚企业 1240 家,商品近 22 万种。河南获批国内首个跨境电商零售进口药品试点,将持续打造跨境电商进口新优势。河南省跨境电商出口潜力巨大。河南发制品、食用菌、机械制造、服装鞋帽、休闲食品等特色鲜明的跨境电商出口产业集群快速发展壮大,带动优势产品通过跨境电商走出国门。2020 年 7 月,郑州成为全国跨境电商 B2B 出口首批试点城市,截至 2020 年底,郑州海关共已受理"9710""9810"清单及报关单共 16.45 万单,货值 2.96 亿元。

三是跨境电商监管创新引领发展。"十三五"期间,为促进跨境电子商务快速发展,河南在跨境电商监管方面持续推出创新举措,为跨境电商发展提供了可供借鉴的经验,多项监管模式走在了全国前列。其中,河南首创"1210"监管模式,成为全国推广蓝本。

四是跨境电商研究宣传齐促发展。"十三五"期间,河南省已成功举办了四届全球跨境电商大会,并发布了《中国跨境电商创新发展报告》《中国跨境电商综合试验区城市发展指数》《中国跨境电商蓝皮书(2020)》《河南省跨境电子商务产业发展指数报告(2020)》等跨境电商研究成果,成立了全球(郑州)跨境电商研究院、河南国际数字贸易研究院、跨境电子商务标准与规则创新促进联盟等组织机构,通过营造发展氛围,加强宣传交流,深入开展研究,河南省跨境电商品牌影响力逐步打响。

5.农村电商取得新成就

"十三五"期间,河南省依托农业大省优势,积极发展农村电商,在助力脱贫攻坚和促进乡村振兴等方面取得良好成效。2020 年,河南省农村网络零售额达 669 亿元,增长 60.9%。一是电商进农村示范作用明显。"十三五"期间,全省共认定 95 个电商进农村综合示范县(其中国家级综合示范县 60 个、省级综合示范县 35 个),累计建成县级电商公共服务中心 121 个、乡镇电商服务站 1392 个、村级电商服务点 21200 多个,实现了对贫困村服务全覆盖。正阳县被国务院确定为全国 10 个电子商务进农村"2020 年督查激励县"之一。二是农产品电商公共品牌影响力大幅提升。全省拥有"光山十宝""原本卢氏""老家镇平""博爱七贤""水源西峡""淅有山川""乡土大别山""山水汝阳"等近 90 个县域电商公共品牌,越来越多的河南地方农特产品通过电商成为"网红",走出河南,走向全国。三是农村淘宝发展迅速。淘宝村由 2019 年的 75 个增加到 135 个,淘宝镇由 2019 年的 44 个增加到 94 个,淘宝村、淘宝镇数量位居中部地区第一。

6. 丝路电商获得新突破

"十三五"期间,河南省在加强与"一带一路"共建国家电商合作方面取得新突破。2020 年,河南同 64 个"一带一路"共建国家进出口交易额达 868.6 亿元,通过电子商务开展贸易往来的国家和地区已达到 196 个,合作伙伴遍及全球。一是交流平台日益广泛。2020 年,河南省举办了"丝路电商"国际合作(郑州)高峰论坛、中国国际航空物流高峰论坛等会议,共同探讨"丝路电商"合作发展的新机遇、新模式、新空间,为"丝路电商"合作开辟了新通道。二是国际合作逐步深化。跨境电商 1210 模式的反向复制已初步在卢森堡、印度尼西亚、俄罗斯、美国等国家完成测试,并与越南、马来西亚、匈牙利、波兰等"一带一路"共建国家进行了沟通对接,积极推动电子商务的国际合作,向全球输出"郑州跨境智慧",促进全球跨境电商繁荣发展。

(二)现存问题

河南省电子商务近年来发展迅猛,跨境电商稳居中西部地区前列,但总体上距离广东、浙江等电子商务发达省份还有较明显的差距。电商产业市场主体聚集度有待进一步提升,缺乏具有全国影响力的本土电商龙头企业,电商产业生态还存在一些短板问题,电商物流成本相对偏高,电商高端人才匮乏,跨境电商持续创新难度加大,农村电商亟须创新突破,电商助力实体经济转型升级作用也尚未充分发挥出来,省内各区域电商发展水平参差不齐。

(三)发展趋势

1. 电子商务为构建新发展格局贡献新活力

"加快形成以国内大循环为主体、国内国际双循环相互促进的新发展格局"是我国步入高质量发展阶段、解决新时期面临的各种中长期问题的重要战略举措。面向国内大循环,电商以其服务便捷性、商品多样性等诸多优势,催生了新业态新模式,极大地拉动了内需,提升了消费,成为促进国内经济大循环的重要力量。面向国内国际双循环,跨境电商通过连接国际国内两个市场、发挥两种资源优势,不断培育我国参与国际合作和竞争的新优势,成为联通国内国际双循环的重要形式。构建新发展格局这一重大战略有利于河南省发挥"四路协同"对外连接优势和区域经济辐射带动作用,以电子商务为先导连接两个市场、协同两种资源,培育电子商务发展新优势,拓展电子商务发展新空间。

2. 数字技术赋能电子商务创新发展新动力

当前,新一轮科技革命加速演进,5G、大数据、云计算、人工智能、物联网、区块链等先进信息技术快速发展,电子商务市场主体不断加强新技术的研发,积极推动新技术应用到电商全产业链各个环节,对商品生产、流通和销售进行改造和重构,拓展服务载体,创新服务模式,提升服务水平。新技术在商务领域的创新应用必将催生更多的新模式、新业态、新场景,进一步升级消费需求,释放消费潜力,为电子商务发展提供技术保障和新发展空间,也会为河南省电子商务产业模式及业态创新提供"换道领跑"的新发展机遇。

3. 电子商务成为促进产业数字化转型牵引力

随着数字技术在电子商务领域创新应用逐渐成熟,电子商务成为带动实体零售创新的重要动力。通过直播带货、社区拼购、小程序等手段,电子商务服务实体经济的广度、深度不断加强。网络零售向智能制造领域延伸,智能定制新消费模式不断涌现,B2B电商成为提升产业链上下游协同效率、推进产供销数字化贯通的超级入口。在经济社会数字化转型的进程提速的背景下,电子商务引领消费、引导生产的作用将进一步释放,在构建数字消费场景、推进产业数字化转型等方面将产生大量的电子商务服务需求。河南省传统产业发达,产业互联网方兴未艾,数字化转型空间巨大,电子商务与传统产业深度融合必将成为未来重要发展趋势。

4. "丝路电商"提供电子商务国际合作新空间

我国已与五大洲的22个国家签署了电子商务合作备忘录,并建立了双边电子商务合作机制,"丝路电商"成为深化"一带一路"国际经贸合作的新渠道新亮点,为数字化时代的双边经贸合作开辟了新空间。2020年,新冠疫情席卷全球,对全球产业链、供应链造成深层次影响,也让全球数字化消费趋势进一步加强,"丝路电商"成为"一带一路"沿线各国发展贸易和推动经济复苏的重要渠道和平台。河南省作为古丝绸之路的起点,自古以来就与沿线国家建立了紧密的经贸联系。面向未来发展,"丝路电商"走深做实将为河南省利用电子商务开拓国际新市场新空间提供发展契机。

(四)发展形势

"十四五"时期,河南省战略叠加的机遇期、蓄势跃升的突破期、调整转型的攻坚期、风险挑战的凸显期等阶段性特征明显,河南省电子商务发展面临前所未有的机遇与挑战。

从国际看,新一轮科技革命和产业变革深入发展,数字化、网络化、智能化趋势加快,共建"一带一路"向高质量发展迈进等,为河南省电商发展创造了良好环境。同时,错综复杂的国际环境带来新矛盾新挑战,不稳定性不确定性明显增加,经济全球化遭遇逆流等,给河南省电商发展带来了挑战。

从国内看,中部地区崛起、黄河流域生态保护和高质量发展两大国家战略实施,郑州航空港经济综合实验区、中国(河南)自由贸易试验区、跨境电商综合试验区、郑洛新国家自主创新示范区、国家农机装备创新中心、国家超级计算郑州中心、郑州国家中心城市、洛阳副中心城市建设等政策平台叠加,为河南电商发展提供了有利条件。未来随着各项政策协同互动发展,将释放出更大的能量,激发创新创业活力,助力电子商务高质量发展。但同时,河南省与东部沿海地区相比,适合发展电商的消费品制造产业相对较弱,有全球和全国市场竞争优势的本土制造产品不足,全省各地电子商务发展不均衡、城市营商环境有待进一步提升等问题需要在"十四五"期间重点突破。

总体来看,河南省电商发展基础良好,潜力巨大,空间广阔,优越的地理区位、便捷的交通条件、雄厚的产业基础、浓厚的创新氛围、厚实的人才潜力等为河南电商发展提供了坚实的基础。"十四五"时期,河南省抢抓数字经济发展新机遇,有效应对国际国内新挑战,积极推动电子商务发展,既是践行新发展理念、实现高质量发展的根本要求,也是在中部地区崛起中奋勇争先,实现换道超车、跨越发展的现实选择。

二、河南省农产品电商生态系统仿真及政策模拟分析

(一)河南省农产品电商生态系统仿真

1. 构建模型

本研究利用建立的农产品电商生态系统动力学模型,对河南省农产品电商生态系统进行仿真模拟,仿真年限从 2005 年到 2023 年,根据仿真结果,分析河南省农产品电商生态系统发展趋势和主要影响要素。

2.数据来源

本研究根据农产品电商生态系统的系统动力学流程图,全面调查和收集了河南省2005年以来的有关资料,数据主要来源于《河南省统计年鉴》《2015年河南省农产品电商产业发展研究报告》《2016年河南省农产品电商产业发展研究报告》《中国科技统计年鉴》中的统计数据。具体分析了各变量之间的联系,并通过对参数的计算,建立了该系统的动力学方程。

主要变量的 DYNAMO 程序语言:

(01)FINALTIME=2023

Units:年

The final time for the simulation.

(02)GDP=INTEG(GDP 增加量,3467.72)

Units:亿元

(03)GDP 增加量=GDP * 电商对 GDP 的贡献系数

Units:* * undefined * *

(04)农产品电子商务产值=INTEG(产值提高额,7400)

Units:万元

(05)农产品电商从业人数=INTEG(从业人数增加量,2380)

Units:人

(06)物流水平=INTEG(提高率,0.4)

Units:* * undefined * *

(07)"R&D 经费支出比例"=WITHLOOKUP(Time,

([(2005,0)-(2015,2)],(2005,1.23),(2006,1.06),(2007,1.14),(2008,1.18),(2009,1.23),(2010,1.27),(2011,1.28),(2012,1.4),(2013,1.39),(2014,1.42)))

Units:* * undefined * *

(08)产值提高额=人力资源影响因子 * 信息化影响因子 * 市场需求影响因子 * 技术进步影响因子 * 政府引导系数 * 物流水平影响因子 * 农产品电子商务产值 * 农业发展指数

Units:* * undefined * *

(09)人均 GDP=GDP/人口总量

Units:亿元/人

(10)从业人数增加量=从业人数增长率 * 农产品电商从业人数

Units：＊＊undefined＊＊

（11）信息产业投资＝信息化投资比重＊固定资产投资

Units：万元

（12）信息化影响因子＝WITHLOOKUP(信息化水平，

([[(1,1.5)-(1.6,3)],(1,1.5),(1.1,1.8),(1.2,2),(1.3,2.3),(1.4,2.5),(1.5,2.8),(1.6,3)))

Units：＊＊undefined＊＊

（13）"R&D 经费支出"＝"R&D 经费支出比例"＊财政支出

Units：＊＊undefined＊＊

（14）居民消费支出＝人均消费支出＊人口总量

Units：万元

（15）消费支出＝居民消费支出+政府消费支出

Units：万元

（16）物流产业投资＝固定资产投资＊物流投资比重

Units：万元

（17）物流水平＝INTEG(提高率,1)

Units：＊＊undefined＊＊

（18）电商市场需求＝消费支出＊电子商务消费系数

Units：＊＊undefined＊＊

（19）财政支出＝GDP＊财政系数

Units：亿元

3.模型有效性检验

为了判断构建的模型能否真实地反映现实情况,需要对模型进行有效性检验。如果理论分析和现实情况相违背,或者模型的基本结构与理论描述不符,则说明模型存在潜在错误,就要对模型进行调整,直到模型的结构与理论描述和实际情况一致。系统动力学建立的模型更强调的是变量在既定时间段内的发展趋势,函数的精确性不会对模型的分析过程和结论产生影响,这就表明,在建模过程中有比较难以精确的变量,可以根据经验数据进行合理估计。本研究选取河南省 GDP 总量为有效性检验变量,时间段是 2005—2015 年,把仿真结果和《河南省统计年鉴》中选取的实际值进行比较,并计算出两者的误差,如果误差在允许范围内,则表明模型有较好的仿真结果,检验数据如表 6-1 所示。

表 6-1　GDP 实际数据与仿真数据对比

年份	GDP 实际值（亿元）	GDP 仿真值（亿元）	相对误差（%）
2005	3467.72	3467.72	0.00
2006	3907.23	3893.99	0.34
2007	4676.13	4569.21	2.34
2008	5793.66	5801.20	0.13
2009	6530.01	6228.55	4.84
2010	7925.58	7575.59	4.62
2011	10011.37	9744.37	2.74
2012	11409.60	11272.08	1.22
2013	12656.69	12202.75	3.72
2014	14262.60	14258.32	0.03
2015	15717.27	15690.60	0.17

从上表中 GDP 数据可以看出，模型仿真值与实际值的相对误差最大值为 4.84%，最小值为 0.03%，误差不超过 5%，仿真值与实际值的误差在允许范围之内，表明模型的仿真结果与实际值的拟合度较好，模型具有真实性和有效性，可以用来判断该系统未来发展趋势。

（二）仿真结果分析

根据前面的模拟和分析，本研究构建的农产品电商生态系统动力学模型能够较好地反映河南省农产品电商产业与经济发展关系，能够大致预测经济发展的趋势，因此，在此展示模型中主要变量的仿真结果，包括 GDP、农产品电子商务产值、物流水平以及电商从业人员的变化趋势，如图 6-11 所示。

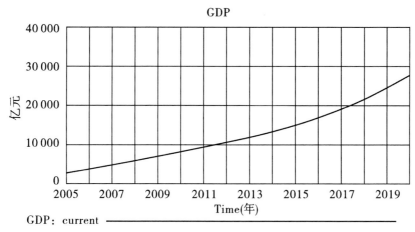

GDP：current ────────────────────

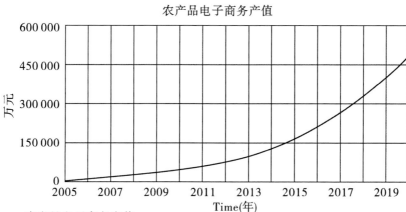

农产品电子商务产值：current ────────────────────

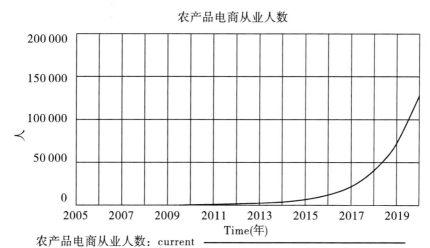

农产品电商从业人数：current ────────────────────

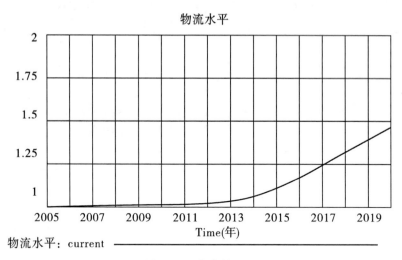

物流水平：current

图6-11　仿真结果图

根据以上主要变量的仿真结果,可以总结出以下结论:

(1)根据《河南省统计年鉴》数据,河南省 GDP 总量在 2005—2017 年间依然保持平稳较快的增长速度,符合近年来河南省经济总量在国内各省(区、市)中居于前列这一基本情况。预测 2017—2020 年河南省 GDP 将继续稳步增长,这与河南省"十三五"规划中提出的 2020 年 GDP 总量要达到 2.5 万亿元的目标相一致。随着电子商务产业的发展以及电子商务战略地位的显著提高,农产品电商这片"蓝海"也无疑是经济发展的重要引擎。因此,政府应该逐步增加对电子商务产业的投入,尤其要重视农产品电商产业的战略地位,从资金和政策两方面着力,推动农产品电商更好更快地发展。

(2)从 2005 年到 2020 年河南省农产品电子商务产值处于上升态势。河南省农产品电商起步虽然较晚,但是发展迅速,几年之内便实现了近 30 亿元的销售额,表现出良好的发展趋势。2016 年河南省实现农产品电子商务产值约 27.6 亿元,较 2014 年增长了 155.6%,2017 年更是突破了 30 亿元的交易额。河南省政府提出到 2020 年,"全市网上注册农产品电子商务主体达到五万个""年销售额增长 30% 以上"的目标。同时制定了《"十三五"建设互联网经济高地规划》《"十三五"现代商贸服务业发展规划》等一系列政策和措施,大力地推动了农产品电商产业发展。电子商务的发展环境进一步完善。人们使用农产品电商服务平台的意识越来越强。自 2011 年以后,河南省农产品电子商务发展更加大众化和专业化,发展势头良好。

（3）根据物流水平的仿真结果可以看出，河南省物流水平处于持续缓慢增长状态，2005—2011 年，物流水平增速较慢，整体物流水平是呈上升态势，2011年之后物流水平增速有较大提高。"十三五"时期，河南省各区县政府持续推进电子商务进农村行动，把乡村物流配送体系建设作为"农产品上行"的重要工作来抓，建成八大市级物流分拨中心，并加快建设公用型仓储物流设施，整合物流配送资源，并结合农产品自身易腐烂、保质期短的属性，建成了冷链包装宅配、自动货柜提取、物业代管、便利店代收等多种配送方式，这些措施都使得电子商务物流服务水平进一步完善。

（4）农产品电商从业人数仿真结果显示，2005—2011 年河南省农产品电商从业人数水平较低，这与该期间的河南省整个电商产业的发展水平较低有关联，随着相关政策的发展以及电商产业的日渐成熟，河南省电商产业的兴起，农产品电商产业也随之加入电子商务的大潮，2011 年开始电商从业人数需求保持持续增长，2015 年直接从业人员 4 万人，带动间接就业 40 万人，开辟了创新创业的新平台，是返乡农民工、大学生"大众创业、万众创新"的一个重要部分。农村电商服务站点的全覆盖让许多农民不必背井离乡外出打工，留在家乡以农村电商为创业就业平台，发展电子商务，拓宽了农民致富的渠道。

（三）政策模拟分析

农产品电商产业发展的总体目标是：促进经济增长，增加就业，提高物流水平，要实现这些目标的根本是提高农产品电子商务产值。然而，如前所述，农产品电商生态系统的发展状况受到多种因素的综合影响。所以，相比单个因素的考量，综合考虑多种因素对农产品电商生态系统的影响更有实用价值和理论价值。

系统动力学是一种方程结构模型，不仅可以预测变量发展的趋势，还可以调整虚拟条件下变量值，与初始状态进行比较，从而得出影响因素对因变量的影响程度，为提出决策提供科学依据。因此，系统动力学模型被形象地喻为"政策实验室"，可以观察不同策略下影响因素对现实系统的影响程度。通过调整变量值，改变变量的方程输入，使得模型重新运行，得到不同的仿真结果，通过分析这些结果确定不同变量调整下对因变量的影响，从而得出促进农产品电商产业发展的最佳路径。在此主要设计了四个政策方案。

方案一：政府引导系数的调整。基于初始状态，提高政府引导系数 0.1，从而观测提高政府引导系数对农产品电子商务产值的影响，得到仿真结果如

图6-12所示。通过变动趋势可以看出,农产品电子商务产值明显因政府引导系数的提高而增长,且增长幅度较初始状态显著上升,农产品电商产值明显提高,说明农产品电商产值对政府政策较敏感。

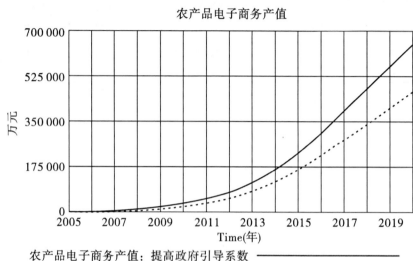

图6-12 政府引导系数调整仿真图

方案二:技术进步参数调整。调整技术进步参数值,从初始状态下的0.8 ~ 0.9变为0.9 ~ 1.0,观测技术进步变动对农产品电子商务产值的影响,提高技术进步变动幅度,得到仿真结果如图6-13所示。仿真结果表明技术进步水平的提高相比于初始状态下农产品电商产值提高较明显,但提高幅度低于政策引导变化引起的增长幅度。

农产品电子商务产值

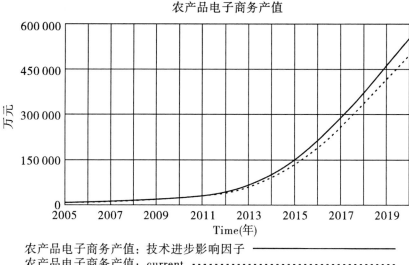

图6-13　技术进步影响因子调整仿真图

方案三:物流参数调整。调整物流水平参数值,从初始状态下的0.8~0.9变为0.9~1.0,观测物流水平变动对农产品电子商务产值的影响,提高物流水平变动幅度后,得到的仿真结果如图6-14所示。仿真结果表明物流水平的提高相比于初始状态下农产品电商产值明显提高,对农产品电商产值的影响增强,但提高幅度低于政策引导变化引起的增长幅度。

农产品电子商务产值

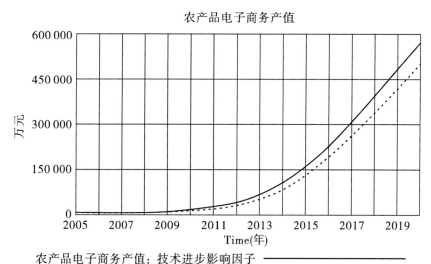

图6-14　物流影响因子调整仿真图

　　方案四:综合调整因素。此方案在综合前三种方案参数的调整基础上,加上初始状态下的模拟结果,现将五种结果进行对比,如图6-15所示,在不同的方案下,农产品电子商务产值呈现变化趋势明显不同。由前面的三种方案对各个参数的单独调整发现各因素均对农产品电子商务产值发展有促进的作用,所以同时对前面三个变量进行参数提高的调整,整体的效果是最好的。同时,可以从图中得出方案一的效果要优于方案三的效果,方案三的效果要优于方案二的效果,这就表明政府引导、物流水平、技术进步与农产品电商发展有正向关系,其中政府政策调整对农产品电商产业值影响最大,上升幅度最高,其次是物流水平敏感度,再就是技术水平进步。基于得出的研究结果,促进农产品电商产业发展应该综合考量系统中的因素,宏观调控各个因素对农产品电商的影响,使它们发挥最大效能。从政府、配套设施、技术等方面共同作用促进农产品电商产业的稳定发展,在农产品电商产业发展的各个环节充分发挥政府的主导作用。

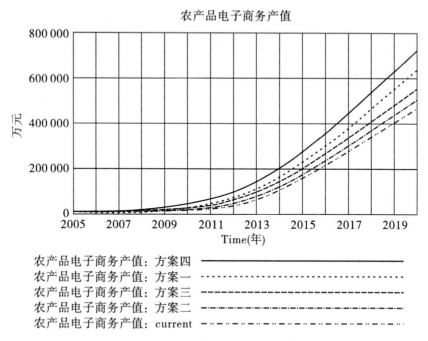

图6-15　综合系数调整仿真图

三、河南省农产品电商生态系统发展的对策建议

河南省农产品电商生态系统建设是一项系统工程,根据上文研究发现农产品电商产业发展受诸多因素影响,可以根据各因素之间的相互作用实现资源有效配置和宏观调控。由于农产品电商发展主体、发展环境等方面的局限性,相比于其他因素的影响,政府政策对农产品电商产业影响更为敏感,在推动农产品电商发展过程中起着不可替代的作用,因此,农产品电商产业发展的各个环节中应充分发挥政府在各部门的主导作用。在制定规划和明确实施重点的基础上,应着力完善政府对农产品电商产业的政策扶持,建设农产品电商物流配送体系,推动信息技术的发展,在"互联网+"的背景下,积极促进农业与互联网的融合。结合河南省农产品电商生态系统发展状况,制定促进农产品电商发展的相关政策。

(一)完善河南省农产品电商发展的政策体系

1.设立权威性的协调机构

设立一个具有权威性的组织协调机构,专门负责对农产品电商产业发展政策进行研究、协调及制定。该机构目的是满足农产品电商发展需求,实现资源整合、宏观调控,为农产品电商发展提供良好的外部环境,从而实现农产品电商高质量、高速度发展。协调农产品电商生态系统主体之间的权利和利益分配,使得各主体协同稳步发展;加大对电商平台的监督和管理,实现工商、农业、商业等政府部门之间信息沟通、数据共享;构建消费者维权和消费纠纷调解工作机制,加大对网上销售假冒伪劣产品等违法行为的打击力度;统筹规划农产品电商物流中心、冷链物流等基础设施建设,同时,提高农产品电商基础设施建设的投入资金,制定相关政策,引导和鼓励多元化市场主体对农产品电商基础设施建设投入资金,完善农产品电商基础设施体系。

2.制定和完善相应的扶持政策

研究制定相应政策规章、法律和法规,对农产品电商产业的发展进行规范,研究制定吸引农产品电商产业投资的鼓励政策,调动农民积极性;提出在农产品生产和流通环节中,推进农产品电商企业改革和改造的具体措施,明确农产品电商企业的责任和义务,制定企业财政和金融机构的支持政策;完善农产品电商产业税收管理政策,按照国家政策减免相应税收,确定合理的税收计征基数,全面贯彻落实国家相关政策,制定农产品电商产业基础设施用地优惠政策,

同时,出台涉及农产品电商企业资质、技术进步、人才培养等方面的相应政策。

3. 制定河南省农产品电商发展总体规划

明确建设重点,合理布局,统一规划市场,加强对农产品的实时监测,通过动态监测、前瞻研究和战略谋划等决策情报助力公共治理;鼓励产学研相结合,政府部门牵头,连接科研机构和高校共同成立农产品电商战略研究院,从而扩大交流合作的范围和领域;做好实时掌握农产品电商产业发展状况、发展中遇到的问题、发展困境,这就要求充分挖掘农产品产业大数据的挖掘监测,定期完成产业发展研究报告,让公众了解农产品电商产业发展现状,广泛征求各方的意见,进一步完善河南省农产品电商产业发展总体规划。

(二)完善农产品电商物流配送体系

物流水平是制约河南省农产品电商发展的重要因素之一,与农产品电商发展相匹配的物流体系建设就显得尤为重要。物流配送中心合理布局,并在信息技术基础上,对传统物流企业进行资源整合,建立一套集数据分析、物流配送、包装和发布信息为一体的现代农产品电商物流平台。一方面,推进农村终端通道建设,连接农产品终端物流链,注重标准化田间初加工建设;另一方面,完善公共物流分配系统,形成上下行、共同配送合作试点,通过物流供应链的整合,实现农产品物流全过程有效联动,共享资源,从而减少物流成本支出,在互惠互利的基础上,提高服务水平以及流通效率。此外,还应发展冷链物流,解决农产品易腐烂、不易保存的问题。但是冷链物流在资金、成本等方面的特点决定了一般企业很难实现与厂家的合作,迫切需要政府在政策和资金上的支持,支持企业发展,吸引国内外知名物流企业,建立独立的冷链物流运作部门,调整产业结构,建立大流通,发展大市场,扩展山地农业发展空间。

(三)加强农产品电商信息化基础设施建设

农产品电子商务是以农产品为核心,依托互联网为手段的相关业务活动,农产品电商生态系统的各个环节,从生产、销售、管理到物流配送,都离不开互联网将农产品的生产基地、供求信息、价格变化等信息发布出去,健全农产品电商产业信息技术支撑尤为重要。一方面,加强信息基础设施与平台建设,要软硬兼施,设固定有线宽带和配备无线移动宽带的同时要紧跟现代科技发展,推进云计算资源中心和大数据平台建设,最大限度地保证网络畅通;另一方面,优化完善网络基础设施,大力支持无线宽带和光纤到户接入,加强互联网信息网络的构建力度,健全"三网融合"体系,推进全方位的信息网络点全覆盖。此外,发挥政府在农产品电商信息技术发展中的作用,构建第三方信息服务及数据共享平台,加快农产品电子商务信息数据体系构建;完善电子商务、社交网络、移动支付等移动服务平台建设,构建社会公共服务网络,为居民提供基本便民服务和政府服务;提高河南省向数据城市发展的进程,注重专业人才培养,激活"大数据+"的创新能力,构建政府大数据公共服务平台,实现智能化、精益型的居民日常生活服务,推动城市最终向"智能城市"发展。

四、河南省农产品电商生态系统培育的主要任务

(一)提升电商市场主体服务水平

1.做大做强电商平台企业

依托电商产业园区和产业集群,积极引进国内外知名电商平台企业落户河南,推动设立区域性总部,加大布局电商物流、运营、结算等功能型总部,提升总部能级、拓展总部功能。依托装备制造、电子信息、绿色食品、特色农业、跨境电商等产业优势,巩固提升现有电子商务平台,培育一批在国内外市场有较大影响力的特色产品和行业电子商务平台知名品牌。支持二手车、再生资源等专业交易平台建设,满足不同类型的消费需求。

2.集聚完善电商服务企业

围绕电商产业链薄弱和缺失环节,引进培育电商物流仓储、电子支付、人才培训、研发设计、策划运营、品牌推广、数据分析、外贸综合服务等电商服务支撑企业,完善电商产业链和生态圈。积极引导互联网企业为电子商务行业用户提供包括云计算、IaaS、PaaS 等 IT 基础设施以及专业 IT 咨询、实施及电商运营等服务,推动河南省电子商务产业高质量发展。

3.大力发展电商应用企业

引导河南省优势行业中大型骨干企业加快应用电子商务,择优重点支持一批本土电子商务应用企业做大做强。鼓励大型零售企业、"老字号"企业以及服装、建材、家居、副食品、花卉、茶叶、药品、中药材、电子等专业市场开办网上商城,利用互联网、地理位置服务、物品编码、大数据等信息技术改造传统营销渠道,加快向需求导向型和线上线下融合转变,建设若干个国内领先、特色鲜明、错位发展的大型网络零售平台。

4.努力打造电商品牌企业

组织实力强、信誉好的电商企业和商家积极参与"双品网购节",推进品牌

建设,引领品质消费。立足传统实体品牌、老字号、特色产品等资源,引导企业开展网上分销或零售,借助电商渠道赋能增品种、提品质、创品牌,着力打造一批本土互联网品牌、新国货,培育一批具有河南地域文化元素、特色 IP 的高附加值电商品牌。

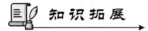 **知识拓展**

电商市场主体培育行动

引进一批电商企业总部。支持各地引进辐射带动能力强、行业影响较大的国内外知名电商龙头企业、平台企业来豫设立区域性总部、新业务总部、功能性总部等,引导企业优先落户与电商产业园区主导。

产业相匹配的产业功能区。

培育一批垂直型电商平台。支持各地结合优势产业和特色产品,在机械装备、电子信息、纺织服装、休闲食品、特色农产品等领域加快培育一批垂直型电子商务平台,运营成效突出的平台向河南省推广。

发展一批服务支撑企业。支持各地积极培育引进一批提供交易撮合、仓储物流、电子支付、人才培训、研发设计、策划运营、品牌推广、数据分析、外贸综合服务、翻译服务等电子商务服务企业,探索搭建电商服务资源对接优势产业机制,为产业发展提供服务支撑。

打造一批数字化转型企业。支持各地加大对传统企业应用电子商务的引导,推动传统企业加快商业模式创新、拓展销售渠道,优先推荐成效显著的电商应用企业申报国家级、省级电子商务示范企业和数字商务企业。

(二)培育电商新业态新模式

1.大力发展直播电商

建设一批特色鲜明的直播电商基地。支持河南省电子商务示范基地、产业园区、产业集群等,结合特色产业发展,加强内容制造、视频技术、直播场景等直播基础设施建设,吸引和集聚优质直播平台、MCN 机构、直播专业服务机构入驻,形成集群效应。鼓励各类有条件的市场主体,积极参与建设,在全省形成一批主题鲜明、特色突出、示范性强的直播电商基地。

完善若干直播电商支撑体系。优化直播电商供应链体系,建立与直播电商相匹配的快速灵活响应机制,打通设计研发、上游采购、生产制造、品牌塑造、分销渠道、内容分享、仓储物流等产业链各环节。塑造直播电商品牌体系,推动老字号品牌与各大电商平台对接,助力老字号企业和品牌转型升级;借助直播电商整合优质资源,加速新锐网红品牌成长,挖掘地方味道、习俗、故事等品牌文化内涵,提升新兴品牌的创新力、拓展力。加强直播新技术支撑体系,推动 AR/VR 技术、高清视频、影视级绿幕直播、云转播等现代技术在直播领域的应用,开展多视角、自由视角、互动 VR、子弹时间等高科技新直播,在直播电商领域引领出新的风尚和高度。

推进多个行业直播电商融合发展。大力发展"直播电商+",创新推进直播电商赋能线下商贸、特色农业、优势制造、会展经济等实体经济发展,引导直播电商与城市生活、产业发展融合发展。

先行先试示范带动。支持各地依托特色产业优势建设特色直播产业基地,吸引优质直播平台、MCN 机构、网红达人、专业服务机构入驻,加快形成集群效应。以许昌假发产业带打造跨境电商直播基地为示范,探索特色直播产业基地建设模式,促进特色产业与直播电商深度融合。

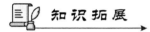 **知识拓展**

直播电商赋能实体经济发展行动

大力发展"直播电商+线下商贸"。推动直播电商平台与二七广场、千玺广场、花园路等重点商圈,德化步行街、农科路酒吧休闲街、海马海汇中心等特色街区加强合作,共同设立商圈共享直播间,策划举办商圈电商直播节,培育一批商家直播网红达人,培育一批网红商业品牌。

大力发展"直播电商+消费帮扶"。鼓励直播电商平台与河南各地市县乡村振兴部门紧密联系,推进"直播+帮扶+产业"模式,打造农产品特色直播间,开展"田间地头"直播,利用短视频推荐帮扶产品、直播进行帮扶带货,增加具有河南特色的农副产品的销售渠道。

大力发展"直播电商+特色制造"。围绕本地装备制造、电子制造、纺织服装、休闲食品等优势产业,推进直播电商平台与本地制造企业加强合作,鼓励生产厂家开展直播自销,推动反向定制,建设供应链协同平台,打造"直播+"定制化示范工厂,准确及时传导需求信息,加强从生产到消费等各环节的有效对接,促进供需精准匹配和产业转型升级。

大力发展"直播电商+跨境贸易"。依托自贸区、跨境电商综合试验区等优势,以跨境电商为重要抓手,大力发展跨境商品直播带货。进口方面,鼓励跨境电商零售进口企业直播带货,重点围绕母婴用品、化妆品、食品等保税商品直播带货;组织跨境电商进口企业对接 MCN 机构、直播带货达人,通过直播带来的流量加成,提高销量,推动保税备货业务快速发展。出口方面,支持外贸出口企业通过短视频、直播等形式宣传推广产品,进行直播带货;组织直播内容营销策划企业根据出口产品特点对产品进行包装、设计,使其更符合直播场景。

大力发展"直播电商+会展经济"。依托全球跨境电商大会、中国服务型制造大会、中国粮食交易大会、中国洛阳牡丹文化节、中国(南阳)玉雕节等知名展会,大力推进"展会+直播营销",增强展会推广传播效果,支持"云展会"发展,创新展会模式,提升展会体验感。

2. 创新发展新零售

优化新零售业态布局,河南省各地在充分利用现有商业空间资源的基础上,预留布局空间,特别是在主要商业街、综合体等商业空间优先布局各类新零售业态。在各居住小区周边布局社区小店新零售业态,实现新零售对居民日常消费的全覆盖。加强新零售市场主体引进和培育,各地主动对接各类新零售龙头企业,探索智慧超市、智慧商店、智慧餐厅、无人值守货柜、无人便利店、生鲜社区店等新模式的应用,丰富便利性、体验式、智能化消费场景。

3. 规范发展社区电商

规范发展社区线上购物平台,方便居民在线购买生鲜食品、日用消费品、非处方药品等生活用品,鼓励企业和商户通过共同配送、延伸构建"前置仓+社区自提点"等模式降低社区购物配送成本。鼓励社区电商开展面向社区居民的闲置物品二手交易服务,促进闲置物品再利用,引导居民绿色生活新风尚。鼓励社区电商充分利用社区流量资源开展社区交流服务,针对社区母婴群体、健身群体、文化群体等具有共同兴趣爱好和生活需求的特定群体,提供集社交场景与消费场景于一体的社群服务,形成社区电商融合发展新模式。

4. 推动发展绿色电商

着力推进电商集约化绿色化发展,建立健全绿色运营体系。引导电商企业树立绿色发展理念,建立绿色运营体系,加大节能环保技术设备推广应用,加快数据中心、仓储物流中心等绿色转型升级,持续推动节能减排。鼓励主要电商平台企业和寄递企业加强沟通协作,共同落实包装绿色治理要求,促进快递包装减量化、标准化、循环化,形成从生产到使用再到分类回收处理的快递包装绿色治理闭环。大力发展和规范二手电子商务,促进资源循环利用。

持续强化水生态环境保护,推动电商赋能绿色生态产品开发。推进南水北调水源涵养带建设,把水资源作为刚性约束,把发展电子商务作为重要手段,倒逼经济转型和产业升级,加快形成节水型绿色型生产生活方式,推动经济社会发展全面绿色转型,让绿色成为高质量发展最鲜亮的底色。以黄河生态保护为前提,在保护生态、涵养水源过程中,努力创造、开发更多绿色生态产品,推进河南有机产品、绿色食品发展电商,拓宽销售渠道,打响绿色电商品牌,实现黄河流域经济的绿色崛起。以水为媒、以电子商务为抓手,深入推进京宛两地在产业、科技等领域持续加强战略协作,促进"淅有山川、水源西峡"等公共品牌为代表的南阳有机农产品通过电子商务进京发展,走向全国。

(三)开展电商产业载体建设

1. 优化电商产业园区布局

引导各园区挖掘自身特色、找准发展定位,在加大现有产业园区建设力度基础上,进一步完善园区承载能力、提升配套服务水平、加强服务创新,集聚电商要素。以示范基地建设为带动,提升全省电商产业园建设水平。

2. 推进电商产业集群建设

充分依托装备制造、休闲食品、电子制造、新材料、纺织服装、特色农产品、工艺美术等特色产业集群,释放各地优势资源及产业潜力,发展"产业带+互联网",打造电商产业集群。支持电商产业集群积极探索特色产业与电子商务融合发展路径,在拉动产业数字化、巩固电商帮扶成效、开展外向型合作及绿色发展等方面率先探索,逐步发挥示范、引领和牵动作用。按照"一市一特色"进行产业生产加工基地打造,如:许昌假发、鲜花生产、交易培训基地;驻马店户外家居、芝麻油生产基地;信阳草编、藤编加工生产基地;濮阳羽绒服、石化用品生产基地;洛阳钢制办公家具、老北京布鞋生产基地;南阳食用菌菇、艾草生产加工基地等。

 **知识拓展**

国家电子商务示范基地建设行动

郑东新区电子商务大厦。重点构建以 B2B、B2C、O2O 为核心的电子商务产业链,重点引进电子商务、信息软件设计研发、仓储物流等一系列围绕电商产业发展的企业。积极开展在线培训及线下实训服务,储备输送电商人才;联合行业协会,打通网商货源渠道;线上线下联动,助力品牌营销;建立高效投融资机制,打造园区资金"蓄水池";创新仓储服务模式,为入园电商提供低成本、高附加值的仓储服务;打造网红直播电商平台和集群注册信息服务平台两大平台,发展电子商务新模式。

河南省电子商务创业孵化基地。依托基地教育培训中心(河南省电子商务继续教育基地),重点开展创新孵化,大力培养电商人才。利用省内电商化转型较好的一般贸易进出口企业的海外保税区基地,建立河南省跨境电子商务离岸基地,大力开展跨境电商。以新农村流通电子商务公共服务平台和国家电子商务进农村综合示范县为中心,发展农村电商,解决"最后一公里"难题。充分发挥郑州"直播机构多""高校人才多""产品供应链多"等优势,推进直播电商,鼓励电商新业态发展。

开封电子商务产业园。加快园区核心区域建设,积极持续开展电子商务招商引资工作,力求引进国内外电商名企,孵化成长性较好的初创企业。积极发展跨境电商,打造服务开封的跨境电商综合平台,争取成为河南跨境电子商务人才培养暨企业孵化平台之一。

中国(漯河)电子商务产业园。打造电子商务企业总部集聚区,充分发挥漯河市国家食品城的品牌,依托"阿里巴巴漯河产业带"电商批发平台、食品汇食博会线上交易平台的平台优势,大力引进食品电子商务企业集聚发展。鼓励制造型企业、传统外贸企业电商化改造,搭建传统外贸企业与专业电商沟通桥梁,加快推动全区制造企业开展跨境电子商务业务。

(四)促进跨境电商高质量发展

1. 推进跨境电商载体平台建设

加快跨境电商综合试验区建设。以郑州跨境电商综合试验区为示范引领,加快洛阳、南阳等跨境电商综合试验区建设,合理布局,鼓励其他有条件的地区积极申报国家跨境电商综合试验区,依托各地资源禀赋、产业基础,探索创新发展路径,强化竞争合作共识,形成跨境电商综合试验区错位互补、联动协同发展格局,全面推进全省跨境电商综合试验区建设。推动开放平台载体建设。着力围绕打造国内大循环的重要支点和国内国际双循环的战略链接,加快推动全省开放平台高水平建设高质量发展,强化开放平台功能叠加,优化全省对外开放格局。支持跨境电商集聚区建设。把E贸易核心功能集聚区、郑州航空港经济综合实验区跨境电商集聚区作为河南省大力发展跨境电商业务的主要载体,积极探索跨境电商政策、模式及业态创新,集聚跨境电商全产业链核心企业,打造成为河南省乃至中部跨境电商产业形态最齐全、最高端、最活跃、最有影响力的区域。推动跨境电商产业基地建设。紧紧围绕市场需求,充分释放各地优势资源及产业潜力,形成以郑州为综合服务中心,各地为生产中心的产业聚集格局,推动各地特色产业打造跨境电商产业基地。

知识拓展

跨境电商载体建设行动

推进跨境电商综合试验区建设。重点结合郑州、洛阳、南阳等跨境电商综合试验区的发展方向、战略定位和产业基础,充分释放郑州的区位交通、政策创新和跨境电商进口领先发展的效应,充分发挥洛阳的制造业产业基础和文化旅游特色,充分依托南阳的农产品和家居用品特色产业,从顶层设计、体制机制、产业结构、招商引资等方面着手,探索跨境电商综合试验区各具特色、差异发展路径,共同助力全省跨境电商发展。同时支持商丘、许昌、开封、焦作等有条件的地区积极申报国家跨境电商综合试验区。

推进海关特殊监管区域建设。加快推动新郑综合保税区扩区申建工作,确保郑州经开综合保税区二期建设如期通过验收。持续加快南阳、洛阳、开封综合保税区建设,南阳卧龙综合保税区要补齐发展短板,洛阳综合保税区要确保顺利通过国家验收,开封综合保税区要抓紧制定筹建工作方案。

推进E贸易核心功能集聚区建设。积极探索跨境电商发展的新方向、新模式,推动网上丝绸之路实现纵深发展。推进征信体系创新,研究制定跨境电商征信体系标准,探索全球范围内对B2C卖家规范性的保险、保理体系,建立全球范围内银行间的结付汇体系。探索创新跨境电商B2B监管、市场准入及配套服务体系。借助跨境电商零售进口医药试点,在E贸易核心区形成集医药研发、交易、物流为核心特色的产业生态体系。

推进郑州航空港经济综合实验区跨境电商集聚区建设。依托郑州航空港经济综合实验区的政策、区位、口岸、产业等综合优势,打造跨境电商产业集聚升级、资源整合集聚、发展环境良好、支撑体系完善的"跨境电商集聚区",带动现代商贸、现代物流、跨境金融、文化旅游等产业全面转型升级,形成双向流通顺畅、基础设施健全、示范带动明显、宜业宜居宜游的跨境电商集聚区,打造"中部地区跨贸产业基地"。

推进跨境电商产业基地建设。发展"一县一品"产业模式,打造户外家居、服装、特色农产品、化工产品、绢花、盆景等 30 个特色产业基地。

2. 构建跨境电商产业生态体系

引导跨境电子商务进出口企业或平台,在河南省内跨境电商综合试验区设立运营及集货中心;吸引海外搜索引擎营销服务企业来河南发展业务,培育本地跨境电子商务营销及代运营服务商;加快培育本地有条件的机构取得跨境支付牌照,吸引省外跨境支付机构来河南设立交易结算中心;引进及培育外贸综合服务企业,加强其与传统产业对接,为企业发展跨境电子商务提供一体化专业服务;鼓励营销推广、摄影美工、策划、创意等相关专业服务业发展。加快推动商务会展、教育培训等跨境电商衍生关联产业发展,助推跨境电商全产业链构建。

3. 促进跨境电商进出口协同发展

巩固跨境电商进口先发优势。推动"1210"复制推广,创新进口监管模式。做大做强跨境电商进口企业,持续推进中大门、万国优品、班列购等本土进口电商平台快速崛起与壮大,推动考拉海购、唯品会、京东全球购、天猫国际、豌豆公主等引进的电商平台做大做强。推动跨境电商零售进口药品试点发展,完善单一窗口监管平台,保税物流服务平台、线上交易服务平台和"互联网+医疗健康"综合服务中心等平台功能,实现对跨境医药产品的质量管控、追溯管理,吸引更多国际先进医疗机构、医企及专业的药品贸易商集聚落户河南,促进跨境电商零售进口药品业务协调创新发展。

实现跨境电商出口领先发展。依托外贸产业集群,推动"9710""9810"业务发展,创新出口监管模式,扩大跨境电商出口企业应用。以电子设备及配件、衣服、小玩具、帽子、眼镜、箱包、假发等河南本地出口量大的商品,耐火材料、羊剪绒制品、波斯地毯、童装等特色资源产品,山药、大枣、大蒜、大红袍花椒、柿饼等特色农产品,汴绣、豫锦等极具地域文化特色的传统手工艺品为依托,建立跨境电商公共服务平台,并引进阿里巴巴、中国制造网、敦煌网、思亿欧等跨境电商B2B 出口平台,亚马逊、全球速卖通、eBay、Wish、Shopee 等跨境电商 B2C 出口平台在河南设立运营及集货中心,推动河南优势产品出口。支持本地有条件的制造企业和传统外贸企业依托海外仓积极布局全球供应链,以新渠道抢占新市场。

4. 加强新型对外贸易方式融合创新

积极探索跨境电子商务和市场采购贸易有机融合发展,推动新型贸易方式一体化、规范化、高效化运作。以跨境电商 B2B 出口全面推广和许昌市场采购贸易试点获批为契机,支持许昌市场采购贸易试点有效叠加跨境电商综合试验区相关政策,深入研究跨境电商 B2B 出口在税收、外汇、产业转型等方面的问题和诉求,实现跨境电商与市场采购贸易进一步融合发展。推动跨境电子商务企业利用市场集聚区内的品牌集聚和资源集聚优势,将跨境电子商务零售小包出口转变为集拼集运出口,提升通关效率、降低贸易成本、加快出口退税进度。

（五）推进"数商兴农"创新发展

1. 促进农村电商提质升级

紧紧抓住电子商务进农村综合示范县建设的有利时机,立足特色优势和资源禀赋,将电子商务和精准帮扶有效结合,完善升级公共服务站点功能,拓宽农特产品网络销售渠道。推动电子商务与休闲农业、乡村旅游深度融合,发展乡村共享经济等新业态,鼓励运用直播、短视频等新载体,创新发展网络众筹、领养、预售等产销对接新方式。

2. 贯通县乡村物流配送体系

加快贯通县乡村电子商务体系和快递物流配送体系,促进农村寄递物流体系建设与农村电子商务协同发展。一是补齐乡村基础设施建设短板,促进新型供应链建设,加强农村电商物流基础设施和服务网络共享。统筹政府与社会资源,引导邮政、供销社、快递、物流企业及涉农电商企业加强物流配送、农产品分拣加工、冷链物流、仓储物流中心等农村电商物流基础设施建设,补齐农村电商物流短板。二是统筹农村地区寄递物流资源,加快推广农村寄递物流共同配送模式,有效降低农村末端寄递成本。支持完善县乡村三级物流配送体系,大力发展共同配送,整合邮政、供销、商贸、快递、交通等物流资源,在日用消费品、农资下乡基础上搭载电商快递,逐步推动商流物流统仓共配,提升物流效率,降低物流成本。

3. 提升农产品可电商化水平

推动农产品电商标准化建设。加快建立电商农产品质量安全追溯体系,积极探索分品类制定"农产品网货流通品质分级"标准,持续资助可电商化的农产品"三品一标"认证,解决农产品网销质量控制和消费者信任问题。促进农产品电商品牌化发展。鼓励各地整合全省特色农产品资源以及极具地域文化特色的传统手工艺品资源,统一进行开发、品控、监管、包装、设计和运营,培育网络畅销产品,打造地方特色农产品公共品牌。推动知名电商平台与各地市政府、农产品企业在产销对接、品牌创建推介等方面深入合作,打造农产品电商优质品牌。提升农产品电商供应链水平。鼓励各地打造一批标准化、品牌化农产品网货供应基地,强化检疫检测、品控分拣、打包配送、冷链物流、质量追溯等服务功能,提升农产品电商供应链的支撑保障能力。

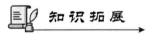 **知识拓展**

电商进农村综合示范县升级行动

完善县乡村三级农村电商公共服务体系。充分整合资源,提升县域电商公共服务中心运营能力,强化电商孵化、品牌培育、人员培训、产品展示、数据采集等功能。增强乡镇、村级农村电商服务站点经营能力,面向农村居民生产生活提供集农资超市、日用品超市、快递寄存、农产品上行等综合服务。

完善县乡村三级农村物流配送体系。引导邮政快递、电商企业和第三方物流服务商整合县域物流配送服务资源,共同构建县城到镇村的快递配送网络。整合县域日用品、农资下乡和农产品进城双向配送,推动统仓共配,引导县域大型流通企业以乡镇为重点下沉供应链,构建普惠共享、双向畅通的现代农村流通体系,降低农村物流配送成本。

完善农村电商支撑体系。支持各地市围绕本地特色优质农产品,构建农产品质量追溯和网销监管体系,加快推进农产品“三品一标”认证体系建设,大力培育本地特色农产品公共品牌,规范发展农产品“社区团购”“网络直播”等服务新模式,促进本地特色农产品网络销售。

(六)构建数字生活消费体系

1.推动实体商贸零售数字化转型

积极推进智慧商圈和特色商业街建设。培育郑州二七商圈、花园路商圈、郑东新区 CBD 商圈、中大门商圈等智能商圈示范建设,推进商圈商户建成智能收银和后台数字化管理系统,客流量及交易数据由商圈管理机构实时掌握并进行动态分析管理。重点引进知名电子商务企业、跨境电商企业入驻,推动电子商务龙头企业在商圈设立体验中心,推动传统商贸企业向线上发展,提升消费者购物体验。培育德化步行街、农科路酒吧休闲街等线上线下融合的特色街区,着力建成特色型国家级步行街建设试点标杆和促进城市消费的引领区。加快推广应用 5G 技术,加大智能设施投入,推动德化步行街区数字化改造,打造

5G智慧商业街区。重点引进新业态、展示老字号、拓展新消费,有效推动消费变革、引领消费升级,助力建设国际消费中心城市。在条件具备的街道,因地制宜规划建设一批有地域特色、风格各异、规范有序的特色商业街区,全面推进全省智慧商街建设,积极打造数字消费场景,加快打造新购物天堂。鼓励将生物识别、人脸识别、人工智能、区块链等新技术应用于商圈、特色街等重点消费区域,打造"无排队、无结账"的无接触式消费新体验。

积极推进传统零售企业数字化转型。鼓励和推动华润万象城、丹尼斯大卫城、中大门国际购物公园等百货商场、购物中心、大型超市等商贸流通企业数字化转型,利用互联网、大数据、物联网、人工智能、区块链等技术加快商业基础设施智能化升级,实现数字营销、运营、管理。推进百货商场、大型超市打造数字消费应用场景,提升数字消费体验,建成电子标签、智能货架、智能收银系统、线上会员系统,通过直播电子商务、社交营销开启"云逛街"等新模式,有条件的建立线上交易平台,开展一定半径的配送服务及异地客户快递服务。支持实体商贸零售企业运用大数据开展数字化营销、精准服务和定制服务,创新"到店"与"到家"双向服务模式,做精做深体验消费、场景消费。

2.加快专业市场数字化转型步伐

积极引导专业市场加快数字化转型步伐,鼓励专业市场实现线上线下融合发展,各地市进一步加快制定配套政策,在招商引资吸引龙头企业、打造专业市场集群、建设公共服务平台、增强商贸流通活力、争取政策先行先试、优化产业布局等方面做出探索举措,围绕地方发展定位要求,汲取市场开发商、运营管理方、商户的意见,共同推动专业市场数字化水平有更大提升。

知识拓展

专业市场数字化转型行动

推动日用消费品专业市场数字化转型。依托纺织服装、食品、假发、玉器、家居用品等产业优势,鼓励郑州服装批发市场、郑州国际小商品城、南阳石佛寺玉器市场、安阳义乌国际商贸城等日用消费品专业市场寻求自身与直播电商等新业态新模式的结合点和着力点,创新线上消费方式,深度挖掘消费潜力,提升客户购买转化率和用户体验,实现"人""货""场"与数字化的无缝对接。

推动生产资料专业市场数字化转型。依托装备制造、有色金属、新材料等产业优势,鼓励郑州华南城批发市场等生产资料专业市场打造集生产交易、营销推广、物流仓储、金融服务、数据分析等"多元化一站式产业服务平台",从传统的交易场所和流通渠道向产业链、供应链的服务平台转变,通过不断地服务创新和资源整合,建立以专业市场为中心,连接上下游供应链的数字生态体系。

推动农产品专业市场数字化转型。依托小麦、花生、山药、食用菌菇、艾草等农产品优势,鼓励河南万邦国际农产品物流园、商丘农产品中心批发市场、周口黄淮港农产品物流批发市场、郑州陈寨、毛庄蔬菜批发市场、洛阳宏进农副产品批发市场等农产品专业市场围绕生产、加工、仓储、运输、销售等各个环节,着重加强市场的数字化信息体系建设,从而提升商户交易体验和实现食品安全追溯,推动农产品批发市场标准化、绿色化、智慧化发展,实现农产品批发市场数据的全融合、管理的全可视、业务的全可管、交易的全可控。

3. 推进生活服务消费数字化转型

发展智慧出行和餐饮。支持交通出行、餐饮外卖平台智能化发展,精准匹配用户需求,提高用户体验。推动汽车后市场服务平台化发展,鼓励发展分时租赁共享汽车等出行新方式。发展智慧医疗。推进互联网医院建设,开展就医复诊、健康咨询、健康管理、家庭医生等在线医疗服务;支持发展 B2C、O2O 等医药电商,提升购药便利性;依托河南开展跨境电子商务零售进口药品试点契机,通过建设药品交易平台,丰富进口药品供给。发展在线教育。鼓励业内优质教育品牌、职业技能培训机构参与打造在线教育平台,开发在线精品课程。发展智慧文旅。鼓励发展新一代沉浸式体验消费,加快文化资源数字化开发,丰富电子书籍、网络音乐、网络影视、线上演播、数字艺术等数字内容产品,满足在线文娱消费需求。鼓励景区、文化地标、博物馆、美术馆、展览馆等利用 VR/AR、直播、短视频等数字技术提供"云游览""云观赏"等服务,打造一批"中国华夏文化地标""黄河历史文化地标"等沉浸式、互动性全景在线展览示范项目。加强乡村旅游数字化建设,以直播平台、社交平台为入口,对外展示特色乡村旅游资源,打造乡村旅游网红打卡地。

(七)引导制造业数字化转型升级

1. 推进生产制造智能化发展

鼓励电子商务平台与工业互联网平台互联互通,协同创新,推动传统制造企业"上云用数赋智",培育以电子商务为牵引的新型智能制造模式。推进 5G 与工业互联网融合创新,加快"5G+工业互联网"网络技术和产品部署实施,推进 5G 无线连接、5G 边缘计算、5G 网络切片等技术在数字化生产线、数字化车间及智能工厂的应用。支持发展网络协同制造服务,实现企业网上接单能力与协同制造能力无缝对接,带动中小制造企业数字化、智能化发展。

2.打造供应链协同平台

支持产业链上下游企业基于电子商务平台加快订单、产能、物流、渠道等资源整合与数据共享,搭建全流程供应链协同平台,加速采购、销售、金融、物流、仓储、加工及设计等供应链资源的数字化协同,建设工业互联网平台,培育产业互联网新模式新业态。依托工业互联网创新发展工程,支持制造业龙头企业建设一批行业工业互联网平台,培育一批"5G+工业互联网"集成创新应用试点。

3.创新制造业服务模式

提供智能定制服务。鼓励制造业企业联合电商平台开展按需生产、个性化定制、用户直连制造(C2M)等新兴制造和服务模式。支持企业依法合规运用大数据技术分析顾客消费行为,开展精准服务和定制服务,提升消费供给对市场需求变化的适应性、柔韧性和灵活性。支持企业面向客户定制化需求,推动订单信息与企业生产经营系统的高效集成与精准响应,加快研发设计、生产制造、供应链管理等关键环节的柔性化改造,实现基于电子商务的个性化产品服务和商业模式创新。

推进工业设计服务。深入开展先进制造业与现代服务业融合试点,创建一批省级以上工业设计中心,培育一批工业设计骨干企业,打造一批工业设计知名品牌和产品,推动建设工业设计服务平台,推进产业链与创新链对接,实现制造业与服务业融合,提升研发设计、咨询评估、法律服务等生产性服务业发展水平。

知识拓展

个性化定制推广行动

支持生产制造企业与电商平台企业合作发展C2M。引导装备制造、电子信息、休闲食品、纺织服装、假发、绢花、钢制办公家具、老北京布鞋等优势产业与电商平台企业合作,围绕消费者需求,联合打造"爆款",开展小批量柔性化生产和个性化定制,灵活满足市场多样性需求。

推动"网红定制"模式发展。推动直播机构、网红主播、流量达人与产业集群对接合作,整合粉丝需求,参与定制产品设计,打造集设计方案、生产、物流配送等一站式定制服务产业链。

实施个性化定制"领跑者"计划。围绕装备制造、电子信息、休闲食品、纺织服装、文创产品等行业,制定分行业、分领域个性化定制实施指南,指导建立一批个性化定制试点,培育一批个性化定制典型企业,提高电商大数据贡献率,引导企业培育需求快速响应、精准营销以及柔性供应链等新的核心竞争能力。

4. 支持数字化服务商发展

鼓励制造业龙头企业将比较成熟的工业互联网平台对行业内企业开放。支持互联网企业利用数据资源和大数据、云计算、人工智能等方面的能力为制造企业赋能。培育一批工厂数字化改造、智能制造解决方案、智慧供应链等领域的专业化服务商,从而更好助力制造业数字化转型。遴选中小企业数字化服务商,针对不同行业中小企业共性需求开发数字化解决方案,组织服务商与中小企业开展精准对接,组织中小企业开展联合采购、即时采购等数字化降本增效活动,推动中小企业数字化转型。

(八)打造电商物流大枢纽大通道

1. 加快构建口岸枢纽体系

依托郑州机场、国际陆港、中欧班列、多式联运等资源,提升"四路协同"水平,巩固扩大物流集散优势。依托郑州机场、洛阳机场等航空口岸,增开国际货运航线,完善通航点布局,巩固国际货运枢纽地位。依托国际陆港等陆路口岸,推进中欧班列(郑州)集结中心建设相关工作,持续拓展线路网络,畅通信息共享,延伸保税功能,带动产业发展,不断提质增效。依托多式联运中心,加强与港口城市对接合作,推进铁海联运发展。

2. 加快推动电商与快递物流协同发展

积极推动城市公共交通网络与电商快递物流对接,加快完善城市共同配送体系。加快构建电子商务冷链物流体系,满足电子商务生鲜宅配、网上菜场、新零售、中央厨房等新型业态发展需求。鼓励菜鸟、京东、顺丰、中通、申通、圆通、韵达等快递物流企业转型升级,加快发展电商供应链、智能化快运、仓配一体化等服务。提升电商物流信息化智能化水平,加快智能运输、分拣、收投等关键技术应用,推进机器人、无人机、无人车研发和应用。

3. 加快电商终端物流配送体系建设

建设电商物流仓储基础设施。鼓励菜鸟、京东、顺丰、中通、申通、圆通、韵达等快递物流企业加强与省内电商产业园、电商产业集群等载体合作,规划建设一批智能云仓、共享仓库、定制仓等公共仓储,为本地电商企业提供智能化、自动化物流仓储服务。鼓励传统商贸和快递物流企业采用先进技术和装备,改造或新建一批适应新型消费需求的智能快件箱,将其纳入城市新建住宅和老旧小区改造配套基础设施项目。建设综合性快递集散站点,鼓励快递综合服务点为所有电商快递物流企业提供开放性快件代投服务。

布局跨境电商物流仓储中心和海外仓。依托各地综合保税区、保税物流中心,积极建设跨境电商保税仓储、仓储物流中心等设施,为全省跨境电商提供仓储物流服务。充分发挥外贸出口企业、跨境电商企业、外贸综合服务企业等资源集聚优势,多措并举鼓励企业结合跨境电商进出口业务发展需求,布局集线上交易、线下仓储、产品展示、营销推广、售后服务、境外通关、金融服务等功能于一体的跨境电子商务海外运营中心、海外仓,提升跨境物流服务水平。

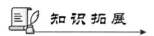

知识拓展

"四路协同"推进行动

建设"空中丝绸之路"。以深化郑州-卢森堡"双枢纽"航空货运、中匈航空货运枢纽为基础,构建连接世界重要航空枢纽和主要经济体的航线网络格局,建设卢森堡货航亚太枢纽工程和空铁转运中心,形成引领中部、服务全国、连通欧亚、辐射全球的空中经济廊道。拓展郑州国际机场"空空+空地"货物集疏模式,构建"1天+N小时"直达全球的航空物流网络。鼓励E贸易核心功能集聚区筹建TIR国际卡航集疏中心,开辟"一带一路"第四物流通道。鼓励E贸易核心功能集聚区、郑州航空港经济综合实验区保持跨境电商航空物流优势,增加全球货运航线,构建覆盖全球的货运航线网络,建设空中丝绸之路。

建设"陆上丝绸之路"。以中欧班列为依托,以市场为导向,匹配运能和运量,多元拓展增值业态,重点打造欧亚公铁联运大通道,"郑日韩"海铁联运通道,打通与东盟的货运连接通道,东南亚国家与俄罗斯的国际陆路通道,建设陆上丝绸之路。

建设"海上丝绸之路"。建设货物集散中心,完善跨区域集货节点功能,开通至主要港口的海铁联运班列,推动内河水运与沿海港口无缝衔接,全面对接海上丝绸之路。

建设"网上丝绸之路"。通过完善全球跨境进出口供应链服务体系,加快跨境电商产业链上下游企业集聚,创新新型贸易方式,以发展"网上丝绸之路"拓宽"卖全球"渠道,畅通国内国际"双循环",进而带动"空中、陆上、海上"丝绸之路协同高效发展。

(九)突破电商人才缺乏瓶颈

1.加大电商人才引进力度

出台电商人才引进政策,吸引电子商务中高层次人才和优秀应用人才集聚河南,对电商人才在落户居留、配偶就业、子女就学、医疗保障、评优评先等方面给予特殊政策照顾。实施电商人才"引凤归巢"计划,重点动员和吸引海外留学生、省外豫籍电子商务高层次人才和优秀应用人才来豫发展,给予奖励和生活补贴。建立电商人才服务体系,完善电商人才培养、流动和激励机制,营造良好的电商人才发展环境,积极为电商人才提供交流平台,实现电商人才"引得来、留得住"。将电商平台企业和服务企业等专门团队和人才招聘纳入省招才引智创新发展大会招引范畴。同时,在全国高校聚集或跨境电商发展较好的杭州、深圳、上海、北京等城市,定期举办跨境电商企业和专业人才招聘对接活动,吸引跨境电商物流、平台、服务、金融等专门团队或人才到豫创业就业,逐步缓解河南省跨境电商人才缺口大的问题。

2.推动电商人才培养培训

创新电商人才培养方案。鼓励省内高校、职业技术学院结合办学定位,完善电子商务专业设置,针对市场现实需求,创新电子商务课程培养方案,为企业输送理论基础扎实、实操技能过硬的电子商务人才。推动设立跨境电商大学,依托河南省跨境电商发展领先优势,发挥跨境电商企业和人才集聚效应,积极打造多层次多梯度的跨境电商人才培养体系。建立跨境电子商务产业联盟与人才发展联盟,鼓励各地政府、行业协会与阿里巴巴、亚马逊、ebay、wish、shopee、小红书等跨境电商平台企业,以及致欧家居、中大门等跨境电商行业先锋联手,落地"百万英才""星青年计划"等一批人才培养项目,推进人才与企业、项目、资本的对接。

做强电商人才培训。建立电商人才培训体系,打造面向市场的电子商务精品云课堂,培育电子商务专业师资,组织线上线下相结合的多层次、多形式电子商务培训,提升电子商务从业人员职业能力。推动校企合作,实现产学研用联动,培养专业化、复合型电子商务人才。瞄准市场需求,采取定向培养的方式,开展政府、高校、协会、企业合作,建设一批实用型人才培训基地。

3.促进电商人才创业创新

依托电子商务园区、行业协会等,打造电子商务人才培训与孵化中心、创业创新基地、实训基地等,为创业人员提供场地、人才、技术、资金支持和创业平台孵化服务,推动"大众创业、万众创新"。统筹规划、引进培育一批电子商务孵化基地和孵化中心,根据不同类型、不同规模电商企业的发展需要,提供差异化的孵化服务,促进初创企业和小微企业做大做强。

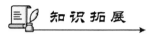
知识拓展

重点领域电商人才培育行动

推动跨境电商人才培育。鼓励社会培训机构、行业协会等以市场需求为导向,通过多形式、多手段、多渠道开展跨境电商人才培训,重点加强对本地优势产业、外贸企业、骨干企业相关人员和行业主管部门人员进行有针对性的跨境电子商务培训。建立完善"创业苗圃+孵化器+加速器"的全链条创业孵化服务体系,打造具有国际竞争力的中西部跨境电商创新创业高地。

推动农村电商人才培育。将农村电商人才培训作为电商进农村示范县建设的重点项目,加强对具备条件的返乡大学生、创业者、农村青年、驻村干部、退伍军人、合作社带头人等实操技能培训,采取公益课堂、网络直播等方式,培养一批懂电商、有能力,愿意扎根农村的新农人、电商带头人,发挥示范引领作用。

推动直播电商人才培育。支持建立直播电商人才培训基地,探索打造学校教育和社会培训相结合的直播电商人才培训体系。开展网红主播、流量达人孵化行动,加强直播带货技能人才培养,吸引豫籍知名网红回乡创业,帮扶重点带货达人创新创业。

(十)加强电商区域协同发展

1.加强与国内电商领先地区对接合作

依托各地政府力量,加强与国内电商发展先进地区对接合作,重点借鉴先进发展经验,共享企业等各类资源,携手探索电商政策、服务、模式等创新。依托电子商务示范基地、电商进农村综合示范县、跨境电商示范园区等载体,以示范创建为契机,加强各类电商示范载体之间交流合作,推进项目对接,强化竞争合作。依托电商协会、电商研究院、特色产业行业协会等各类行业组织,搭建电商合作交流平台,加强电商人才培养、资源对接等方面合作,支持共同举办具有国际影响力的会议论坛等活动。吸引国内其他地区企业在豫建设电商运营中心,鼓励本地有条件的电商企业面向全国进行战略布局,促进电商企业合作。

2. 加强与"一带一路"共建国家国际合作

积极促进产业对接。牢牢把握"一带一路"战略机遇期,充分利用沿线国家提供的优惠政策,通过加快设立海外营销渠道和建立海外仓、与沿线国家和地区跨境电商平台战略合作等模式,进一步创新完善跨境电商服务模式,将国内商品更好地融入当地市场。

复制推广"郑州模式"。积极推动河南省跨境电商综合试验区与境外数字自贸区实现互联互通,加快跨境电商"郑州模式"海外复制推广,鼓励企业面向"一带一路"共建国家和地区推广品牌,加快建设一批境外跨境电商合作园区,积极输出电商发展经验、模式、技术等,大力培育电商新业态新模式,提升"一带一路"共建国家和地区电商发展水平,促进"丝路电商"能力建设。

持续搭建国际交流平台。持续举办全球跨境电商大会、丝路电商国际合作(郑州)论坛等活动,提升河南跨境电商的国际知名度和影响力,促进河南与"一带一路"共建国家和地区跨境电商合作和交流,为国际合作、经贸交流提供更广阔的交流合作平台和更大的互惠共赢机遇。

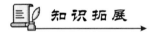 **知 识 拓 展**

"丝路电商"发展行动

探索开展点对点城市合作。加强与"一带一路"共建国家和地区跨境电商合作,探索与"一带一路"共建国家和地区开展点对点城市合作,推动与"一带一路"共建国家和地区信息互享、监管互认、执法互助、结算互通,推动建立跨境电商通关监管等方面的双边认证标准,为建立跨境电商国际新规则探索经验。

积极促进产业对接。发展"丝路电商",创新与"一带一路"共建国家和地区合作模式,与伙伴国合作在电商促销节打造国别爆款,促进产业对接,培育先行示范,增强企业国际竞争力。

鼓励设立海外仓。鼓励有实力的外贸物流企业在"一带一路"共建国家和地区主要出口市场建立或合作建立公共海外仓及河南商品展示体验中心,为全省跨境电子商务企业提供展示、交易、仓储、配送和售后等一站式服务,提升"一带一路"共建国家和地区当地消费者的购物体验。

第七章 | 农产品直播电商生态系统培育保障体系

第一节 直播人才的培育与发展

随着乡村振兴成为社会经济发展的战略任务,各地对农村直播电商营销人才的需求急剧增加,农村直播电商成为助力乡村振兴的新动能,得到政府部门和社会的高度重视。然而,现有农村直播电商人才数量严重不足,已有的人才也表现出了专业薄弱的现象。所以,如何解决直播电商人才的培养问题成为乡村振兴工作的重中之重。

一、乡村振兴对直播电商人才的需求现状

2022 年中央一号文件提出全面推进乡村振兴重点工作,把乡村振兴战略作为新时代"三农"工作的总抓手,乡村振兴成为亟须重点研究和解决的问题,探索利用电子商务、网上直播促进乡村振兴的新型发展模式,日益成为人们关注的焦点。

农村电商被写入中央一号文件,将逐步成为解决"三农"问题、供给侧结构性改革等的新动力。目前,农村电商还处于发展的初级阶段,其中最突出的一个问题就是人才匮乏。要想实现乡村振兴,实现乡村产业兴旺,就要着力培养直播电商人才,为推动乡村振兴提供发展新引擎。根据中国农业大学智慧电商研究院提供的数据,预计到 2025 年,全国农村电商的人才缺口高达 350 万,运营推广、直播电商、美工设计等技术类人才缺口极大。在目前的农村电商人才中,更多的是低学历、低技术储备的初级人才,从实际情况来看,农村电商实际应用场景中的需求比数据统计的情况更紧张。

二、乡村直播电商应用现状

乡村直播电商专业人才缺乏、水平较低，当前我们在农村所见到的主播，大多数是半路出家的农民或者返乡的务工人员，他们凭借自己对直播的理解，结合自己的经验，购买一些简单设备就开始直播了，实际上并没有系统地学习过直播技能，也没有找有经验的主播来带。虽然他们可以多场次、长时间直播，但效果却不尽如人意。很多直播人员在缺乏前期直播技能积累的情况下快速进入直播行业，最终又因为直播水平不够导致网络直播语言技能缺乏、客户沟通技巧和销售话术不熟悉等问题的出现，造成直播效果及转化率都不理想的结果。

通过调查研究，非专业主播在水平层次上主要存在以下缺点。

1. 电商内涵认知不够，对主播岗位缺乏深刻了解

很多非专业主播都没有较好的教育背景，更没有完善的电子商务专业知识，所以对于直播电商的理解停留在一知半解的阶段，即使是通过碎片化的学习，知识也不够集成，不足以支撑其作为成长型主播一直走下去。由于知识内涵的不足而对主播岗位的认知存在偏差，从而导致很多创业者在直播不久后会出现流量瓶颈。

2. 技能不够娴熟

根据艾媒咨询提供的信息，我国直播电商行业带货主播的马太效应明显，腰尾部主播占比超过90%，我们接触的大部分乡村主播都是尾部主播，流量占比不足10%，头部主播占比相对较少。很多非专业主播在直播前并没有对直播进行规划，更没有做脚本和进行话术训练，存在应变能力低、内容没有吸引力等问题，综合来说，就是直播综合技能较低。

3. 直播创意缺乏，内容单一重复

大部分乡村本地农产品主播的文化积淀达不到网络主播的需求，在直播内容的设计上缺乏创新点，创新型高质量内容产出不多。一般都是借助生产现场或者直播搭建来展示，对于创新型店铺活动或者互动性强的背景很少应用，尤其是与用户的互动单调而枯燥，缺少趣味和吸引力。趣味性、吸引力的缺乏，再加上单一、枯燥的内容会导致用户的黏性缺失，为了留住用户，在自身创意缺乏的情况下，有些主播往往会争相模仿某一种热度流量较大的直播，这样就会涌现大量雷同内容，极易引发消费者的厌恶心理，带来严重的负面影响。

4.资源整合困难

由于乡村农民主播距离商圈较远,建立的人脉关系相对单一,与企业合作的机会也相对较少,这就导致很多资源无法被集成使用,如供应商资源、金融资源、物流资源、人才培训资源等。而直播电商的开展,尤其是供应链的打造和品牌的推广更是离不开人脉资源和各种商业关系。种种条件制约着农村直播资源的利用,达不到资源价值应用最大化,主播的品牌推广不出去,流量就难以提升。

三、乡村直播电商人才的培养问题

从目前的市场需求现状来看,直播电商人才是缺乏的,要想实现人才充足,需要在人才培养环节做出大量努力,而承载这一重要任务的是开设电子商务专业的各个高校和社会培训机构。但目前高校和培训机构专门为农村培养电商人才也存在一系列问题。

1.针对性培养农业直播电商人才难以实现

现在开设电子商务专业的高校很多,也给社会培养了大量的电子商务人才,但从人才培养的质量上来说,大多不能适应现在的网络平台直播要求,更不用说毕业后直接做农产品直播了。难以有针对性地培养直播电商人才还有一个重要的原因就是,一般的高校或者专业培训机构都没有真实的农产品生产和销售的环境,难以有针对性地提升农产品的直播技能。

2.农村培养直播电商人才的软硬件环境缺失

大部分农村地区开展区域化经济发展以来,取得了显著的成绩,不同地区逐渐建立了适合当地农产品的特色种植区,农产品种类和产量都逐渐增多。但由于市场资源配置和发展的不均衡,导致很多区域的农产品并不能如期销售出去,在互联网的加持下,直播电商才开始助力农产品销售,随着人们对直播购买的需求不断增大,农产品销售和服务领域需要大量直播电商人才来解决农产品销售的问题。然而直播电商人才的供给却成了最大的问题,农村虽然具备了良好的农产品生长和研究环境,但却缺少了相应的技能孵化资源:在硬件上,没有相应专业的直播间以及直播外景场地,缺少专业的直播设备;在软件上,没有软件系统能够在零试错成本条件下给予学员训练;更重要的是没有针对农民学员长期提供技能培训的指导团队。

3.乡镇政策和资金上针对性辅助并不明显

国家对于乡村振兴是非常重视的,乡村振兴的覆盖面是庞大的,助力乡村振兴的方法也是多样的,所以落实的村镇要实现乡村振兴,要解决的问题是多方面的。直播助力农产品上行只是其中的一个重要方面,不是全部。由于不同乡镇对政策的理解不同,对直播电商助力乡村振兴的重视程度也就有了不同层次的表现,当然这也与相应区域农产品销售的特点有一定关系。其中突出的表现就体现在对乡村直播电商人才的打造上,没有政策和资金的扶持,就不会有更多的电商人才去农村发展,不会有更多的直播企业去农村寻求合作,更不会有高校走进农村共同孵化培养直播电商人才。

四、直播电商人才培养的路径分析

1. 加强校地合作,建设人才培养基地

中国互联网络信息中心(CNNIC)在北京发布的第 50 次《中国互联网络发展状况统计报告》显示,截至 2022 年底,我国网民规模超 10.51 亿,互联网普及率达 74.4%,网民使用手机上网的比例达 97.7%。手机在农村中使用虽然广泛,但就其功能应用上来讲,大部分还只是应用于信息查询、沟通交流和观看视频。而手机作为农产品直播电商的重要功能,并没有得到大量的应用。根据中国社会科学院农村发展研究所的调查,伴随乡村互联网使用日益广泛,农村电商成为农户参与市场的重要途径,但仅 6.22% 的受访农户有产品通过网络交易,在直播电商方面,能够开展内容策划并进行农产品直播销售的更少。究其原因,主要还是农户的电商技能没有达到应有的水平,这说明农村直播电商技能人才是严重缺失的。高校作为直播电商人才的重要输出地,担负着培养人才的重要任务,但从高校人才的培养现状中能看出,在校园中并不能有针对性地培养直播电商人才,最好的办法就是在农村建立人才培养基地。

(1)在农村建立直播孵化基地。在重点乡村,以村委为据点建立直播电商基地,利用电商基地整合学校优势智力资源,服务于农户的直播电商技能培训,让专业教师带着技能下乡,把电商基地作为技能传播的重要阵地。另外,电商基地可以作为创业农户的训练场地和青年创业者交流经验的平台。从学校培养学生的角度来讲,建立在农村是直播电商基地也可以作为学生校外的实习训练基地和农产品及销售的认知场地,这是校内实训功能方面的必要补充。

(2)"去中心化"人才孵化模式。在直播电商基地发挥农户直播技能提升作用的基础上,不断开拓新的直播电商培养人才模式,借用软件系统训练云平台和线上视频会议等方式,开展在线培训与训练。不管是教师还是学员,都可以把自己的想法和意见通过在线平台进行分享,也可以展示自己的作品让大家

提出意见,同时可以贡献自己的资源让大家学习。有心做直播的农户在农忙之余,无论是在自己家里,还是在田间地头,都可以在线去学习和训练。这样就可以做到让整个学习过程不以教师或者企业导师为中心,每个人都是资源的贡献者,又是资源的享有者,就像一个平等交流的社群。

2. 政企合作解决人才孵化提升问题

企业是最贴近市场的单位,和企业合作才能把握好市场的需求波动,进一步调整相应的策略,以适应新时代的市场变化,有利于农产品的销量提升。

第一,村镇和电商企业合作,联系专业的直播电商 MCN 机构以及直播电商运营企业,定期组织并开展相关培训,培训内容涵盖农业技术知识、直播运营技能、农产品品牌管理、网络技术等。积极开拓思路,拓宽人才培养渠道,也可以让企业在村镇建设直播现场或者运营中心,利用企业的资源促进销售,在这个过程中去培训农民,选拔出好的苗子进行孵化,实际上这个过程是双赢的。

第二,通过招商引资的方式,让企业入驻村镇专属地区,如工业园区。主要目的是打造围绕产品的产业链,这是实现直播电商可持续发展的内在动力。地方政府应整合农业发展相关资源,牵头整合农业企业、物流企业、网络直播平台等实现产品的加工、运输、线上销售、客户服务等全链条运营。在这个复杂的过程中,会打造出一个个优秀的直播电商运营团队。

3. 出台相关政策支持直播电商在乡村的发展

(1)完善人才培养咨询服务体系。首先,制定相关政策措施,以政府监管、企业运营的方式为农村电商人才提供服务,鼓励电商企业对员工进行专业化的培训,为电商人才提供信息咨询以及培训等相关工作。其次,地方政府应集合乡镇产业资源,将电商做大做强,并鼓励龙头企业积极探索电商发展模式,发挥企业及社会组织在农村电商人才培养中的作用,并制定奖励措施激励电商企业员工参加。最后,政府要完善促进农村电商信息化发展的政策体系,借助相关部门提出的“电商进农村”相关计划,促进农村电商人才培养并出台农村电商信息化发展及相关扶持政策。

(2)政府主导做好技术支持和基础设施建设。乡镇积极整合资源,利用好政策资金,结合本地的实际情况建设直播需要的各种软硬件,如直播基地的直播间、各种设备、文化建设等,搭建好直播网络平台,为直播的正常进行做好技术支持。

(3)建立人才引进和留人机制。政府部门应当为电商人才提供就业优惠政策以及社会福利待遇,吸引专业的电商人才投入农村电商发展。围绕资源环境优势,打造乡村人才聚集的高地。从多方面吸引人才,人才是乡村得以健康发展的核心,这就要求团队成员中不仅要有掌握农业知识、农产品运营知识的专业技术人才,还要有懂品牌、会策划的网络营销人才,会拍摄、会剪辑的新媒体技术人才,以及掌握农产品、直播电商等综合知识的网络主播及团队。要想全面持续地推进农村直播电商产业化,仅靠培养新型职业农民是不够的,还要保障专业人才的供给。积极主动地去引导高校、职业电子商务类的毕业生返乡就业创业依旧是农村电商吸引人才的主要渠道。不仅要吸引高校电子商务类、新媒体类等专业学生在乡镇就业、创业,还要引导更多的大学生走入乡村、爱上乡村、扎根乡村,使得高校毕业生成为有专业知识、有文化素养的直播电商主力军。

乡村振兴是一盘大棋,要想下好这盘棋,必须整合任何有利的资源为之服务,利用好直播电商的优势,让其作为助力乡村振兴的有力手段,整合政府、高校和企业的优势资源,加快提升农户直播技能水平和人才引进力度,完善政策机制,形成完善的人才供应链,才能促进农产品更快、更有价值地进入市场,为实现乡村振兴做出应有的贡献。

第二节　其他保障措施

一、加大金融财政支持保障

在当前全球经济环境下,直播电商作为一种新兴商业模式,正以其独特的优势和活力,成为推动商业发展的重要引擎之一。然而,尽管直播电商市场潜力巨大,但其发展仍面临着多方面的挑战,其中包括资金供给不足、税费负担沉重等问题。因此,为了推动直播电商行业的健康发展,必须加大金融财政支持保障,以提升其发展的稳定性和可持续性。

二、建立直播电商发展专项基金

为了有效解决直播电商行业面临的资金短缺问题,政府应当积极建立直播电商发展专项基金。该基金可以通过政府拨款、社会募捐、金融机构合作等多种渠道筹集资金,专门用于支持直播电商企业的技术研发、市场推广、人才培养等方面的需求。同时,基金管理机构应当建立科学的评审机制,确保资金的使用符合相关政策和规定,最大程度地发挥其促进直播电商行业发展的作用。

三、鼓励金融机构和社会资本支持直播电商发展

除了政府设立专项基金外,金融机构和社会资本也应当积极参与到直播电商行业的发展中来。金融机构可以通过创新金融产品和服务,为直播电商企业提供灵活、多样化的融资支持。例如,可以推出专门针对直播电商企业的信贷产品,降低其融资成本,提高融资效率。同时,政府还可以出台一系列鼓励政策,引导社会资本加大对直播电商行业的投资,促进其良性发展。

四、合理减轻农产品直播企业税费负担

农产品直播是直播电商行业的重要组成部分,对于促进农村经济发展、增加农民收入具有重要意义。然而,由于农产品直播企业的盈利模式和经营特点,往往面临着较高的税费负担,制约了其发展的空间和动力。因此,政府应当采取积极措施,合理减轻农产品直播企业的税费负担,为其提供更加宽松的经营环境。例如,可以对农产品直播企业给予税收优惠政策,降低其税负水平;同时,可以简化税收征收程序,减少企业的税收成本和管理成本,提高其经营效率。

五、加强金融监管,防范风险

在加大金融财政支持的同时,政府还应当加强对直播电商行业的监管力度,防范金融风险和市场混乱。首先,应当建立健全直播电商行业的监管体系,明确监管责任和监管标准,加强对直播平台、内容创作者、消费者等各方主体的监管。其次,应当加强对直播电商行业的风险评估和监测,及时发现和化解潜在风险,保护投资者和消费者的合法权益。同时,政府还应当加强对金融机构的监管和引导,防范金融风险传导和扩大,确保金融支持的有效性和稳健性。

六、推动直播电商行业的创新发展

除了加大金融财政支持和加强监管外,政府还应当积极推动直播电商行业的创新发展,不断提升其核心竞争力和市场影响力。首先,应当鼓励直播电商企业加强技术创新,提升直播内容和服务的质量和水平。其次,应当加强人才培养和引进,为直播电商行业输送更多的高素质人才和专业人才。最后,政府还可以加大对直播电商行业的政策支持力度,为其提供更加广阔的发展空间和

政策红利,激发企业创新活力和发展动力。

　　加大金融财政支持保障,对于推动直播电商行业的健康发展具有重要意义。政府、金融机构、社会资本等各方应当共同努力,为直播电商行业提供更加良好的发展环境,为我国经济的转型升级做出更大的贡献。同时,政府还应当加强对直播电商行业的监管和引导,防范金融风险和市场混乱,确保直播电商行业的健康有序发展。

参考文献

[1]HAOZHE, et al. Research on the Model of "Internet + Agricultural Regional Brand" under the Strategy of Revitalizing the Village[J]. 2018.

[2]潘志祥. 新时代县级新媒体传播工作的高质量发展策略[J]. 卫星电视与宽带多媒体,2023(21):64-66.

[3]赵振华. 跨境电商企业供应链管理优化研究[J]. 物流科技,2023(24):105-108.

[4]纪良纲,王佳渼. "互联网+"背景下生鲜农产品流通电商模式与提质增效研究[J]. 河北经贸大学学报,2020.41(1):9.

[5]RAHAYU, R. ,J. DAY. Determinant Factors of E-commerce Adoption by SMEs in Developing Country:Evidence from Indonesia[J]. Procedia - Social and Behavioral Sciences,2015. 195:142-150.

[6]李学敏,刘刚. 生鲜农产品电子商务发展的问题及对策探究[J]. 广东蚕业,2022.56(12):98-100.

[7]王一方. "互联网+三农"背景下农产品营销模式的创新与发展:以河南省为例[J]. 农业经济,2017(5):3.

[8]RUIZ-GARCIA, L. , G. STEINBERGER, M. ROTHMUND. A model and prototype implementation for tracking and tracing agricultural batch products along the food chain[J]. Food Control,2010. 21(2):112-121.

[9]TENG-YANG, T. , Z. MING. An Ontology-Based Information Retrieval Model for Vegetables E-Commerce[J]. 农业科学学报(英文),2012. 11(5):800-807.

[10]喻正义. 电商视阈下生鲜农产品物流供应链模式改进策略研究[J]. 全国商情理论研究,2018.000(31):29-30.

[11]施礼. 农产品供应链中物流与电商的协同机制[J]. 中国流通经济,2019.33(11):14.

[12]冯雅洁,马树建. 新零售下生鲜电商商业模式分析及其提升策略研究[J].

江苏商论,2023(4):3-5.

[13] XUELI,et al. Coordinating a three-echelon fresh agricultural products supply chain considering freshness-keeping effort with asymmetric information – ScienceDirect[J]. Applied Mathematical Modelling,2019. 67:337–356.

[14] ZHENGUO,et al. Three stage game research of dual-channel supply chain of fresh agricultural products under consumer preference[J]. International Journal of Computing Science & Mathematics Ijcsm,2018.

[15] WANG,C.,X. CHEN. Option pricing and coordination in the fresh produce supply chain with portfolio contracts[J]. Annals of Operations Research,2017. 248(1-2):471–491.

[16] YINDI,W.,L. HONGJIE. Fresh agricultural products supply chain in the e-commerce environment vulnerability model[G]. in 2015 International Conference on Logistics,Informatics and Service Sciences (LISS). 2016.

[17] YANG,H.,W. WANG,J. ZHANG. Research on the Quality and Safety Issues of Fresh Agricultural Products in Perspective of Supply Chain Management. Springer Berlin Heidelberg,2015.

[18] 马雪丽,王淑云,金辉,等. 考虑保鲜努力与数量/质量弹性的农产品三级供应链协调优化[J]. 中国管理科学,2018.26(2):11.

[19] 安红萍,王丽清. 订单式生鲜农产品电子商务系统设计和实现[J]. 电子商务,2016(12):3.

[20] 但斌,郑开维,吴胜男,等. "互联网+"生鲜农产品供应链 C2B 商业模式的实现路径:基于拼好货的案例研究[J]. 经济与管理研究,2018.39(2):14.

[21] 于斌. 互联网+背景下生鲜农产品供应链模式创新研究[J]. 农业经济,2019(2):2.

[22] HOLSCHKE,O. Impact of granularity on adjustment behavior in adaptive reuse of business process models[G]. in Business Process Management – 8th International Conference,BPM 2010,Hoboken,NJ,USA,September 13–16,2010. Proceedings. 2010.

[23] HALL,A.,N. TOWERS. Understanding how Millennial shoppers decide what to buy Digitally connected unseen journeys[J]. International Journal of Retail & Distribution Management,2017. 45(5):498–517.

[24] GALLARZA,M. G.,M. EUGENIA RUIZ-MOLINA,I. GIL-SAURA. Stretching

the value-satisfaction-loyalty chain by adding value dimensions and cognitive and affective satisfactions[J]. Management Decision,2016.54(4):981-1003.

[25]杨强,吕娇娇,申亚琛.微信小视频产品展示对消费者冲动性购买意愿的影响研究:基于虚拟触觉视角[J].经营与管理,2017(12):5.

[26]郑森圭,等.直播平台打赏收入分成模式研究[J].系统工程理论与实践,2020.40(5):8.

[27]谢莹,等.直播营销中社会临场感对线上从众消费的影响及作用机理研究:行为与神经生理视角[J].心理科学进展,2019.27(6):15.

[28]蔡婕.网络直播时代背景下的网红直播电商模式的探究[J].科技经济市场,2020(10):2.

[29]陈迎欣,邰旭彤,文艳艳.网络直播购物模式中的买卖双方互信研究[J].中国管理科学,2021.29(2):228-236.

[30]田丽丽,李德俊.电商主播在线互动对消费者购买意愿的影响研究[J].技术与市场,2023.30(7):187-192.

[31]WONGKITRUNGRUENG,A.,et al. The role of live streaming in building consumer trust and engagement with social commerce sellers[J]. 2020.

[32]邢鹏,尤浩宇,樊玉臣.考虑平台营销努力的直播电商服务供应链质量努力策略[J].控制与决策,2022.37(1):8.

[33]KANG,K.,et al. The dynamic effect of interactivity on customer engagement behavior through tie strength:Evidence from live streaming commerce platforms - ScienceDirect. International Journal of Information Management,2020.

[34]SUN,Y.,et al. How Live Streaming Influences Purchase Intentions in Social Commerce:An IT Affordance Perspective[J]. Electronic Commerce Research and Applications,2019.37:100-886.

[35]KIM,D.,Y.J.Ko. The impact of virtual reality(VR)technology on sport spectators' flow experience and satisfaction[J]. Computers in Human Behavior,2019.93(APR.):346-356.

[36]刘佳,邹韵婕,刘泽溪.基于SEM模型的电商直播中消费者购买意愿影响因素分析[J].统计与决策,2021(7):4.

[37]THAICHON,P.,V.RATTEN. Transforming Relationship Marketing:Strategies and Business Models in the Digital Age[R/OL]. 2020:Transforming Relationship Marketing:Strategies and Business Models in the Digital Age.

[38]曾一昕,何帆.我国网络直播行业的特点分析与规范治理[J].图书馆学研究,2017(6):4.

[39]陈春琴.网红直播营销现状及对策研究[J].新媒体研究,2019.5(19):4.

[40]钟丹.传播学视阈下的网络直播乱象治理策略探析[J].武汉交通职业学院学报,2017.19(3):4.

[41]杜岩武.网络直播的媒介特性对用户持续参与意愿的影响研究[D/OL],重庆工商大学.

[42]张楠楠."直播+"形态下电商直播问题的研究[J].经济研究导刊,2019(1):2.

[43]孙笑然,陈明明.电商直播营销效果分析[J].福建茶叶,2019.41(9):1.

[44]王运昌,杨柳."直播+电商"营销模式的困境与对策[J].现代营销:学苑版,2018(6):1.

[45]JINHUA,TONG. A Study on the Effect of Web Live Broadcast on Consumers´ Willingness to Purchase [J]. Open Journal of Business and Management,2017.

[46]ERKAN,I. ,C. EVANS. The influence of eWOM in social media on consumers´ purchase intentions:An extended approach to information adoption[J]. Computers in Human Behavior,2016.61(AUG.):47-55.

[47]YANG,Y. Research on the Impact of Live Video Streaming on Customers′ Consumption Behavior and Intention[G]. Proceedings of the 6th International Conference on Economics,Management,Law and Education (EMLE 2020),2021.

[48]WONGKITRUNGRUENG,A. ,et al. The role of live streaming in building consumer trust and engagement with social commerce sellers. 2020.

[49]周浪.评论内容的矛盾性及评论数结构对顾客网购意愿影响研究[D/OL],东华大学.

[50]孟陆,等.我可以唤起你吗:不同类型直播网红信息源特性对消费者购买意愿的影响机制研究[J].南开管理评论,2020(1):13.

[51]梦非.社会化商务环境下意见领袖对购买意愿的影响研究[J].经济与管理科学,2012(9).

[52]刘凤军,等.网红直播对消费者购买意愿的影响及其机制研究[J].管理学报,2020(1):11.

[53]汪向东,王昕天.电子商务与信息扶贫:互联网时代扶贫工作的新特点[J].西北农林科技大学学报(社会科学版),2015(4):98-104.

[54]林广毅.农村电商扶贫的作用机理及脱贫促进机制研究[D/OL].中国社会科学院研究生院,2016.

[55]杨金峰."互联网+"时代下,电商精准扶贫模式的新探索:以湖北恩施宣恩县为例[J].中外企业家,2016(9Z):1.

[56]颜强,王国丽,陈加友.农产品电商精准扶贫的路径与对策:以贵州贫困农村为例[J].农村经济,2018(2):7.

[57]王鹤霏.农村电商扶贫发展存在的主要问题及对策研究[J].经济纵横,2018(5):5.

[58]吴晓风.集中连片特困地区电商精准扶贫研究[D/OL].2018,华中师范大学.

[59]廖秉宜,索娜央金.中国网络直播产业市场结构,行为及绩效分析[J].新闻与写作,2019(7):6.

[60]张佳妮,李可心.网络直播对农村电子商务发展的应用研究[J].山西农经,2022(2):56-58.

[61]裴学亮,邓辉梅.基于淘宝直播的电子商务平台直播电商价值共创行为过程研究[J].管理学报,2020.17(11):11.

[62]黄斌欢,罗滟晴.直播带货与深嵌营销:双循环背景下销售劳动的转型[J].新视野,2021.000(1):105-112.

[63]赵美琛,苏雷.农村电商直播助力产业发展模式研究[J].电子商务,2020(5):2.

[64]隋金茹.以广交会为例分析疫情下的跨境电商直播模式[J].营销界,2020(51):49-50.

[65]MOORE,J. F. Predators ,Prey:A New Ecology of Competition[J]. Harvard business review,1999.71(3):75-86.

[66]王玉硕,吴慧香.企业生态圈构建与价值效应:以小米集团为例[J].商业经济,2022(1):3.

[67]潘松挺,杨大鹏.企业生态圈战略选择与生态优势构建[J].科技进步与对策,2017.34(21):8.

[68]史小俊."互联网+"视域下跨境电商生态圈构建思路[J].知识经济,2022(10):42-44.

[69]KRONES,J. S. Closing industrial material loops:Potentials for industrial waste reuse and recycling in the United States[J]. 2015.

[70] JACOBIDES, M. G. C. CENNAMO, A. GAWER. Towards a theory of ecosystems[J]. Strategic Management Journal, 2018:39.

[71] 李宁, 张立. 电商生态圈模式的增值机理研究: 以果蔬品为例[J]. 价格理论与实践, 2020(3):135-138.

[72] 仇瑞, 杨晓彤, 权锡鉴. 智能网联商业生态圈共生关系构建与演化研究. 山东大学学报: 哲学社会科学版, 2020(3):10.

[73] TSUJIMOTO, M., et al. Designing the coherent ecosystem: Review of the ecosystem concept in strategic management[J]. in Portland International Conference on Management of Engineering & Technology. 2015.

[74] TSVETKOVA, A. AND M. GUSTAFSSON. Business models for industrial ecosystems: a modular approach[J]. Elsevier, 2012.

[75] 丁玲, 吴金希. 核心企业与商业生态系统的案例研究: 互利共生与捕食共生战略[J]. 管理评论, 2017. 29(7):14.

[76] 扬西蒂, 莱维恩. 共赢: 商业生态系统对企业战略、创新和可持续性的影响[M]. 王凤彬, 等译. 商务印书馆, 2006.

[77] JOHN, et al., SHAPING STRATEGY in a World of Constant Disruption[J]. Harvard Business Review, 2008. 86(10):80-89.

[78] GHORBANI, M., S. M. R. FATTAHI. Study of Relationship Between Strategic Thinking Dimensions and Entrepreneurship[J]. Middle East Journal of Scientific Research, 2013. 13(2):137-144.

[79] 郭旭文. 电子商务生态系统的构成、特征及其演化路径[J]. 商业时代, 2014(10):2.

[80] 傅俊. 企业电子商务生态系统构建与平衡研究[J]. 商业时代, 2014(15):2.

[81] 向坚持, 钟灵, 丁吴勇. 网络团购商业生态系统模型研究[J]. 湖南师范大学自然科学学报, 2014. 37(1):5.

[82] 谭翔. 跨境农产品供应链脆弱性的影响因素: 基于中国—东盟的实证分析[J]. 中国流通经济, 2019. 33(6):8.

[83] DAVID F. PYKE. Strategies for Global Sourcing[J]. The Financial Times., 1998.

[84] RAMANATHAN, U. Aligning supply chain collaboration using Analytic Hierarchy Process[J]. Omega, 2013(2).

[85] SHIMING, L., et al., The Collateralized Loans of Rural Land Contracted Man-

agement Rights：Credit Supply and Mechanism Construction[J]. Financial Regulation Research,2016.

[86] JIANXI, YUANLUE. An adaptive multi－agent system for cost collaborative management in supply chains[J]. Engineering Applications of Artificial Intelligence：The International Journal of Intelligent Real－Time Automation,2015. 44：91-100.

[87] JUN,C. ,M. Y. WEI. The Research of Supply Chain Information Collaboration Based on Cloud Computing[J].

[88] ZHANG, Q. , M. CAO, Exploring antecedents of supply chain collaboration：Effects of culture and interorganizational system appropriation[J]. International Journal of Production Economics,2018. 195(jan.)：146-157.

[89] PRADABWONG,J. ,et al. Business process management and supply chain collaboration：effects on performance and competitiveness[J]. Supply Chain Management,2017. 22(2)：107-121.

[90] ING-LONG,CHIU,MAI-LUN. Examining supply chain collaboration with determinants and performance impact：Social capital,justice,and technology use perspectives[J]. International journal of information management,2018.

[91] 朱庆华. 可持续供应链协同管理与创新研究[J]. 管理学报,2017. 14(5)：6.

[92] 刘妍宏. 生鲜电商供应链风险研究[J]. 中国储运,2016(9)：4.

[93] 吴绒,叶锐. 农产品绿色供应链协同模式概念、构成与维度[J]. 北方园艺, 2018(24)：7.

[94] 张翠华,等. 供应链协同绩效评价及其应用[J]. 东北大学学报：自然科学版,2006. 27(6)：3.

[95] 刘昊. 战略型供应商选择研究,2011,河南师范大学.

[96] 冯檬莹,陈海波,郭晓雪. 大数据能力,供应链协同创新与制造企业运营绩效的关系研究[J]. 管理工程学报,2023. 37(3)：9.

[97] 林勇,马士华. 供应链管理环境下供应商的综合评价选择研究[J]. 物流技术,2000(05)：30-32.

[98] LI, Z. P. , et al. Coordination of a supply chain with Nash bargaining fairness concerns[J]. Transportation Research Part E：Logistics and Transportation Review,2022. 159.

[99] BRADEN,et al. Understanding industrial ecology from a biological systems per-

spective[J]. Environmental Quality Management,1994.3(3):343-354.

[100]BBC. The use and abuse of vegetational concepts[EB/OL]. Bbc2,2011.

[101]娄美珍俞国方,产业生态系统理论及其应用研究[J]. 当代财经,2009 (1):7.

[102]胡有方,胡世良. 打造良好的产业生态系统:移动互联网成功之道[J]. 移动通信,2013(3):4.

[103]马亮,马颖. 基于共生理论的产业共性技术合作研发问题研究[J]. 山西财经大学学报,2010(S2):2.

[104]CHUANXI,W. U.,et al. Current Development and Countermeasures of Live Online Sports Video Broadcast Industry in China[J]. Journal of Sports Adult Education,2016.

[105]饶俊思. 电商直播营销应用及发展策略研究:以淘宝直播为例[D/OL],南京师范大学.

[106]郭全中. 中国直播电商的发展动因,现状与趋势[J]. 新闻与写作,2020 (8):8.

[107]陈倩. 电商时代网红直播带货的法律规制探析[J]. 北方经贸,2020(8): 3.

[108]李舒,黄馨茹. 传播学视域下的直播电商:特征,壁垒与提升路径[J]. 青年记者,2020(30):3.

[109]刘亚菲. 直播带货风口下电商发展困境及对策[J]. 现代营销:经营版, 2020(10):2.

[110]黄冠淞. 直播电商行业的法律规制研究[J]. 楚天法治,2023(16):89-91.

[111]钟永光,贾晓菁,钱颖. 系统动力学[M]. 2版.2013:系统动力学.2版.

[112]YI-JIAN,L.,C. YE-HUA AND Z. ZHI-YU. Emergency Decision of Fresh Agricultural Products in Dual-channel Supply Chain under the E-commerce[J]. Mathematics in Practice and Theory,2018.

[113]宋玲玲,朱玉业,崔海军. 乡村振兴背景下农村电商发展的现状与策略研究[J]. 现代营销:上,2021(11):3.

[114]张赫楠. 吉林省跨境电商生态系统发展路径研究[J]. 中文科技期刊数据库(全文版)经济管理,2022(10):4.

[115]汪应洛,黄麟雏. 系统思想与科学技术发展战略研究[J].1985.

[116]CHAPIN,F. S.,et al.,Directional changes in ecological communities and so-

cial – ecological systems：a framework for prediction based on Alaskan examples[J]. The American Naturalist,2006(6).

[117] PORTER, M. E. Industry Structure and Competitive Strategy：Keys to Profitability[J]. Financial Analysts Journal,1980. 36(4):30–41.

[118] ZAHRA, S. A. , G. George. ABSORPTIVE CAPACITY：A REVIEW, RECONCEPTUALIZATION, AND EXTENSION [J]. Academy of Management Review,2002.

[119] ANTAI, IMOH. Supply chain vs supply chain competition：A niche–based approach[J]. Management Research Review,2011. 34(10):1107–1124.

[120] 李晶. 供应链商业生态系统的演化机理研究[D/OL],2009,天津大学.

[121] STACHOWICZ, J. J. The Symbiotic Habit[D/OL]. University of California Press,2011(4).